정공淨空 법사의

금강경 강의 절요
金剛經 講義 節要

1995년 4월 28일 캘리포니아California의 쿠퍼티노Cupertino에서
정공淨空 법사法師가 공경히 절요를 적다.

정공淨空 법사의

금강경 강의 절요
金剛經 講義 節要

담앤북스

옮긴이의 말

　얼마 전 강원 학인스님들의 졸업기념 여행으로 인도 성지순례를 하면서 기원정사
祇園精舍를 참배했습니다. 고요와 적막만 남은 기원정사였습니다. 예전에 참배했을
때는 인도 현지 스님들의 기도 소리 때문인지 느끼지 못했던 적막함이었습니다. 하
다못해 손을 내밀며 동전을 구걸하던 어린 꼬마들도 볼 수 없었기에 적막감이 더
크게 느껴졌습니다. 부처님이 계셨던 곳에 향을 사르며 조용히 『금강경』을 펼치고
합송해 봐도 신심信心이 부족해서인지 적막감은 여전했습니다. 많은 대중이 모여
서 활발발活潑潑하게 진리를 논하고 부처님의 음성을 직접 들으며 문전성시를 이뤘
을 기원정사일진대 그때의 고요함은 어쩐지 요즘의 불교 세태를 보는 듯도 합니다.

　안타까움을 뒤로하고 다른 성지를 순례한 다음 태국으로 건너갔습니다. 태국에
서 스님들의 탁발 행렬을 보게 되었는데 잘 짜인 것은 아니지만 뭔가 생동감이 넘
쳤습니다. 사실, 탁발의식은 중국을 거쳐 우리나라로 오면서 그 의미와 형식이 퇴
색하였지요. 그저 걸망 지고 다니는 몇몇 스님과 그 뒤를 놀리듯 졸졸 따라다니는
아이들이 있을 뿐이었습니다. 지금에 이르러서는 세태의 변화와 함께 그마저도 아
예 볼 수 없게 되었습니다. 몇몇 신도님들이 라오스 여행 중 탁발하는 스님들께 보
시를 하는 모습만 볼 수 있을 뿐입니다.

　부처님의 탁발하시는 모습 속에서, 탁발을 마치고 돌아와 발을 씻고 앉으시는
모습 속에서 한량없는 법문이 흘러나온다고 많은 주석가들은 말하고 있습니다.
그러나 소견이 좁은 저는 아직까지 무량한 법문을 듣지 못하는 중생일 뿐입니다.

이러한 일상의 탁발의식 속에서『금강경』이 시작되었다고 보는 강미농 거사의 『금강경 강의』는 저에게『금강경』을 보는 새로운 눈을 갖게 해준 책이었습니다. 강미농 거사는『금강경 강의』에서 탁발에 대해 다음과 같이 말하고 있습니다.

　"가련한 고뇌 중생은 빈부를 막론하고 일생을 다 의식衣食을 위하여 바쁘게 산다. 직업을 막론하고 다 음식을 빈다. 아침에 일어나서 도시로 급히 달려가 일하는 것은 즉 성에 들어 걸식하는 것이다. 제때 출근하고 퇴근하는 것은 차제로 걸식하는 것이다. 걸식이 비록 요긴하지만 다만 일을 마치면 돌아와 본처本處에 이르러야 한다. 범부의 병은 이 의식을 위하는 고로 부득이하게 밖을 향해 치달려 구하는 탓에 주인공을 망각하여 다시 돌아와 본처에 이르지 못하는 것이다. 일을 완전히 마치면 종요로이 신속하게 머리를 돌리고, 마음을 잡아 고요히 하고 회광반조回光返照하여 상관없는 일을 지어 나가지 않는 것. 이것이 부처님이 자리를 펴고 앉으신 것을 배우는 것이다."

　강미농 거사의『금강경 강의』를 번역하면서 보낸 1년여의 시간은 마치 탁발의식에 참여한 듯 행복한 시간이었습니다.『금강반야바라밀경金剛般若波羅蜜經』(약칭『금강경』)은 사실 긴 설명이 필요 없는 경전입니다. 불교 신자는 물론이요 신자가 아닌 이들도 많이 알고 읽기도 하는 경전이기 때문입니다. 워낙 유명한 데다 다른 대승경전에 비해 분량이 적어서 누구나 쉽게 읽을 수 있습니다. 그러나 그 뜻을 바르게 아는 이는 많지 않습니다. 비록 글자 수는 적지만 구절 하나하나에 담긴 뜻이 워낙 심오하기 때문입니다.『금강경』에 대한 고승 대덕들의 주소註疏가 많은 것도 이런 이유입니다.

강미농 거사는 신信·해解·행行·증證의 관점에서 과목을 나누고,『금강경』의 한 글자 한 글자를 집요하리만치 꼼꼼히 해석했습니다. 감히 '불교 대백과'라 불러도 손색이 없을 만큼 대승불교의 핵심 교리는 물론 주요 경전과 논서를 아우르며『금강경』의 참뜻을 밝히려고 하였습니다. 현대 중국불교의 대표적 지도자 가운데 한 분인 정공淨空 법사는 이 책을 읽고 이렇게 말했습니다.

> "강미농 거사는 일평생『금강경』을 독송하고 믿고 받들며 사람들을 위해 강의했다. 강 거사는 돈황석굴에서 나온 사경과 옛 대덕들의 주소註疏 10여 종에 근거해 모든 문장과 글자를 하나씩 대조·확인하며『금강경』을 교감했다. 오늘날 여러 종류의『금강경』중에서도 강미농 거사의『금강경 강의』가 단연 최고라고 말할 수 있는 이유이다."

이와 같이『금강경』해설서 가운데 최고봉이자,『금강경』을 올바르게 이해할 수 있도록 도와주는 책이지만 너무 방대하다는 단점이 있습니다. 특히 두꺼운 책을 꺼려하고 펼쳐 보기도 두려워하는 현대인들에게 강미농 거사의 해설서는 너무 방대하고 자세하다는 점을 저는 줄곧 생각하고 있었습니다.

중생의 이런 마음을 진작 알고 계셨는지, 대만의 정공 법사님이 그 방대함 속에서 핵심을 찾아 다시 강의하셨고, 그 강의를 책으로 펴낸 것이 『금강경 강의 절요』입니다.

『금강경 강의 절요』는, 불교에 관심을 가지고 공부하는 이라면 모르는 이가 없을 정도로 고명한 대만의 선지식 정공 법사님의 요점 정리라고 할 수 있습니다. 강미농 거사가 강의한 대의大意를 놓치지 않으면서도 그 핵심만 찾아내어 강의한 정공 법사님의 뛰어남에 번역하는 내내 감탄을 금할 수 없었습니다.

저의 이 감탄이 제게서 끝나지 않고 기원정사의 적막함을 넘어 다시 우리가 어떻게 그 마음을 머물러야 하고 어떻게 수행해야 하며 어떻게 마음을 항복받아야 하는가에 대해 답을 찾아가는 하나의 계기가 되기를 바랄 뿐입니다.

앞서 방대한 분량의 책을 번역했으면 거기에 뒤이은 서비스가 있어야 한다며 다시 제게 이 책의 번역을 짊어지게 했던 담앤북스의 오세룡 사장과 지금까지 정리와 윤문에 많은 노력을 기울여준 편집자들에게 이 자리를 빌려 고마움을 전합니다.

2018년 2월 팔공산에서

옮긴이 **양관**

목 차

일러두기

· 이 책은 총 5권卷으로 나누어져 있다. 이것은 강미농 거사의 『금강경 강의』가 취하고 있는 5부 구성에 따라 나뉜 것이다. 강미농 거사는 『금강경 강의』를 오중현의五重玄義로 시작하여 신信·해解·행行·증證의 총 5부로 구성하였다. 하지만 이 책은 오중현의나 신해행증의 이름은 따르지 않고, 그 나눔만 따라 5권으로 이루어져 있다.

· 이 책의 목차(과목)는 소명 태자가 나눈 32분단을 따르지 않았다. 하지만 32분단에 익숙한 독자들을 위해 목차에 32분단의 제목을 추가하였다. 또한 본문에서도 32분단의 각 분이 해당되는 시작 면에 각 분의 제목과 한자 원문, 한글 번역을 수록했다.

· 중국 고유명사 표기에 관한 현행 맞춤법은 신해혁명(1911) 이전은 한자의 우리식 발음 그대로, 이후는 중국어 원음대로 표기하는 것이다. 하지만 이 책에서는 시대에 관계없이 인명과 지명 모두 우리식 한자음대로 표기했다.

· 한자는 처음 나왔을 때 병기하고 뒤에 다시 나왔을 때는 생략하는 것을 원칙으로 했다. 하지만 정확한 이해와 가독성을 위해 필요한 한자는 계속 혹은 다시 병기했다.

金剛經 講義 節要

금강경 강의 절요 권1

강요綱要

경의 제목

체를 나타냄(顯體)

종을 밝힘(明宗)

작용을 분별함(辨用)

교를 판별함(判敎)

번역자: 요진 삼장법사 구마라집 역

담허 법사俠虛法師가 이 경의 대지大旨를 보이다

강요綱要

01 대승은 스스로를 제도하고 다른 중생을 제도하는 것으로써 근본을 삼는다. 스스로를 제도하고 다른 중생을 제도하는 것은 육바라밀을 근본으로 한다. 육바라밀은 반야般若를 근본으로 한다.

02 반야는 무량한 뜻을 포섭하고 있다. 성품의 체體가 공적하여 아我와 법法을 다 보내 버리고 정情에 대한 집착을 다 비워서 얻어도 얻은 바가 없다. 중생은 모든 법이 인연으로 생하는데 본성을 깨닫지 못하고 상을 따라 움직여서 미혹하여 깨닫지 못한다는 것을 알 수 있다. 부처님은 인연으로 생긴 성품이 공한 까닭에 있으나 곧 있는 것이 아니고 당체가 곧 공으로 깨달아 미혹되지 않음을 알 수 있다.

03 미혹으로 인하여 육도六道가 이루어지고, 깨달음으로 인하여 삼승三乘이 있다.

04 본경의 강요는 망상집착을 제거하고 염불하며 마음을 청정하게 하는 것이 관건이다.

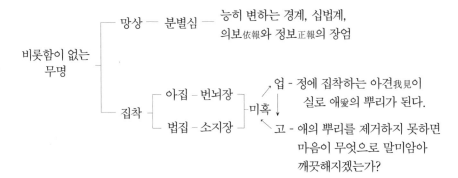

05 반야般若는 자성에 본래 갖추어져 있는 바른 지혜이다. 무상정등정각無上正等正覺이며 사실의 진상을 비추어 보는 것으로 이는 곧 부처님의 지견知見이다.

06 성실히 염불하면 일심一心이 어지럽지 않게 된다. 만약 세간의 일체 물든 인연을 끊지 못하고 반연을 쉬지 못한다면 어찌 능히 성실하게 되겠는가?

경의 제목

01 '금강金剛'은 사물의 이름으로 금 중에서 가장 정미하고 가장 견고하며 최고로 날카로운 것을 말한다. 능히 일체의 사물을 깨뜨릴 수 있으나 어떠한 사물로도 능히 깨뜨릴 수 없다. 또 금강의 보배 광명은 능히 수십 리를 비춘다. 반야의 바른 지혜가 번뇌의 무거운 장애를 능히 깨뜨리는 것을 비유한 것이다. 일체 범부의 정情과 망상을 꿰뚫어 보고 무명無明을 비추어 파한다.

02 '반야般若'는 범어로서 자성에 본래 구족되어 있는 바른 지혜(正智)를 뜻한다. 이른바 부처님의 지견知見이다. 이치의 체體에 나아가 말하면 각성覺性으로 또한 실상반야實相般若라고 한다. 작용에 나아가 말하면 바른 지혜로 곧 관조반야觀照般若이다. 체體와 용用이 하나같고 깨달음과 비춤이 일체이므로 모두 반야라고 이름한다. 부처님께서 일체중생을 위하여 대승을 열어 보여서(開示) 깨달아 들어가게(悟入) 하는 것을 문자반야文字般若라고 한다.

03 범어 '바라밀波羅蜜'은 피안彼岸에 이른다는 뜻이다. 이른바 생사의 차안此岸을 여의고 번뇌의 중류中流를 건너서 열반의 피안에 도달하는 것을 말한다. 바라밀은 또 '절정에 이르다', '구경究竟에 이르다', '원만하다' 등의 여러 가지 뜻이 있다.

04 범어 '열반涅槃'은 불생불멸의 뜻이다. 이른바 본래 스스로 생하지도 않았고, 지금 또한 멸하지 않음을 말한다. 원적圓寂으로 번역하기도 한다.

05 견혹見惑과 사혹思惑의 번뇌로 인하여 분단생사分段生死가 있고, 한량없는 차

별 현상을 알지 못하는 무명(塵沙無明)으로 인하여 변역생사變易生死가 있다.

06 『대지도론大智度論』에 이르기를, "유有와 무無 두 견해는 다 차안此岸에 속한다. 두 집착을 다 비워야만 비로소 피안彼岸에 도달한다."고 했다.

07 육바라밀 중에서 보시布施는 버리는 것이다. 버리지 않으면 이 세계를 여의지 못한다. 중생은 기꺼이 버리지 못하기에 관조하는 바른 지혜가 없다.

08 반야바라밀은 인위因位에서는 원만한 관혜觀慧라 이름하고, 과위果位에서는 반야가 곧 이 바라밀이다.

09 '금강'은 곧 관하는 지혜로, 최고로 견고함, 최고로 날카로움, 최고로 밝음에 비유된다. 과위果位로는 여래법신如來法身, 금강불괴신金剛不壞身에 비유된다.

10 '경經'은 관貫·섭攝·상常·법法의 네 가지 뜻을 갖추고 있는데, 상常은 즉 삼세에 변하지 않는 것이고, 법은 즉 십계十界가 함께 따르는 것이다. 또한 지름길의 뜻이 있는데 수행하여 성불하는 지름길이라는 뜻이다.

체를 나타냄(顯體)

01 모든 대승경전은 제법실상諸法實相을 체로 삼는다. 부처님께서 49년 동안 설한 바는 우주 만유의 진상眞相이 아님이 없다.

02 지자 대사智者大師는 "만약 모든 상相을 상이 아닌 것으로 보면 곧 여래를 볼 것이다(若見諸相非相, 即見如來)."라는 것으로써 경의 체를 삼았다. 강미농 거사 주해에서는 실상을 내는 것으로써 체를 삼았다.

03 실상은 즉 상이 아니라(實相即是非相)는 것에서 '비非' 자는 일체가 다 아니라는 것으로 공과 유·역유역무·비유비무의 모든 상이 다 아니고, 아니라는 것 역시 세우지 않는 것이다. 제법실상이 본래 이와 같고 진실로 이와 같을 뿐이

다. 무엇으로 이름 붙일 수 없어서 억지로 실상實相이라고 이름했다.

04 여읜다는 것은 즉 '취하지 않는다'는 뜻으로, 상을 취하지 않고 여여하여 동요되지 않는 것이다. 무엇으로 이름 붙일 수 없어서 억지로 이름하여 생한다고 말했다.

05 문자로는 이 실상을 설명한다. 관조觀照는 실상을 관하는 것이다. 실상반야는 즉 원만히 피안에 이르는 것을 나타낸다.

06 본경의 문자반야文字般若와 관조반야觀照般若를 저 금강에 비유한 것은 능히 일체의 모든 상을 여의고 아견我見을 제거하고 번뇌를 끊고 실상을 내기 때문이다.

종을 밝힘(明宗)

01 종宗이란 '닦음'이다. 경 뜻의 주체가 비록 드러났더라도 닦지 않으면 증득할 수 없다. 경을 읽고 법을 들음에는 반드시 설한 바와 같이 수행함을 핵심으로 해야 한다.

02 닦아 배움(修學)에 오직 스스로 심성을 깨닫는 것을 핵심으로 하고 경전의 가르침을 중하게 여기지 않는 것을 일러 종하宗下라고 한다. 또한 문자에 의지하여 관조를 일으키고 실상을 증득하는 것을 일러 교하敎下라고 한다. 이에 불가佛家에서는 스스로 칭하기를 종교宗敎라고 한다.

03 지자 대사는 '실상의 지혜와 상이 없는 보시를 수행하는 것'을 본경의 종의宗義로 삼았다.

04 강미농 거사 주해에서는 '일체 상을 여의고 일체 선을 닦는 것'을 본경의 체에 의지하여 수행을 일으키는 묘종妙宗으로 삼았다.

05 본경에 종을 닦는 것은 '무주無住' 두 글자에 있다. 경 전체의 관문觀門과 행문行門이 다 그 가운데에 있다.

06 『대지도론』에 이르기를, "반야의 요지는 일체법을 여의고 일체법을 얻는 데 있다."고 했다.

07 경에 이르기를, "일체의 모든 상을 여의면 곧 모든 부처님이라 이름한다."고 했다. 또 이르기를, "아상·인상·중생상·수자상이 없이 일체 선법을 닦으면 아뇩다라삼먁삼보리를 얻는다."고 했다. 아뇩보리는 실상반야實相般若이다. 일체 상을 여의고 일체 선을 닦는 것은 관조반야觀照般若이다. 관조로 인하여 실상을 증득한다.

작용을 분별함(辨用)

01 종을 밝힘(明宗)은 바로 인위因位의 수행을 밝힌 것이다. 작용을 분별한다는 것은 곧 과지果地의 증득을 분별한 것이다. 체를 나타냄은 곧 인과의 목적을 나타낸 것이다.

02 부처님께서 말씀하시기를 "일체중생은 다 여래의 지혜각성智慧覺性이 있건만 다만 망상과 집착의 장애에 막혀 능히 증득하지 못한다."고 하셨다. 망상은 분별심分別心이다. 집착은 아집我執과 법집法執 두 가지이다.

03 『대승기신론大乘起信論』에 이르기를, "일법계一法界를 통달하지 못하였기 때문에 부지불각 중에 망념을 일으키고 무명無明이 있게 된다."고 했다. 통달하지 못함은 즉 깨닫지 못한 것이다. 무명은 곧 망상 집착이다.

04 이 경의 큰 작용은 능히 중생의 구경원만한 지혜를 여는 것이다. 이 지혜는 일체중생의 성품의 체(性體)에 본래 갖추어져 있는 것으로, 곧 모든 중생은 다 여

래의 지혜각성이 있는 것이다.

05 성품의 체에 구족해 있는 지혜를 열어 깨닫지 못한 자를 깨닫게 하고, 무명으로 어두운 자를 밝게 하는 것이 곧 하나의 참다운 법계(一眞法界)를 통달하는 것이니, 바로 이것이 근본을 좇아서 장애를 파하고 미혹을 끊는다.

06 대자비심을 발하는 것이 곧 이 지혜를 여는 것임을 마땅히 알아야 할 것이다. 가르침에 의지하여 마음을 내고 분별심이 녹아버리고 나면 아견이 곧 잠겨 사라질 것이다. 그러므로 무상보리심無上菩提心을 발하여 중생을 무여열반無餘涅槃에 들어가게 하나 실로 중생이 멸도滅度를 얻음조차 없는 것이다. 경 전체를 통틀어 이 뜻을 발휘함에서 벗어나지 않는다. 아울러 그 보리심까지도 잊어버리고 바로 일념도 생하지 않는 곳을 향하여 계합해 들어가게 한다.

07 일체중생은 십법계十法界가 동일한 체성임을 깨닫지 못함으로써 망상분별하여 인人·아견我見을 일으키고, 이로써 삼독三毒이 생하여 죄를 짓고 고통을 받으며 육도六道에 윤회한다. 더욱더 미혹하여 더욱더 고통을 받으며, 더욱더 고통스러워서 더욱더 미혹해진다. 비록 선근善根이 있고 선우善友가 발심을 권하여 삼보에 귀의하더라도 숙세 업장의 인연으로 여러 겁 동안 환생하며, 수행하고자 해도 되지 않고 수행 또한 이루기 어렵다. 그러므로 업장을 참회하는 것이 지극히 절박하고 중요하다.

08 경에 이르기를, "단정히 앉아 실상을 염하는 것을 참된 참회라 일컫는다. 무거운 죄가 서리와 이슬 같더라도 지혜의 해가 능히 소멸해 제거해 버린다."고 했다. 부처님 명호를 외우며 염불하면 그윽하고 묘하게 도에 합해지는데, 이에 깊은 반야를 행하여 실상을 다르게 생각하는 것이 없어진다. 이러한 까닭으로 무거운 죄가 능히 소멸되고 무거운 업이 능히 소멸된다.

09 실상을 염하는 자는 공과 유에 집착하지 않고 두 변을 쌍으로 비춘다. 실상의 지혜는 큰 자비를 좇아서 생기고, 큰 자비로써 널리 육바라밀을 닦아서 무

량한 복을 얻는다.

10 경의 체는 실상을 내는 것이다. 수행의 근본(宗)은 일체 상相을 여의고 일체 선
善을 닦는 것이다. 상을 여의고 공을 관하고 지혜를 닦아야 한다. 선을 닦음
은 공에도 머무르지 않고 복을 닦는 것이다. 이것이 바로 참된 참회로 능히
무거운 죄의 결정된 업을 녹인다. 안과 밖의 장애의 조건(緣)이 일제히 녹아 다
하게 된다.

11 만약에 본경에서 그 이치를 깊이 이해하고 믿는 마음을 어기지 않으며 다 받
아 지니고 타인을 위해서 설한다면 곧 여래의 사업事業을 짊어져서 최상 제일
의 희유한 법을 성취할 것이다. 나아가 죄가 소멸되고 복이 생기며 마땅히 무
상보리無上菩提를 얻을 것이다.

12 수행의 법문은 무량하나 오직 하나의 종지가 있으니 장애를 제거하는 것이
다. 장애에는 세 가지가 있다. 첫째, 혹장惑障으로 견혹과 사혹의 번뇌(見思煩
惱)이다. 이것을 제거하면 반야의 덕(般若德)을 이룬다. 둘째, 업장業障으로 일
체 죄업이 이것이다. 이것을 제거하면 해탈의 덕(解脫德)을 이룬다. 셋째, 보장
報障으로 육도의 고통 속에 과보로 받은 몸이다. 이것을 제거하면 법신의 덕
(法身德)을 이룬다. 강미농 거사 주해에서는 아我를 파하고, 죄를 멸하고 여래
를 성취하는 것을 본경의 큰 작용으로 삼았다.

교를 판별함(判敎)

01 모든 부처님이 세상에 나오시어 중생을 교화할 때에는 반드시 근기(機)에 맞
게 상대하여 설하셨다. 기機에는 두 가지 뜻이 있다. 하나는 근기根機인데, 중
생의 근성根性이 각각 같지 않아서 장애의 깊고 얕음과 두터움과 엷음이 있는

까닭이다. 둘째는 시기時機인데, 인시因時에 가르침을 베풀 때에 다섯 시기로 나누어 설함이 있는 것과 같다. 먼저는 얕고 뒤는 깊으며, 먼저는 소승을 설하고 뒤에 대승을 설하여 차례대로 잘 가르쳐 사람을 이끌어 수승한 데 들어가게 한 것 등이다.

02 고덕古德이 교를 판별한 것은 학인이 일대시교一代時敎를 공부함에 강령 조목과 깊고 얕음의 차례를 일목요연하게 알아서 가히 순서에 따라 나아가게 하고, 그것으로 공부하는 후학들을 접인하려는 간절한 마음에서이다. 참으로 족히 아름다운 마음을 띠고 있는 것이다.

03 진晉나라 말에 경교를 판별한 이가 18가家가 있었으나, 당나라 후기에 대중이 함께 의지한 분은 오직 천태天台와 현수賢首 양 가였다. 천태 지의 대사는 장藏·통通·별別·원圓 4교로 교판하였고, 현수 법장 대사는 소小·시始·종終·돈頓·원圓 5교로 교판하였다.

04 천태 대사는 이 경이 통교通敎와 별교別敎, 원교圓敎를 겸한다고 교판하였다. 현수 대사는 시교始敎에 속하나 또한 겸하여 원교에 통한다고 교판하였다. 강미농 거사 주해에서는 본경은 경계와 마음이 함께 아득하고 막고 비춤이 동시이며 지혜는 삼공三空에 사무치고 공功이 원만하게 행해져 지극한 원교이고 지극히 돈교頓敎인 대교大敎라고 교판하였다.

번역자: 요진 삼장법사 구마라집 역

01 요진姚秦: 384년 요장姚萇은 전진의 왕 부견苻堅을 죽이고 진왕秦王이라 칭했고, 389년 부견의 명으로 구마라집을 데리고 오던 여광呂光은 부견이 패했다는 말을 듣고 스스로 삼하왕三河王이라 칭하고 국호를 양凉이라 하였다. 요

장의 뒤를 이은 요흥姚興이 양을 쳐서 401년 구마라집이 장안에 도착하게 되었다.

02
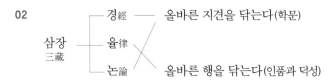

03 '법사法師'는 무릇 능히 불법을 널리 선양하는 사람을 법사라 칭한다. 삼장三藏에 다 통했기에 삼장법사라 칭한다.

04 구마라집鳩摩羅什은 범어를 음에 따라 번역한 것이다. 뜻으로는 동수童壽이다. 7세에 출가하여 하루에 일천 게송을 외웠다. (32,000자) 세간과 출세간법에 박식했다. 서기 401년에 장안에 당도하였는데, 요흥이 국사國師의 예로 대접하여 서명각西明閣에서 800명에게 강의하게 하였다. 경론 98부 390여 권을 번역하였다.

05 전하는 설에 법사는 칠불七佛 이래의 역경사譯經師가 되었다. 깨달아 통달하는 것을 우선으로 삼았으며 부처님께서 남기신 것을 기탁하여 그 뜻을 얻었다.

06 역譯은 범어를 중국말로 바꾸는 것이다.

담허 법사倓盧法師가
이 경의 대지大旨를 보이다

01 상相을 여윔으로 해탈을 성취하여 모든 업을 녹인다.

02 머무름 없음으로 반야를 성취하여 모든 번뇌를 파한다.

03 무법無法으로 법신을 성취하여 모든 고통에서 벗어난다.

04 삼심三心을 파하고 사상四相을 제거하는 것을 발심發心의 중요한 일로 삼는다.

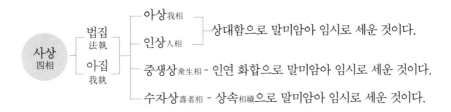

파하는 곳이 곧 나타나는 곳으로 곧 동시이고 일시이다.

金剛經 講義 節要

금강경 강의 절요 권2

금강경 강의 절요2

【서분】

제1 법회인유분 法會因由分

如是我聞. 一時佛在舍衛國祇樹給孤獨園. 與大比丘衆千二百五十
人俱. 爾時世尊食時 著衣持鉢. 入舍衛大城乞食. 於其城中. 次第乞
已. 還至本處. 飯食訖, 收衣鉢. 洗足已. 敷座而坐.

　이와 같이 나는 들었다. 한때 부처님께서는 사위국의 기수급고독원에서 대비
구 1,250인과 함께 계셨다. 이때 세존께서 공양하실 때가 되자, 가사를 입으시
고 발우를 지니시고 사위대성에 들어가 걸식하셨다. 그 성안에서 차례로 공양
받는 것을 마치시고 다시 본래의 처소에 이르러 공양을 하시고 나서 의발을 거
두시고 발을 씻으신 뒤 자리를 펴고 앉으셨다.

1. 증신서證信序

如是我聞. 一時佛在舍衛國祇樹給孤獨園. 與大比丘衆千二百五十人
俱.

이와 같이 나는 들었다. 한때 부처님께서는 사위국의 기수급고독원에서 대비구
1,250인과 함께 계셨다.

01 동진東晉의 도안 법사道安法師는 모든 경을 서분序分・정종분正宗分・유통분流
通分의 세 부분으로 나누었다. 이 설을 처음 제기했을 때는 듣는 자가 의심이
많았으나 인도에서 온 고덕들에게 가르침을 청하여 받고는 이에 서토도 또한
이와 같이 과를 나누는 것을 알고는 드디어 기쁜 마음으로 복종하여 결정된
규칙으로 삼았다.

02 본경의 서분은 '여시아문如是我聞'으로부터 시작하여 '부좌이좌敷座而坐'까지
이다.
정종분은 '시장로수보리時長老須菩提'에서부터 '시명법상是名法相'까지이다.
유통분은 '수보리須菩提, 약유인이만무량아승기세계칠보若有人以滿無量阿僧祇世
界七寶, 지용보시持用布施'에서 '신수봉행信受奉行'까지이다.

03 '여시아문如是我聞'에서 '천이백오십인구千二百五十人俱'에 이르는 이 구절은 증신
서證信序이다.

04 경을 결집할 때에는 반드시 여섯 가지 조건을 갖추어야만 능히 성취될 수 있
다. 곧, 신信・문聞・시時・주主・처處・중衆이다. 위의 경문에 이 여섯 가지 조
건이 모두 갖춰져 있다.

05 다르지 않은 것을 '여如'라 하고 그릇됨이 없는 것을 일러 '시是'라고 한다. 『화
엄경』에 이르기를, "믿음은 도의 근원이고 공덕의 어머니로 일체의 모든 선법

을 길러낸다."고 했다.

06 경을 보고 법을 들음에 있어 귀한 것은 그 뜻을 여실히 아는 데 있다. 만약 나의 자성으로 녹아 돌아가기만 하면 수용함이 무궁할 것이다.

07 '여如'는 중생과 부처가 본래 구족한 성체性體로 진실의 때에 진여 그대로 동요함이 없는 것이다. '시是'는 바로 즉시에 열어 교화함을 현시하는 것이다.

08 '아我'는 마음과 부처와 중생 셋이 차별이 없는 상락아정常樂我淨의 '아'로 공간의 장애를 깨뜨린 것이다. '문聞'은 들음을 돌이켜 자성이 듣는 것이다.

09 '일시一時'는 십세十世의 고금이 당념當念을 여의지 않은 것이다. 과거·현재·미래의 마음은 얻을 수 없는 것으로 시간의 장애를 깨뜨린 것이다.

10 '불佛'은 자성천진불自性天眞佛이다.

11 '사위국舍衛國'은 고요함과 비춤이 원융하여 자성에 원만하게 많은 덕을 갖추고 있는 것이다.

12 '기수祇樹'는 오음마장五陰魔障과의 전쟁에서 승리하여 부처님의 종자를 이어 융성하게 하는 것으로, 곧 자성의 기타 태자의 공덕림이다.

13 '급고독원給孤獨園'는 이전에 집을 버리고 멀리 떠났다가 지금 집으로 돌아와 가업을 이어받아 옷 속에 있는 밝은 구슬을 힘들이지 않고 얻는 것으로, 즉 성품의 덕이다.

14 '대비구大比丘'는 대비대원大悲大願을 가리킨 것이다. 비구는 먼지와 때를 멀리 여읨을 말한다. '중衆'은 이치로 화합하고 일로 화합함을 말한다.

15 '천이백千二百'은 공덕이 원만한 것이다. '오십오五十五'는 즉 십신十信, 십주十住, 십행十行, 십향十向, 사가행四加行, 십지十地, 등각等覺이 이것이다.

16 이 구절의 경문이 나타낸 뜻은 여여부동如如不動의 본성이 즉시에 '바로 그것 (當下卽是)'임을 말한 것이다. 장애를 깨뜨리고 돌이켜 들으면 곧 자성의 부처님이 나타나 대비대원을 일으켜 먼지와 때를 멀리 여의고, 이치와 일로 화합

하여 모든 보살의 덕이 원만해지며, 세존과 더불어 마음과 마음이 서로 통하여 남김없이 서로 비추는 것이다. 즉 이 서문의 경계에서 상이 상 아닌 줄로 보면 여래를 볼 것이다. 한 부의 경문에서 설해진 바가 모두 이 뜻을 벗어나지 않는다. 배우는 자가 마땅히 일체시一切時, 일체사一切事, 일체경一切境에 다 이와 같이 체득해서 안다면, 움직임과 고요함이 일여하여 가는 곳마다 옳지 않음이 없을 것이다.

2. 발기서發起序

爾時世尊食時著衣持鉢. 入舍衛大城乞食. 於其城中. 次第乞已. 還至本處. 飯食訖. 收衣鉢. 洗足已. 敷座而坐.

이때 세존께서 공양하실 때가 되자, 가사를 입으시고 발우를 지니시고 사위대성에 들어가 걸식하셨다. 그 성안에서 차례로 공양 받는 것을 마치시고 다시 본래의 처소에 이르러 공양을 하시고 나서 의발을 거두시고 발을 씻으신 뒤 자리를 펴고 앉으셨다.

01 출가出家는 본래 중생을 제도하기 위함이다. 중생을 제도하고자 하면 반드시 먼저 번뇌를 끊어야 한다. 번뇌를 끊는 데는 고행苦行이 필수적인 것으로 사람들로 하여금 그것을 보고 도심道心을 증장시켜 속된 생각을 감소하게 해야 한다. 즉 걸식乞食은 중생을 이익 되게 하는 데 의미가 매우 크다.

02 강 거사는 이것으로써 불법을 크게 일으키고자 하여 걸식을 행하지 않는 제도는 옳지 않다고 했다. 다만 신심이 있는 자가 많은 연후에야 능히 행할 수 있을 것이다.

03 '환지본처還至本處'는 본래 자리로 돌아오는 것이다. '부좌이좌敷座而坐'는 경행하고 입정하는 것으로 뜻이 매우 깊고 넓으니 모름지기 체득해 알아야 할 것이다. 수행하여 자기 집에 도착해서 일상생활 가운데에 있는 것이다.

04 이 경은 일상의 평범한 일을 가지고 시작하였다. 이는 불법佛法이 온전히 사람들로 하여금 깨달아 미혹하지 않고, 올바르게 삿되지 않으며, 깨끗하여 물들지 않은 참되고 착하며 아름답고 지혜로운 행복하고 원만한 생활을 하게 한다는 것을 설명한 것이다. 부처님은 몸소 일상생활을 하는 가운데에서 이와 같은 것을 보이고 있다. 이런 까닭에 수보리가 이를 보고 알아차려서 입을 열어 희유함을 찬탄하고 이어 말하기를, "선호념善護念 선부촉善付囑"이라 하고 있다.

05 걸식은 사방으로 다니며 범부와 같아지는 것으로 부처라는 상에 머무르지 않고 무아無我의 상을 나타내 보인 것이다. 한 글자도 설하지 않고 무법상無法相을 나타내 보인 것이다. 삼공三호의 이치가 드러나므로 이것을 일러 '선부촉善付囑'이라고 했다. 이는 곧 몸으로 가르친(身敎) 것이다.

06 사섭법四攝法의 동사섭同事攝은 몸으로 지음(身作)으로써 본보기를 삼는다. 이것을 일러 '선호념善護念'이라고 했다.

07 불법을 닦고 증득하는 것은 별스럽지 않은 일상생활 가운데에서 삼공三호의 이치를 나타내고, 이제二諦를 관하여 융합하는 데 있다. 이것을 일러 희유希有라고 한다.

08 불법은 곧 가정에서 밥 먹고 차 마시는 일상사로서 하루도 하지 않을 수 없다. 여래가 범부와 같음을 보여서 티끌 번뇌 속으로 달려 들어감은 다른 것이 없으니, 중생으로 하여금 자기 마음을 돌이켜 비추게 할 따름이다. 계를 지니고 선정에 들어가며 지혜를 내는 등 중생에게 행복하고 아름다운 생활을 보인 것이다. 이와 같도다! 이와 같도다!

09 수행의 요체는 이치와 일, 즉 이사理事를 쌍으로 융합하는 데 있다. 경계를 대하고 인연을 따라 부지런히 익히고 실제로 증험하여야 한다. 일을 겪으며 마음을 단련하고 움직임과 고요함에 일여하면 가는 곳마다 옳지 않음이 없다.

10 도道는 그 환경을 공교로이 잘 이용하는 데 있다. 즉 어느 때 어느 곳이든 도량 아님이 없다.

11 계를 지니고 복을 닦아야 이에 반야의 문에 들어간다. 계戒는 능히 선정을 돕고 선정(定)은 능히 지혜(慧)를 발한다. 계와 선정이 없는 지혜는 미친 지혜(狂慧)이지 올바른 지혜가 아님을 반드시 알아야 한다.

12 학인이 의식주를 해결하며 티끌 세계에 기거하면서 단련하면 곧 이것이 망심妄心을 항복받는 최고로 좋은 방법이다. 여기에는 반드시 경계를 따름에 미혹하지 않아야 하고 번거롭지 않아야 한다. 마땅히 일에 조리 있고 질서정연함으로 계를 지니고, 청정하고 자재함으로 선정과 지혜를 닦는다. 그러므로 경에 이르기를, "일체법이 다 불법이다."라고 했다. 상을 여의고 마음을 발하여 항복받는 도는 다 그 가운데에 있다.

13 경에 말하기를, "오온五蘊이 바로 법신이다."라고 했다. 사람이 이것이 중요하다고 부르짖지만 곧 환幻으로 있는 것으로 진공眞空이며 단멸상斷滅相이 아니라고 보는 것이다. 고덕이 이르기를, "다만 망령을 좇지 마라. 참됨을 구할 필요가 있겠는가."라고 했다. 이는 다 취하지도 않고 끊지도 않으며 추구하지도 않고 여의지도 않는 뜻을 밝힌 것이다.

14 반야의 묘한 법은 사소하고 잡다한 일들에서 임의대로 자재하게 유출되므로 법상法相이 없다. 무언의 가르침으로 일체 대심大心을 발한 자를 호념하고 부촉한 것은 또한 비법상非法相이 없다. 시절인연을 따라 있는 그대로 관조할 수 있다면 곧 진실을 수용하게 될 것이다.

【정종분】
제2 선현기청분善現起請分

時長老須菩提. 在大衆中. 卽從座起. 偏袒右肩. 右膝著地. 合掌恭敬. 而白佛言. 希有. 世尊. 如來善護念諸菩薩. 善付囑諸菩薩. 世尊. 善男子. 善女人. 發阿耨多羅三藐三菩提心. 應云何住. 云何降伏其心. 佛言. 善哉善哉. 須菩提. 如汝所說. 如來善護念諸菩薩. 善付囑諸菩薩. 汝今諦聽. 當爲汝說. 善男子. 善女人. 發阿耨多羅三藐三菩提心. 應如是住. 如是降伏其心. 唯然. 世尊. 願樂欲聞.

이때 장로 수보리가 대중 가운데 있다가 자리에서 일어나 오른쪽 어깨를 드러내고 오른쪽 무릎을 땅에 대고 합장 공경하며 부처님께 사뢰었다.

"희유합니다. 세존이시여! 여래께서는 모든 보살을 잘 호념해 주시고 모든 보살에게 잘 부촉해 주시나이다. 세존이시여! 선남자 선여인이 아뇩다라삼먁삼보리심을 발하면 응당 어떻게 그 마음을 머무르며 어떻게 그 마음을 항복받아야 합니까?"

부처님께서 말씀하셨다.

"훌륭하고 훌륭하다. 수보리야! 지금 그대가 말한 것처럼, 여래는 모든 보살들을 잘 보호하고 모든 보살들에게 잘 부촉하느니라. 그대는 지금 내가 설하는 법문을 분명하고 자세하게 잘 듣도록 하라. 마땅히 그대를 위해 설하리라. 선남자 선여인이 아뇩다라삼먁삼보리심을 발하면 응당 이와 같이 머물며, 이와 같이 그 마음을 항복받아야 할 것이니라."

"그렇습니다, 세존이시여. 즐거이 듣기를 원합니다."

3. 근기에 맞게 예의를 다하여 청함.
예로써 찬탄하고 위의를 갖춤

時長老須菩提. 在大衆中. 卽從座起. 偏袒右肩. 右膝著地. 合掌恭敬.
而白佛言.

이때 장로 수보리가 대중 가운데 있다가 자리에서 일어나 오른쪽 어깨를 드러
내고 오른쪽 무릎을 땅에 대고 합장 공경하며 부처님께 사뢰었다.

01   이 구절 이하 '시명법상是名法相'에 이르는 구절(179절)은 이 경의 정종분正宗分
      이다.

02   '시時' 자는 의미가 깊다. 이는 크게 맑아지고 크게 깨닫는 때이다. 한 눈으로
      엿보아 깨뜨리는 때이며 이른바 오랜 세월 동안의 한 시기이다. 또한 곧 시각
      始覺의 때이다. 시기時機가 성숙하지 않으면 가히 설할 수 없다.

03   모든 일은 다 반드시 시절인연이 성숙해야 비로소 한데 합할 수 있다. 부처님
      께서 법을 설하여 사람들을 가르치는 것도 또한 이와 같다.

4. 칭찬함

希有. 世尊. 如來善護念諸菩薩. 善付囑諸菩薩.

"희유합니다. 세존이시여! 여래께서는 모든 보살을 잘 호념해 주시고 모든 보
살에게 잘 부촉해 주시나이다."

01   '희유希有'에는 네 가지 뜻이 있다. 첫째, 때(時)의 희유로 사람의 몸을 얻기 어

렵고 부처님을 만나기 어려움이다. 둘째, 장소(處)의 희유이다. 셋째, 덕德의 희유이다. 넷째, 일(事)의 희유이다. 이러한 희유는 바로 반야바라밀을 가리켜 말한 것이다.

02 '세존世尊'은 총체적으로 부르는 이름이다. 부를 때에 이 이름을 쓴다. 불佛이 라는 칭호는 과덕果德을 나타내고, 여래如來라는 칭호는 성품의 덕(性德)을 나 타낸다.

03 세존께서는 성에 들어갔다가 기수급고독원으로 돌아오기까지 여여부동如如 不動하였다. 마음이 산란하지 않고 머무름을 은밀히 보이셨으니 몸으로써 본 보기를 지은 것이다. 바로 이것이 억념憶念을 호지하는 것이다.

04 식사를 마치고 편안히 앉은 것은 일념도 생하지 않는 것이다. 마음을 항복 받음을 은밀히 보여서 대중으로 하여금 본받게 한 것이다. 바로 이것이 간곡 한 부촉이다. 움직이고 고요한 사이에 몸으로써 가르치시고 말로 가르치지 않았다. 때를 따르고 곳을 따라 보살의 바른 깨달음의 모범이 되지 아니함이 없다. 이것은 참으로 이른바 좋은 것이어서 수보리須菩提가 금일에야 비로소 알아차리고서 희유하다고 찬탄한 것이다.

5. 법을 청함

世尊. 善男子. 善女人. 發阿耨多羅三藐三菩提心. 應云何住. 云何降
伏其心.

"세존이시여! 선남자 선여인이 아뇩다라삼먁삼보리심을 발하면 응당 어떻게 그 마음을 머무르며 어떻게 그 마음을 항복받아야 합니까?"

01 『대지도론大智度論』에 이르기를 인因을 좇아 과果에 이르기까지 다섯 종류의 보리가 있다고 하였다.

(1) 발심보리發心菩提는 즉 십신위十信位이다.
(2) 복심보리伏心菩提는 즉 삼현위三賢位(十住·十行·十回向)이다.
(3) 명심보리明心菩提는 즉 초지에서 칠지까지이다.
(4) 출도보리出到菩提는 즉 팔지에서 십지까지이다.
(5) 무상보리無上菩提는 즉 여래의 과위果位이다.

정등정각正等正覺은 인因에 속한다.

무상無上은 과果에 속한다.

02 질문한 뜻은 세 가지이다. 첫째, 보살이 된 자는 반드시 보리심을 발해야 하기에 먼저 물었다. 둘째, 초발심의 사람은 능히 부처님과 같이 인연을 따라 편안히 머무를 수 없기에 다음으로 머무름에 대해 물었다. 셋째, 또 망심을 자주 일으켜 능히 부처님과 같이 자연스럽게 항복받지 못하는 까닭에 거듭 항복을 물었다.

03 사람의 몸을 얻어 불법을 들으려면 반드시 대심大心을 발해야만 바야흐로 대행大行을 닦아 대과大果를 얻을 수 있다.

04 선재동자는 매번 선지식을 만날 때마다 이르기를, "나는 이미 먼저 아뇩다라 삼먁삼보리심을 발했습니다. 그러나 어떻게 보살행을 배워야 하며 보살도를 닦는지를 알지 못하겠습니다."라고 했다. 여기에서 대심을 발한 자는 반드시 대행을 닦아야 함을 알 수 있다. 머무름(住)과 항복받음(降)이 바로 수행의 절실한 시작점이다.

05 그러나 이 두 질문은 실로 서로 돕고 있다. 깨달은 마음으로 머물므로 망심을 항복받지 않고 항복받는 것이다. 망심을 항복받음으로써 깨달은 마음에 머무르지 않고 머무는 것이다.

6. 여래가 찬탄하고 허락함. 찬탄하고 인정함

佛言. 善哉善哉. 須菩提. 如汝所說. 如來善護念諸菩薩. 善付囑諸菩薩.

부처님께서 말씀하셨다. "훌륭하고 훌륭하다. 수보리야! 지금 그대가 말한 것처럼, 여래는 모든 보살들을 잘 보호하고 모든 보살들에게 잘 부촉하느니라."

01 '선재善哉'가 둘이 있는데 첫 번째는 저 큰 지혜의 견해를 칭찬한 것이고 두 번째는 저 대비로 대신 물은 것을 칭찬한 것이다.

02 수보리가 세존께서 옷 입고 밥 먹고 오고 가며 고요하며 움직이는 일상의 생활 가운데에서 호념護念하게 하고자 부촉하신 뜻을 알아차린 것이다.

7. 허락하고 설함. 총체적으로 보임.
듣기를 권하고 종을 표함

汝今諦聽. 當爲汝說. 善男子. 善女人. 發阿耨多羅三藐三菩提心. 應如是住. 如是降伏其心.

"그대는 지금 내가 설하는 법문을 분명하고 자세하게 잘 듣도록 하라. 마땅히 그대를 위해 설하리라. 선남자 선여인이 아뇩다라삼먁삼보리심을 발하면 응당 이와 같이 머물며, 이와 같이 그 마음을 항복받아야 할 것이니라."

01 '제諦'는 진실하고 정확함을 말한다. 스스로를 높이지도 않고 낮추지도 않으며 마음을 비우고서 받아들이는 것을 말한다.

02 경전을 보고 법을 들음에 반드시 일체의 지견知見을 던져버려야 한다. 한 마

음으로 경계를 대함으로써 바야흐로 계합해 들어갈 수 있다.

03 두 개의 '여시如是'는 위 글의 '선호념·선부촉' 두 구절을 지정하여 가리
키는 것이다. '현전 지점'·'바로 그때'의 뜻이 있다.

04 부처님께서 시현하신 것은 바로 아상我相도 없고 법상法相도 없으며 또
한 비법상非法相도 없는 것이다. 진성眞誠·청정·평등·정각正覺·자비
·간파看破·방하放下·자재自在·수연隨緣 등을 모두 가사를 수하고 걸
식을 행하는 것에서 남김없이 나타내 보이고 있다. 여기에서 체득해 알
면 염불하여 필연코 부처님을 친견할 것이다.

8. 뜻에 계합하여 상세히 청함

唯然. 世尊. 願樂欲聞.

"그렇습니다, 세존이시여. 즐거이 듣기를 원합니다."

01 '유唯'는 바로 머무르고 항복받는 이치에 철저하고 명료함을 말한다.
그러나 여래가 호념하고 부촉하는 것을 다른 이는 오히려 보지 못하
는 까닭에 대신 열어 청한 것이다.

02 '원願·요樂·욕欲·문聞' 네 글자는 뒤의 뒤가 앞의 앞보다 더욱 깊다.
뜻이 깊고 넓으니 응당히 알아야 할 것이다.

03 사람마다 본래 여여부동한 자성을 구족하고 있다. 무명이 장애가 되
어 망심妄心의 생멸이 쉬지 않음에 이른 것이다. 그러므로 배우는 자는
'문聞' 자 위에서 힘써 공부해야 한다. 들음을 돌이켜 자성을 듣고, 때
때로 비추고 때때로 들으면 곧 제법의 실상을 보게 될 것이다.

佛告須菩提. 諸菩薩摩訶薩.

應如是降伏其心. 所有一切衆生之類. 若卵生. 若胎生. 若濕生. 若化
生. 若有色. 若無色. 若有想. 若無想. 若非有想非無想. 我皆令入無餘
涅槃而滅度之. 如是滅度無量無數無邊衆生. 實無衆生得滅度者. 何
以故. 須菩提. 若菩薩有我相人相衆生相壽者相. 即非菩薩.

부처님이 수보리에게 말씀하셨다.

"모든 보살마하살은 응당히 이와 같이 그 마음을 항복받아야 한다. 이 세상
에 존재하는 일체중생의 종류로는 알에서 태어난 중생, 모태에서 태어난 중생,
습기에서 태어난 중생, 스스로 변화하여 이루어진 중생, 형체나 모양이 있는 중
생, 형체나 모양이 없는 중생, 의식의 사고가 있는 중생, 의식의 사고가 없는 중
생, 의식의 사고가 있는 것도 없는 것도 아닌 중생들이 있다. 나는 이러한 모든
중생들을 무여열반에 들도록 제도하였다. 이와 같이 한량없고 끝없는 수많은
중생들을 제도하였지만, 실제로 한 중생도 멸도를 얻은 자가 없다. 왜냐하면
수보리야! 만약 보살이 아상, 인상, 중생상, 수자상이 있으면 즉 보살이 아니기
때문이니라."

9. 상세히 말함.
경계를 잡아 무주를 밝혀 반야의 올바른 지혜를 나타냄.
무주로써 믿음을 냄을 적실하게 보임. 표하여 보임

佛告須菩提. 諸菩薩摩訶薩. 應如是降伏其心.

부처님이 수보리에게 말씀하셨다. "모든 보살마하살은 응당히 이와 같이 그 마음을 항복받아야 한다."

01 '불고佛告' 구는 매우 중요하므로 소홀하고 간략하게 읽고 지나치지 말아야 한다. '제보살諸菩薩' 구는 대심을 발한 선남자, 선여인을 가리켜 말한 것이다.

02 발심發心은 구경원만究竟圓滿을 얻기를 발해야 한다. 위로는 불도를 이루고 아래로는 중생을 제도하는 것과 같다. 또한 비록 위로 이루나 실로 이루는 바가 없고, 비록 아래로 제도하나 실로 제도하는 바가 없음을 알아야 한다. 이것이 이루는 바 없이 위로 이루고, 제도하는 바 없이 아래로 제도하는 것이다. 즉 성품의 덕이 구경에 이르고, 체와 용이 원만해야 대보살大菩薩이라고 칭할 수 있다.

03 가령 염불법문은 본래 지극히 원만하고 지극히 머리 조아릴 만한 위없는 묘법이다. 행하는 자가 발심이 크지 않음을 인하여 다만 스스로 요달할 줄만 알게 된다. 즉 최상승最上乘의 법으로 끝내 소승법만 이루고 만다. 그런 까닭으로 겨우 하품下品에 왕생하게 되는데 심하면 하품에조차도 왕생하지 못한다. 어찌 위로는 부처님의 은혜에 빚지고 아래로는 자기의 신령스러움에 빚진 것이 아니겠는가? 이는 다 위없는 대법을 밝히지 못함으로 말미암아 그렇게 된 것이다. 이에 부처를 배움에 지혜를 반드시 열어야 할 것이다.

04 '항복기심降伏其心'은 망상이 일어나지 않도록 하는 것이다. 깨닫지 못한 자로

하여금 깨닫게 하는 것이다. 처음 마음을 발한 사람은 수행을 시작함에 다만 항복심이 있어야 한다. 고인이 이르기를, "다만 망념이 쉬기를 구할지언정 다시 참된 것을 찾지 마라(但求息妄, 莫更覓眞)."라고 한 것이 이 뜻이다.

05 비단 처음 마음을 발한 사람뿐만 아니라 실은 즉 시작부터 끝까지 다만 항복의 공력이 있어야 한다. 나아가 성불에 이르기까지 또한 머무는 바가 없어야 한다.

06 생사에도 머무르지 않고 열반에도 머무르지 않아야 한다. 항복을 제외하고 그밖에 달리 수행해 나아가는 방법이 없다.

10. 바로 밝힘

所有一切眾生之類. 若卵生. 若胎生. 若濕生. 若化生. 若有色. 若無色. 若有想. 若無想. 若非有想非無想. 我皆令入無餘涅槃而滅度之. 如是滅度無量無數無邊眾生. 實無眾生得滅度者.

"이 세상에 존재하는 일체중생의 종류로는 알에서 태어난 중생, 모태에서 태어난 중생, 습기에서 태어난 중생, 스스로 변화하여 이루어진 중생, 형체나 모양이 있는 중생, 형체나 모양이 없는 중생, 의식의 사고가 있는 중생, 의식의 사고가 없는 중생, 의식의 사고가 있는 것도 없는 것도 아닌 중생들이 있다. 나는 이러한 모든 중생들을 무여열반에 들도록 제도하였다. 이와 같이 한량없고 끝없는 수많은 중생들을 제도하였지만, 실제로 한 중생도 멸도를 얻은 자가 없다."

01 인연이 합하면 생하고 인연이 흩어지면 멸한다. 당체當體가 공空이어서 얻는 바 없음을 요달해 알아야 한다. 성품(性)에 나아가 말하자면 본래 이미 생기지도 않았고 지금 또한 멸하는 것도 없다.

02 망념이 다하고 식정(情)이 텅 비워지면 업식業識이 이미 변하여 생멸하는 마음이 멸하고, 생사의 바다에서 나와 불생불멸의 뚜렷이 밝은 성품의 바다로 증득해 들어가는데 이것을 일러 무여열반無餘涅槃에 들어간다고 한다. 구경의 깨달음의 과위를 일컬은 것이다.

03 '무여열반에 들어간다'는 것은 다른 것이 없고, 식識·색色·욕欲의 생멸심을 멸하면 곧 생사의 바다를 건너 열반의 피안에 도달하는 것이다.

04 경에 이르기를, "부처님의 종자는 인연을 좇아서 일어난다."고 했고, 또 이르기를, "무릇 이 마음이 있으면 결정코 마땅히 부처를 이룬다."고 했으며, 또 이르기를, "성품이 있고 성품이 없고를 떠나서 가지런히 불도를 이룬다."고 했다. 비록 중생이 본래 불성을 갖추고 있으나 부처님의 종자는 요컨대 인연이 생하기를 기다려야 한다.

05 성종性宗을 배우는 자는 종종 성품에 집착하여 종자(種)에 어두운데, 마치 성품에 집착하여 수행을 그만두는 것과 같다. 상종相宗을 배우는 자는 또 종종 종자에 집착하여 성품에 어두운데, 이는 다 경전의 뜻을 밝히지 못한 허물이다.

06 "실로 한 중생도 멸도를 얻은 자가 없다(實無衆生得滅度者)."는 것은 생도 없고 얻음도 없는 이치를 관조하면 진실로 없는 것이지 가상으로 없는 것이 아니다. 고덕은 다섯 가지 뜻으로 관하였다.

첫째, 연생緣生: 사대四大와 오온五蘊의 임시 화합이니 당체當體는 곧 공空이다.

둘째, 동체同體: 모습은 비록 다르나 체는 같아서 일법계一法界이다.

셋째, 본적本寂: 본래 생멸이 없는데 어찌 열반涅槃이 있겠는가?

넷째, 무념無念: 만약 망념妄念이 없으면 중생도 없고 얻음도 또한 없을 것이다.

다섯째, 평등平等: 일체중생은 본래 부처이다. 평등한 참된 법계는 부처님이 중생을 제도하지 않는다.

07 　총괄적으로 말해서 성품(性)은 진실이고 상相은 허망이다. 진실한 성품을 증
　　득하면 일체 경계에서 상에 집착하지 않고 자성으로 돌아가게 되기 때문에
　　진실이 된다.

08 　관조가 매우 익숙해지면 당체當體가 곧 공이다. 망념을 일으키면 있고 망념이
　　없다면 일체가 다 없다. 그러므로 본래 평등임을 알 수 있다.

09 　진심眞心과 망심妄心은 본래 동체이다. 마음을 일으키고 망념이 움직인즉 온
　　전히 진眞이 망妄을 이룬다. 마음을 열면 망념이 쉬게 되니 온전히 망妄이 즉
　　진眞이다. 이른바 망념을 제거한다고 말하나 실은 가히 제거할 것이 없다. 이
　　른바 항복이라는 것도 공교로이 전이하여 부처님의 덕업을 일으켜 만인을 크
　　게 교화하는 것이다.

10 　대심을 발하는 것이 곧 능히 교화하는 것이다. 널리 무량무변을 제도해야 한
　　다는 마음을 발하여 오래오래 관하여 순숙해지면 부지불각에 정에 집착하는
　　것이 소멸된다.

11 　널리 제도하려는 마음을 발하는 것은 큰 자비이다. 실로 이치가 없음을 관하
　　는 것은 큰 지혜이다. 자비와 지혜를 구족하고 복과 지혜를 쌍으로 닦아야
　　한다.

12 　세운 뜻이 꿋꿋하면 겁약함을 내지 않고 간파하여 내려놓는다. 정토에 태어
　　나기를 구하면 이는 곧 항복에 머무르는 것이다.

13 　진심이 나타나지 않는 것은 온전히 망령된 장애로 말미암은 것이다. 망념을
　　제거해 다하지 않으면 여여하고 참된 데 안주한다고 말하더라도 이 일념은
　　전과 다름없이 망상이다. 경에 이르기를, "밝게 비추는 성품으로 인하여 대상
　　(所)이 생겨나게 하니 대상이 세워지면 비추는 성품은 없어진다."고 했고, 또
　　이르기를, "지견에 앎을 세우면 이는 무명의 근본이다."라고 했다. 그런 까닭
　　으로 고덕이 이르기를, "다만 망념이 쉬기를 구할지언정 다시 참된 것을 찾지

마라."라고 했고, "다만 범부의 정이 다할 뿐 달리 성스러운 견해는 없다."고 했다. 경전에 또 이르기를, "미친 마음은 쉬지 않으니 쉬면 곧 보리이다."라고 말하고 있다.

14 무량무수무변의 중생을 제도하는 이와 같은 대자대비는 즉 탐냄과 성냄 두 가지 독만 제거할 뿐이다. 또한 비록 중생을 제도하나 실로 제도한 바가 없다는 것은 유에 집착하지 않는 것이다. 비록 제도한 바가 없으나 그들을 제도함을 쉬지 않는 것은 공에 집착하지 않는 것이다. 이 묘한 지혜를 갖추면 어리석음의 독 또한 제거된다.

15 범부는 아견이 무겁고 삼독이 깊은데 병의 뿌리는 실로 마음의 국량이 좁고 한정됨으로 말미암은 것이다. 반드시 광대심으로 그 병의 뿌리를 치료해야 한다. 근본을 좇아 해결하면 모든 병은 자연히 쉽게 제거할 수 있다.

16 큰마음으로 행하는 사람은 이미 반연하는 경계가 없으나 공空에 집착해서는 안 된다. 공空에 집착하면 따라 일으켜 수행할 길이 없다. 또 경계에 취착하더라도 유有에 집착해서는 안 된다. 유有에 집착하면 곧 육도에 떨어진다. 중요한 것은 양변에 집착하지 않고 중도에 합하는 데 있다. 이와 같이 일을 겪으며 마음을 단련하는 것이 바로 대수행인이 수행을 시작하는 곳이다.

17 '식識'은 원래 자성이 변하여 나타난 것이다. 작용하여 분별함으로써 아我에 집착하면 곧 식을 이루는데, 이것을 이름하여 망妄이라고 한다. 만약 작용하여 분별아집分別我執을 항복받으면 곧 이끌어서 정도正道로 돌아가게 하는데, 이것을 이름하여 올바른 지혜(正智)라고 한다. 만약 작용하여 염불로써 정토에 태어나기를 구하면 곧 이것이 무상정등정각無上正等正覺이다.

18 정토법문은 시작하는 곳에서 곧 식을 변화시켜 지혜를 이루는데, 이것이 항복降伏이고 이것이 관조반야觀照般若의 올바른 지혜이고 이것이 염에 즉하되 염을 여의어서 이변二邊에 집착하지 않는 것이다.

19　염불인은 대심大心을 발하여 널리 법계 중생이 함께 극락에 태어나기를 원하는 것이 중요하다. 그윽이 법계에 스며들어 널리 중생을 제도해야 한다. 만약 이 점의 도리를 융합해 얻을 수 있다면 도리어 염불에 박차를 가하지 않겠는가! 도리어 염불로 힘을 얻지 못함을 두려워하지 않겠는가! 중요하고 중요하도다!

11. 묻고 해석함

何以故. 須菩提. 若菩薩有我相人相衆生相壽者相. 即非菩薩.

"왜냐하면 수보리야! 만약 보살이 아상, 인상, 중생상, 수자상이 있으면 즉 보살이 아니기 때문이니라."

01　아我에 집착하여 분별하는 것은 범부의 공통된 병이니 어찌 이것이 보살이겠는가!

02　아상我相은 아견我見으로 인하여 생기고 아견은 아상으로 인하여 나타난다. 하나는 밖이고 하나는 안으로 종래로 여의지 않는다. 아상을 깨뜨린즉 아견도 깨뜨려진다.

03　사상四相은 곧 이 하나의 아상이다. 일체중생을 위하여 마음을 발하면 곧 아상을 항복받는다. 모두를 제도하여 성불하면 인상人相을 항복받는다. 마음 가운데에 어떻게 능히 제도해 다할 것인가의 염을 일으키지 않으면 수자상壽者相을 항복받는다. 실로 중생이 멸도를 얻은 자가 없으면 중생상衆生相을 항복받는다.

04　위없는 마음을 발한 자는 보살행을 행하고 보현행普賢行을 행하기를 요한

다. 일체 불법은 받아 지니는 것 위에서 모두 관조를 벗어나지 않는 것을 설해 왔다.

05 혹은 이르기를 염불은 관觀이 아니라고 한다. 이 말은 그렇지 않다. 염에 의거하고 관에 의거했음을 모름지기 알아야 할 것이다. 만약 망상이 어지러이 갈라지면 흩어진 마음으로 염불하는 것이므로 수용受用을 얻지 못한다. 반드시 입으로 부처님의 명호를 부르고 마음으로 아미타 부처님 생각하기를 마치 눈앞에 있는 것과 같이 해야 한다. 이와 같이 염불하면 망상이 일어날 길이 없으므로 이것이 관觀이다. 관을 닦음에 의근意根을 수습해야 한다. 깨끗한 마음으로 부처님을 생각하고 입으로 염불하며 손에는 염주를 지녀야 한다. "육근을 모두 다 포섭하여 깨끗한 염이 서로 이어지게 해야 한다." 이것이 실로 최상승의 묘법이다.

06 관觀은 즉 사유이고 조照에는 둘이 있다. 하나는 비추어 머무르는 조주照住이고, 또 하나는 비추어 보는 조견照見이다. 조주照住는 사유로 말미암아 온다. 마음을 한 곳에 붙였으므로 조주照住이니, 이때에는 허다한 망념이 잠시 정지된다. 본래 광명이 있어 자연히 드러나면 이는 즉 지혜이다. 조견照見은 공부하여 닦아 이루는 것을 가리킨다. 가령 『반야심경』에 "오온이 다함을 비추어 본다(照見五蘊皆空)."는 것이 이것이다. 관조는 반드시 우리들의 심성을 관해야 한다. 이른바 자성으로 빠져 돌아간다는 것이다.

07 대승경전을 수지 독송해야 한다. 수지受持는 즉 관조觀照이다.

08 중생의 큰 병의 뿌리는 곧 이 마음이 협소한 것이다. 협소함으로 인하여 아에 집착하게 된다. 그러므로 부처님께서 사람들로 하여금 이 마음을 확대하여 은연중에 옮겨 묵묵한 교화로 크게 제도하셨다. 즉 이것이 아견을 제거하고 번뇌를 제거하는 묘법이다.

09 인연이 모여 화합한 것이기에 당체當體가 다 공이다. 또 중생은 동체同體이다.

이와 같이 관조하면 알지도 느끼지도 못하는 사이에 아집이 자연히 제거되고 자성의 선교방법으로 빠져 돌아가게 된다.

10 일체중생은 욕欲·색色·식識이 있지 아니함이 없다. 만약 이 셋을 변화시켜 새로이하지(轉移) 못하면 영원히 삼계육도를 윤회하게 된다. 변화시켜 새로이하는 최고의 선교방편은 염불하여 정토에 태어나기를 구하는 것을 지나칠 것이 없다.

11 아견을 없애면 제7식이 변하여 평등성지平等性智가 된다. 분별을 일으키지 않으면 제6식이 변하여 묘관찰지妙觀察智가 된다. 이 둘이 이미 변했으므로 5식과 8식 또한 변함을 따라서 성소작지成所作智·대원경지大圓鏡智를 이룬다. 수행의 요체는 식을 변화시켜 지혜를 이루는 데 있다.

12 불법은 광대무변한 듯 보이나 실은 친절하여 맛이 있다. 높고 깊은 듯 보이나 본디 소박하다.

제4 묘행무주분妙行無住分

復次. 須菩提. 菩薩於法. 應無所住. 行於布施. 所謂不住色布施. 不住
聲香味觸法布施. 須菩提. 菩薩應如是布施. 不住於相. 何以故. 若菩
薩不住相布施. 其福德不可思量. 須菩提. 於意云何. 東方虛空. 可思
量不.

不也.世尊.

須菩提. 南西北方四維上下虛空. 可思量不.

不也.世尊.

須菩提. 菩薩無住相布施.福德亦復如是不可思量. 須菩提. 菩薩但應
如所教住.

"다시 수보리야! 보살은 법에 응당히 머무는 바 없이 보시를 행해야 한다. 이
른바 색에 머물지 말고 보시하며, 성·향·미·촉·법에도 머물지 말고 보시하라.
수보리야! 보살은 응당히 이와 같이 보시하여 상에 머물지 말아야 한다. 왜 그
런가? 만약 보살이 상에 머무르지 않고 보시하면 그 복덕을 가히 헤아릴 수 없
기 때문이다. 수보리야! 뜻이 어떠하냐? 동방의 허공을 가히 헤아릴 수 있겠는
가?"

"그렇지 않습니다. 세존이시여!"

"수보리야! 남·서·북방 사유 상하의 허공을 가히 헤아릴 수 있겠느냐?"

"그렇지 않습니다. 세존이시여!"

"수보리야! 보살이 상에 머무름 없이 보시하면 복덕 또한 다시 이와 같이 가
히 헤아릴 수 없느니라. 수보리야! 보살은 다만 응당 가르친 바와 같이 머물러
야 한다."

12. 상에 머무르지 않았기에
이것이 바른 머무름이라는 것을 밝힘.
바로 무주를 밝힘. 표하여 보임

復次. 須菩提. 菩薩於法. 應無所住. 行於布施.

"다시 수보리야! 보살은 법에 응당히 머무는 바 없이 보시를 행해야 한다."

01 '보시布施'는 일체법을 다 갖추고 있다. 불법은 행하기를 요하지 머무르기를 요하지는 않는다. 응당히 머무는 바가 없이 일체법을 행해야 한다.

02 앞에서는 대원大願을 발하고 여기에서는 대행大行을 일으켰다. 원과 행은 서로 능히 여의지 못한다. 원이 있으면 반드시 행이 있고 행이 있으면 반드시 원이 있다.

03 보살이 육바라밀을 행하는 데는 계·정·혜 삼학으로 탐·진·치 삼독의 병의 근원을 대치하는 것에서 벗어나지 않는다.

04 보시에는 재시財施, 법시法施, 무외시無畏施의 세 종류가 있다. 이는 비롯함이 없는 근본적인 간탐慳貪의 독해를 대치한다.

05 계를 지니는 것(持戒)은 불교를 배우는 기초로 악을 그치게 하는 지止와 선법을 짓게 하는 작作의 두 종류가 있다. '지지止持'는 모든 악을 짓지 않는 것(諸惡莫作)이고 '작지作持'는 모든 선을 받들어 행하는 것이다(衆善奉行). 살생을 하지 않기 위해서는 다분히 성내는 것을 다스려야 하고, 도둑질을 하지 않기 위해서는 다분히 탐욕을 다스려야 하고, 음행을 짓지 않기 위해서는 다분히 탐욕과 어리석음을 다스려야 하고, 망어를 하지 않기 위해서는 다분히 탐욕과 어리석음을 다스려야 하고, 음주를 하지 않기 위해서는 다분히 탐·진·치 삼독을 다스려야 하는 것이 이것이다. 최초의 계를 지닌다는 것은 무게가 일을

실제로 범하지 않는 데 있었다. 하지만 보살의 경우라면 염을 일으킨 즉시 범하는 것이 된다.

06 인욕忍辱은 바로 마음을 안정하여 참는 것으로 수순하여 받아들인다는 뜻이다. 마음을 편안히 하여 수순하는 것이다. 욕됨을 능히 참으면 곧 일에 능히 참지 못할 것이 없다. 만약 불법을 듣고 따라 실행하여 의심을 품지 않으며 뒤섞이지 않으면 법인法忍이 된다. 또 저 '생하되 생함이 없다'는 이치와 같이 우리들이 능히 명료하고 능히 실행하면 무생법인無生法忍이 된다. 성내는 것을 대치한다.

07 정진精進에서 정精은 정세精細와 정밀精密의 두 뜻이 있다. 차차 나아가되 맹종하지 않는 이것이 정세精細이다. 차차 나아가되 등급을 뛰어넘지 않는 것이 정밀精密이다. 게으름을 대치한다.

08 선정禪定은 마음을 한 곳에 붙여 두어 오래한 뒤에야 정定을 얻는다. 정을 얻으면 삼매三昧라 칭한다. 이는 산란散亂과 혼침昏沈, 도거掉擧를 대치한다.

09 반야般若는 이 성품의 체에서 발생하는 바른 지혜로 세지변총世智辯聰과는 같지 않다. 어리석음을 대치하고 능히 무명의 해독을 깨뜨린다. 일체법의 공부를 실행하고 능히 상에 집착하지 않으면 이것이 반야이다. 불법에서는 선정과 지혜가 가장 중요하다.

10 일체법을 닦지 않고 어떻게 능히 중생을 제도하겠는가? 일체법을 닦되 상에 집착하는 자는 또한 능히 중생을 제도하지 못한다. 일체법을 수행하며 구경에 무엇을 좇아 닦아 일으키고자 하면 먼저 보시를 행해야 한다. 보시는 사섭법四攝法의 시초가 된다.

11 보시는 즉 일체 불법이다. 불법은 시작부터 마칠 때까지 하나의 '사捨' 자를 벗어나지 않는다. 보시는 즉 버리는 것이고 내려놓는 것이다. 그것을 미루어 보면 지계는 탐·진·치를 버리는 것이고, 인욕은 성냄을 버리는 것이고, 정진

은 해태懈怠·혼침昏沈·도거掉擧를 버리는 것이며, 선정은 산란散亂·혼침昏沈을 버리는 것이며, 반야는 이변二邊 및 아와 법 두 집착을 버리는 것이다.

12 가령 경을 듣는 것은 세간의 오락을 버리고 와서 부처를 배우는 것이며, 하늘과 사람은 욕계를 버려야 색계에 오르고, 색계를 버려야 무색계에 오르며, 아집을 버려야 아라한을 증득하고, 법집을 버려야 보살이 되고, 사바세계를 버려야 극락정토에 생하고, 아울러 버리고 또한 버려야 성불한다. 이것으로써 한쪽을 행하면서 다른 한쪽을 마음속에서 놓아버리지 않아야 곧 양변에 집착하지 않게 됨을 알 수 있다. 일에 처하고 사람을 대하고 사물을 접함에 반드시 공적으로 하고 사사로움이 없어야 하며 나라 일을 위하여 제 집안의 일을 잊어야 한다. 가히 보시 하나의 법이 일체를 포괄함을 알 수 있다.

13. 가리켜 해석함

所謂不住色布施. 不住聲香味觸法布施.
"이른바 색에 머물지 말고 보시하며, 성·향·미·촉·법에도 머물지 말고 보시하라."

01 색 등의 육진을 들어 일체법을 포섭해 다했다. 진塵은 많다는 뜻이 있고 물들고 더럽다는 뜻이 있다. 하나라도 붙은 것이 있다면 오염된 것이다.

02 '부주不住'는 즉 집착하지 않는 것이다. 하나도 머무르는 바가 없어야 바야흐로 바라밀波羅蜜이 된다.

03 재시財施는 즉 앞의 다섯 가지 진塵이고 법시法施는 즉 법진法塵이다. 다 이 인연으로 생하는 법으로 당체當體가 곧 공인데 구태여 머무를 필요가 있겠는가?

14. 결론을 이룸

須菩提. 菩薩應如是布施. 不住於相.

"수보리야! 보살은 응당히 이와 같이 보시하여 상에 머물지 말아야 한다."

01 『화엄경』에 '사捨'를 나누어 많은 종류로 삼았는데 최후에는 구경의 버림(究竟捨)을 설했다. 모름지기 마음 가운데에 조금도 집착하지 않고 이변에 떨어지지 않아야 바야흐로 구경이 된다.

02 '응당히 머무는 바가 없다(應無所住)'는 것은 법상法相에 머무르지 않는 것이다. '보시를 행한다(行於布施)'는 것은 비법상非法相에 머무르지 않는 것이다. 불교를 배우는 자는 육진에 굳게 머무르지 말아야 한다. 그러나 만약 단멸하면 능히 중생을 제도할 수 없어 중생이 바로 육진경계에 머무르게 되므로 응당히 여기를 좇아 그들을 제도해야 한다.

03 수행의 본뜻은 머무르지 않는 것이지만 시작할 때에 또한 능히 경계를 멸해서는 안 된다. 가령 염불하고 불상을 관상觀想하는 것은 색의 경계(色境)이다. 하늘의 음악과 물소리, 새소리는 소리의 경계(聲境)이다. 연꽃의 향기가 깨끗한 것은 향의 경계(香境)이다. 밥을 먹고 경행하는 것은 맛의 경계(味境)이다. 다만 여러 즐거움을 느끼는 것은 감촉의 경계(觸境)이다. 아미타 부처님을 마음속으로 기억하는 것은 법의 경계(法境)이다. 그러므로 '부주不住' 두 글자는 결정코 단멸이 아님을 확실히 이해하여야 한다. 단멸은 즉 공이고 또한 비법이다. 보시는 일체 법상을 포섭하고 또한 비법상을 포섭한다.

04 수행하여도 수용을 얻지 못하는 것은 두 가지 병에서 벗어나지 않는다. 하나는 요점을 잡지 못한 것이고 둘은 도리를 밝히지 못한 것이다. 수행을 여의고 성품을 설하는 것은 공허한 담론이고, 성품을 여의고 수행하는 것은 곧 맹목

적으로 나아가는 것이다.

05 대원을 발하고 대행을 행해야 바야흐로 불문佛門에 들어갈 수 있다. 앞에서 이르기를, "항복은 곧 대원을 발하는 것이다(降伏即發大願)."라고 했다. 여기에서 이르기를, "보시를 행한즉 대행을 행하는 것이다(行於布施即行大行)."라고 했다. 반드시 머무르는 바 없이 보시를 행해야 바야흐로 대행이다.

06 능히 집착하지 않는 것이 큰 지혜이다. 보시를 행하는 것은 대비이다. 자비와 지혜와 원을 행함이 크지 않음이 없어야 바야흐로 보살마하살이다.

07 발심은 광대함이 중요하다. 광대하지 않으면 아견을 제도할 수 없다. 수행은 세밀함이 중요하다. 먼저 일체중생이 인연으로 생했고(緣生), 동체同體이며 본래 고요함(本寂)을 관해야 한다. 자기의 습기가 무겁다는 것을 알아서 그것을 은연중에 옮겨야만(潛移) 비로소 수행할 수 있다. 수행은 먼저 병의 근원을 제거해야 하니 부처님이 설한 보시의 정밀한 뜻을 행할 수 있다.

08 우리들의 모든 일은 부처님의 설에 의지해서 행해 가야 마음 가운데 도리어 하나도 그 일이 없게 되어 바야흐로 법상에 머무르지 않게 된다. 마음 가운데에 그 일은 없다 할지라도 예전대로 정진해 가야만 바야흐로 비법상에도 머무르지 않게 된다.

09 경계와 마음, 법과 비법의 상대적인 견해를 잊어버리지 못했다면 아직 세간에서 벗어나지 않은 것이다. 그러므로 세간법에서 벗어나려면 반드시 분별심에서 벗어나 범부를 변화시켜 염을 관해야 한다. 성품을 증득하려면 모름지기 무념이 중요하다. 마음 가운데에 만약 '무념無念' 두 자가 있으면 여전히 유념有念으로 반드시 무념의 염(無念之念)도 또한 없어야 한다.

10 염송은 곧 관觀이고 관은 곧 염이다. 마땅히 마음을 일으키고 염을 움직일 때에 분별심을 제거하고 부처님의 방법에 의지하여 안을 향하여 사유하되 무념을 염해야 한다. 염불 또한 그러하여 오래오래 상응하면 곧 무념이 될 수 있

으니 이것이 깨달음(覺)이고 바름(正)이며 깨끗함(淨)이다.

15. 그 까닭을 나타내고 해석함. 묻고 해석함

何以故. 若菩薩不住相布施. 其福德不可思量.

"왜 그런가? 만약 보살이 상에 머무르지 않고 보시하면 그 복덕을 가히 헤아릴
수 없기 때문이다."

01 경계에 머무르면 마음이 청정하지 못한데 모름지기 하나도 하는 바가 없어야
비로소 그렇게 된다. 무슨 연고로 곳곳에 '부주不住'라 말하고 또 곳곳에 '복
덕福德'이라고 말하는가? 수행은 즉 경계가 있는데 이에 이 경계가 필요 없는
것이 아니고 경계에 의탁하여야 바야흐로 수행을 일으키고 바야흐로 시작할
수 있기 때문이다.

02 본경에 육진에 머무르지 말라고 설하고 『정토삼부경』에 온전히 육진을 설하
는 것이 상반되는 듯이 보이나 실상은 서로 같아서 우선 바로 가히 정토 경계
의 높음을 볼 수 있다.

03 극락세계의 육진六塵을 관하여 생각하면 곧 공空에도 머무르지 않게 된다. 이
로 말미암아 오탁五濁의 육진에서 벗어나므로 유有에도 머무르지 않게 된다.
그러므로 불법은 마음을 다스림에 항복을 중히 여기지 않고 옮겨 가는 것을
중하게 여긴다. 중생으로 하여금 마음을 옮겨 부처님 경계의 육진을 향하게
하니 오탁의 육진에서 떠나고 이변에 집착하지 않는 것에 착수하는 방법이
바로 이에 있다.

04 강미농 거사는 지극히 정토를 찬탄했는데 견지見地가 정확하여 사람들에게

마음으로 존경을 받게 되었다. 관련된 말은『금강경 강의』권2 98쪽 열셋째 줄(『강미농의 금강경 강의』, 230쪽 첫째 줄, 양관 옮김, 담앤북스)에 있다.

16. 비유로 밝힘

須菩提. 於意云何. 東方虛空. 可思量不. 不也. 世尊. 須菩提. 南西北 方四維上下虛空. 可思量不. 不也. 世尊.

"수보리야! 뜻이 어떠하냐? 동방의 허공을 가히 헤아릴 수 있겠는가?"
"그렇지 않습니다. 세존이시여!"
"수보리야! 남·서·북방 사유 상하의 허공을 가히 헤아릴 수 있겠느냐?"
"그렇지 않습니다. 세존이시여!"

01 '불야不也'는 남을 따라 부정하는 뜻을 함유하고 있어 불완전 부정으로 이해 해야 한다.

02 부처님께서 설한 경은 한 법을 드는 것을 따라서 다 시방十方을 갖추고 있다. 대개 불법은 다 무량무변한 성품의 바다를 좇아 흘러나온다. 그러므로 중중 무진重重無盡이다.

03 시방十方이 결정된 법이 아니기 때문에 일체법도 균등하게 가명假名임을 알 수 있다. 정해진 법(定法)을 가히 얻을 것이 없으므로 가히 머무르지 말아야 함을 알 수 있다.

04 일체법은 다 동체로 체성에 있어서는 원래가 한 개다. 만약 알아차린다면 바 야흐로 마음과 부처, 중생 이 셋이 차별이 없음을 알 수 있다.

05 시방은 다 허공 가운데에 있고 십법계가 우리들 일념一念 가운데에 함께 있음 을 알게 하고자 한 것이다. 인과가 빽빽이 늘어서 있으나 동일하게 성품이 공

空한 것을 장애하지 않는다. 이것은 허공이 비록 상이 없으나 모든 상이 발휘되는 이치를 막지 않는 것을 나타낸다.

17. 법에 합함

須菩提. 菩薩無住相布施. 福德亦復如是不可思量.

"수보리야! 보살이 상에 머무름 없이 보시하면 복덕 또한 다시 이와 같이 가히 헤아릴 수 없느니라."

01 허공은 상이 없으나 모든 상을 발휘하는 데 걸림이 없는 것이 흡사 보시를 할 때 상에 머무르지 않아야 하는 것과 같다. 상에 머무르지 않고 하는 보시(不住相布施)는 마치 허공을 생각으로 헤아릴 수 없는 것과 같다. 보살은 능히 이와 같이 있으면서 있는 것이 아니고 공空이면서 불공不空이어야 바야흐로 이에 티끌 경계를 등지고 깨달음에 합할 수 있다.

02 선남자 선여인이 이미 보리심을 발한 까닭에 상에 머무름 없는 보시로써 가르친 것이다. 이곳의 가르침을 힘써 배워야 반드시 참된 데 도달하여도 능히 머무름이 없고 털끝만큼도 아직 다하지 못한 것이 없게 될 것이다.

18. 결론적으로 바른 머무름을 보임

須菩提. 菩薩但應如所教住.

"수보리야! 보살은 다만 응당 가르친 바와 같이 머물러야 한다."

01 결론적으로 머물지 않음(不住)이 곧 바른 머무름(正住)임에 이르러 마땅히 머무는 바 없어야 함을 가리킨 것이다. 또 응당히 어떻게 머물러야 하는가에 답하기를, 다만 내가 가르친 바의 이변에 머무르지 않는 것에 의지하여 수행하라는 뜻으로 말씀하신 것이다. 본래 머물지 않음(不住)으로써 주를 삼았으니, 그렇지 않다면 대승의 불법이 아니다.

02 항복과 머무르지 않는 두 일은 즉 하나의 일이다. 수행의 시작은 곧 이 하나의 버릴 '사捨' 자이다. 사捨는 즉 아집을 깨뜨리는 것이다. 끝까지 버려야 아집이 바야흐로 깨뜨려 다해진다.

03 등각等覺보살은 오히려 일분의 법집法執이 있어 깨뜨리지 못하였기에 반드시 불과佛果에 이르려면 바야흐로 끝까지 버려야 한다. 그러므로 불법은 시작부터 끝까지 다만 하나의 사捨 자이다. 사는 바로 이 공空에도 머무르지 않고 유有에도 머무르지 않는 것이다.

04 마음의 양이 커서 무량무변에 이르러야 바야흐로 아뇩다라삼먁삼보리阿耨多羅三藐三菩提이다.

제5 여리실견분如理實見分

須菩提. 於意云何. 可以身相見如來不.

不也. 世尊. 不可以身相得見如來. 何以故. 如來所說身相即非身相.

佛告須菩提.

凡所有相. 皆是虛妄. 若見諸相非相. 則見如來.

"수보리야! 뜻이 어떠한가? 가히 신상으로써 여래를 볼 수 있겠느냐?"

"그렇지 않습니다. 세존이시여! 불가합니다. 신상으로써 여래를 보는 것은. 왜 그런가 하면 여래가 설한 바 신상은 즉 신상이 아니기 때문입니다."

부처님께서 수보리에게 말씀하셨다.

"무릇 있는바 상은 다 허망한 것이다. 만약 모든 상이 상 아닌 줄로 보면 곧 여래를 볼 것이다."

19. 다시 까닭을 밝힘. 문답으로 해석해 밝힘

須菩提. 於意云何. 可以身相見如來不.

"수보리야! 뜻이 어떠한가? 가히 신상으로써 여래를 볼 수 있겠느냐?"

01 부처님의 뜻으로 만약 말한다면 "그대들 중생들은 능히 신상身相에 나아가서 그대의 본성을 볼 수 있겠는가?" 하는 것이다.

02 이 과科는 앞에서 설한 이치를 가지고 거듭 그 까닭이 그러함을 설명한 것이다. 앞에서 설한 가지가지의 도리에서 최고로 요긴한 것은 즉 반복하여 진술하여 밝힌 '상에 머무르지 않는 것'으로, 균등하게 '가히 신상으로 여래를 볼 수 있겠는가?'라는 한 구절에 귀결된다.

03 상에 머무르지 않는 것의 중요함은 성품을 증득하는 데 있다. 상에 집착하면 곧 유에 집착하게 되고, 집착하지 않으면 곧 공에 집착하게 되는 이것이 일체 범부의 공통된 병이다. 소승과 범부는 서로 상반되어 신상이 바로 환이라는 것을 요달해 알아 편공偏空을 증득하고, 생사를 요달해 알아 삼계에서 벗어난다. 그러나 또 하나의 병을 얻으니 병은 공에 집착하는 데 있다. 이 공은 이에 이 상이다.

04 체體가 있으면 반드시 용用이 있고 성性이 있으면 또한 반드시 상相이 있음을 알아야 할 것이다. 다만 반드시 상이 허망하다는 것이 곧 옳음을 알아야 한다. 또 공에 집착하면 바로 단멸에 떨어지는 것과 같다. 성과 상은 다르지 않아서 상이 즉 성의 표현이고 성이 즉 상의 근본이다.

05 불교인의 수행은 원래 중생을 제도하기 위함이다. 만약 공에 집착하여 작용이 없으면 어떻게 능히 제도하겠는가? 그러므로 반야는 종요로이 이변에 머무르지 말며 반드시 유에도 머무르지 말며 공에도 머무르지 말아야 바야흐

로 능히 성품에 칭합한다. 천 가지 경과 만 가지 논에 이 이치를 설명하고 이 이치를 발휘하지 않음이 없다.

06 이곳의 '신상身相'은 위로 모든 부처님으로부터 아래로 일체중생에 이르기까지 다 이 상임을 가리킨 것이다. 그 뜻을 확대하면 곧 두루 일체 법상을 포섭한다.

20. 답. 쌍으로 밝힘

不也. 世尊. 不可以身相得見如來.

"그렇지 않습니다. 세존이시여! 불가합니다. 신상으로써 여래를 보는 것은."

01 "불야不也 세존世尊"의 '불不'은 남을 따라 부정만 하는 것으로 가히 부결이라는 해석을 지을 수 없다. 이미 불가라고 답하고 다시 '가히'라고 설한 까닭에 쌍으로 밝혔다.

02 가히 상으로써 성을 지어 신상에 나아가 여래를 볼 수 없다고 했다. 그러나 상은 성으로 말미암아 나타나므로 성과 상은 둘이 아니어서 또한 신상을 얻음으로써 여래를 본다. 성과 상이 걸림이 없어서 상이 성을 장애하지 않음을 나타내 보인 것이다.

21. 해석을 이룸

何以故. 如來所說身相即非身相.

"왜 그런가 하면 여래가 설한 바 신상은 즉 신상이 아니기 때문입니다."

01 성은 즉 상의 체이고 상은 즉 성의 용이다. 상은 성이 아니면 화합할 수 없고 성은 상이 아니면 나타나지 못한다. 상을 여의면 성이 없고 성을 여의면 또한 상이 없다. 다만 집착하고 집착하지 않고를 볼 뿐이다. 상에 집착한 까닭에 장애되어 견성하지 못한다. 집착하지 않은 까닭에 이변에 떨어지지 않는다. 반야의 이치가 온전히 여기에 있으니 반드시 종요로이 관조해야 하고 자세히 힘써 공부해야 한다.

02 상을 잡아 설하면 이 '신상身相'이고 성을 잡아 설하면 당체가 곧 공이다. 상은 허망하고 성은 참되므로 불가不可라고 설했다. 성은 능히 상을 녹이고 진실한 까닭에 나타나는데 이것이 또 구태여 상을 여의고 성을 볼 필요가 있겠는가? 그러므로 이르기를, "여래를 본다(得見如來)."고 했다.

22. 뜻을 열어 인정하고 허락함. 성은 본래 상이 아님을 밝힘

佛告須菩提. 凡所有相. 皆是虛妄.
부처님께서 수보리에게 말씀하셨다. "무릇 있는바 상은 다 허망한 것이다."

01 "무릇 있는바 상은 다 허망한 것이다(凡所有相, 皆是虛妄)." 이것은 신상을 설명하나 뜻에는 일체의 현상·사람·물건 내지 허공 등이 다 포함되어 있다.

02 이미 허공은 가히 치달려 구할 수 없으며 가히 머물러 집착할 수 없음을 안다. 회광반조回光返照하여 신속히 '성'으로 돌아가 윤회에 떨어져 들어가는 데

는 이르지 말아야 한다.

23. 상에 의거해 성을 봄을 밝힘

若見諸相非相. 則見如來.
"만약 모든 상이 상 아닌 줄로 보면 곧 여래를 볼 것이다."

01 '제상諸相'은 즉 일체 상으로 다만 모름지기 철저하고 분명하게 다 허망하여 상이 성을 장애하지 않으므로 곧 여래를 본다. 구태여 상을 멸할 필요가 없다. 상에 의거해야 가히 성을 볼 수 있다. 마치 그릇의 금과 같다. 상은 실로 가히 단멸할 수 없고 그 본래의 성으로 말미암아 나타난다.

02 집착하지 않으면 상의 굴린 바가 되지 않으나 이와는 반대로 나의 굴린 바가 된다. 범부는 집착하여 법상에 머물러 번뇌를 내고, 수행인은 세상을 싫어하여 비법상에 머물러 번뇌를 낸다. 불교인은 가히 집착하지 말아야 하며 또한 싫어하지 말아야 한다.

03 우리들이 힘써 공부함에 반드시 먼저 관조하여 오래오래 하여야 바야흐로 능히 비춤에 머무를 수 있고 최후에는 능히 비추어 볼 수 있다.

04 힘써 공부함에 최고로 중요한 것은 관을 짓는 것이다. 관을 지으면 생각하는 방법과 보는 법이 변화한다. 범부가 보고 생각하는 것이 다 집착을 여의지 못한다면 이는 그릇된 것이다.

05 우리들이 종일토록 듣는 것은 차 소리, 사람 소리 등 가지가지의 시끄러운 소리들이다. 그러나 실은 차 소리, 사람 소리 등 가지가지의 시끄러운 소리가 아니라 곧 무상無常 · 고苦 · 공空 · 무아無我의 소리로 당체當體가 바로 공이다.

즉 공과 유에 집착하지 않는다면 이것이 이 반야바라밀의 소리이다.

06 이 경의 경문과 내지 일체 대승경의 어떤 구절을 막론하고 다 관을 지어야 한
다. 행주좌와行住坐臥에 이것을 여의지 않으면 곧 수용이 무궁할 것이다.

07 경을 읽음으로써 이 경이 나를 변화시킨다. 관을 지으면 경을 굴리게 된다.
경이 나를 굴리면 곧 경으로써 범부의 생각을 전이시키는 것이다. 내가 경을
굴리면 항상 지혜가 생기니, 다시 중요한 공부가 된다.

08 고덕이 설하기를, "다만 망상 쉬기를 구할지언정 다시 참된 것을 찾지 마라."
라고 했다. 만약 한결같이 참된 것을 찾으면 그것이 곧 망상을 이루게 된다.
반드시 망심을 나누어 제거하면 진심이 나누어 나타날 것이다.

09 망심은 무명이고 망상이고 번뇌이다. 진심은 깨달음이고 바른 것이고 청정한
것이다.

10 다만 상에 집착하지 않으면 색이 즉 공이고 상은 즉 성이다. 성상은 원융하
여 걸림이 없이 자재하다.

제6 정신희유분正信希有分

須菩提白佛言. 世尊. 頗有衆生. 得聞如是言說章句. 生實信不.

佛告須菩提. 莫作是說. 如來滅後. 後五百歲. 有持戒修福者. 於此章

句. 能生信心. 以此爲實. 當知是人. 不於一佛二佛三四五佛而種善根.

已於無量千萬佛所種諸善根. 聞是章句. 乃至一念生淨信者. 須菩提.

如來悉知悉見. 是諸衆生. 得如是無量福德.

何以故. 是諸衆生. 無復我相人相衆生相壽者相. 無法相. 亦無非法相.

何以故. 是諸衆生. 若心取相. 則爲著我人衆生壽者.

若取法相. 即著我人衆生壽者. 何以故. 若取非法相. 即著我人衆生壽

者. 是故不應取法. 不應取非法.

以是義故. 如來常說. 汝等比丘知我說法如筏喻者. 法尙應捨. 何況

非法.

　수보리가 부처님께 말씀드렸다.

　"세존이시여! 자못 어떤 중생이 이와 같은 부처님의 설법을 듣고 실다운 믿음을 내겠습니까?"

　부처님께서 수보리에게 말씀하셨다.

　"그렇게 말하지 마라. 여래가 입멸한 뒤 후오백세에도 계율을 지니고 복을 닦는 자가 있어 이 장구에 능히 신심을 내어 이것으로써 실다움을 삼을 것이다. 마땅히 알라. 이 사람은 한 부처님이나 두 부처님, 서넛이나 다섯 부처님께 선근을 심었을 뿐만 아니라 이미 무량 천만 부처님 처소에 선근을 심었느니라. 이 장구를 듣고 일념이라도 깨끗한 믿음을 내는 자는, 수보리야! 여래가 다 알고 다 본다. 이 모든 중생은 이와 같은 무량한 복덕을 얻을 것이다.

왜 그런가? 이 모든 중생이 다시 아상·인상·중생상·수자상이 없고, 법상도 없고 또한 비법상도 없기 때문이다. 왜 그런가? 이 모든 중생이 만약 마음에 상을 취하면 즉 아상·인상·중생상·수자상에 집착하는 것이 된다.

만약 법상을 취하면 즉 아상·인상·중생상·수자상에 집착하는 것이 된다. 왜 그런가? 만약 비법상을 취하더라도 즉 아상·인상·중생상·수자상에 집착하는 것이 된다. 이런 연고로 응당히 법을 취하지 말고 응당히 비법도 취하지 마라.

이러한 뜻으로 여래가 항상 설하였다. 그대들 비구는 나의 설법을 뗏목의 비유와 같이 알라. 법도 오히려 응당히 버려야 할 것이거늘 어찌 하물며 비법이겠는가?"

24. 믿음을 냄. 근기를 가려서 보임. 질문

須菩提白佛言. 世尊. 頗有衆生. 得聞如是言說章句. 生實信不.

수보리가 부처님께 말씀드렸다. "세존이시여! 자못 어떤 중생이 이와 같은 부처님의 설법을 듣고 실다운 믿음을 내겠습니까?"

01 '장구章句' 두 글자는 앞의 글에 설한 도리를 가리킨다. '실신實信'은 이와 같은 언설의 진실한 뜻을 요달해 아는 것이다.

02 세존께서 설한 바는 매우 깊고 매우 깊다. 일체중생 중에 듣는 자는 자연히 믿음을 낸다. 그러나 능히 실다운 믿음을 내는 자는 많지 않는데 반드시 상근기의 예리한 지혜여야 한다.

25. 답. 능히 믿는 근기를 가려냄

佛告須菩提. 莫作是說. 如來滅後. 後五百歲. 有持戒修福者. 於此章句. 能生信心. 以此爲實.

부처님께서 수보리에게 말씀하셨다. "그렇게 말하지 마라. 여래가 입멸한 뒤 후오백세에도 계율을 지니고 복을 닦는 자가 있어 이 장구에 능히 신심을 내어 이 것으로써 실다움을 삼을 것이다."

01 "그렇게 말하지 마라(莫作是說)."라는 것은 비단 현재 대중만 능히 실다운 믿음을 내는 것은 아니라는 것이다. 즉 여래 멸후 후오백세에 이르러 "계를 지니고 복을 닦는 자는 이 장구에 응당히 신심을 낸다(有持戒修福者, 於此章句, 能生信心)."고 했다. 그 외는 능히 할 수 없다.

02 "실다움을 삼는다(爲實)."는 것은 능히 이 경의 도리를 명료히 밝힘을 말하는 것으로 이를 좇아 힘써 공부하면 이것으로써 실다움을 삼아 온전히 지닐 것이다. 가히 중생을 가볍게 보지 마라.

03 "그렇게 말하지 마라(莫作是說)."라는 한 말씀은 바로 대승 불법을 선양하는 사람에 대하여 한 말이다. 온 힘을 다하여 반야 법문을 선양하기를 요한다.

04 계를 지니고 복을 닦는 토대를 간택하여 실천함에 좇아 힘써 공부하는데 어찌 듣는 자가 실다운 믿음을 내지 못할까 근심하겠는가?

05 여래 멸후 정법이 천 년인데, 처음 오백 년은 해탈견고解脫堅固이고 다음 오백 년은 선정견고定堅固이다. 상법像法의 천 년은 처음 오백 년은 다문견多聞堅固이며 다음 오백 년은 탑사견고塔寺堅固이다. 말법이 만 년 가는데, 처음 오백 년은 투쟁견고鬪爭堅固이다. 본경의 '후오백세後五百歲'는 바로 이때를 가리킨다.

06 범부는 능히 계를 지녀야 바야흐로 밖의 오염을 여읠 수 있다. 계를 지니지 않으면 즉 마음이 청정하지 못함과 같다. 능히 마음을 한 곳에 포섭해 두지 못하고 능히 관을 짓지 못하는데 어떻게 능히 반야를 생하겠는가? 즉 계를 지니고 복을 닦는 것은 성불의 기본조건이다.

07 계를 지님에는 반드시 소욕지족少欲知足해야 한다. 복을 닦음에는 반드시 인과를 깊이 믿어야 한다. 상에 머무르지 않으려면 즉 계를 지니는 것이 최고로 마땅하다. 단멸상에 들어가지 않으려면 복을 닦는 것이 최고로 마땅하다.

08 '계를 지님(持戒)'은 능히 세간의 욕망을 버리는 것이고 '복을 닦는다(修福)'는 것은 능히 자기의 재물을 버리는 것이다. 사람에게 재물과 법과 무외시로 베푸는 것이 바로 반야를 닦는 것으로 즉 계를 지니고 복을 닦는 데 있어 착수할 곳이다.

09 '모든 악을 짓지 마라(諸惡莫作)'라는 것은 바로 계를 지니는 것이고 '모든 선을 받들어 행하라(衆善奉行)'라는 것은 바로 복을 닦는 것이다. 작은 일을 경계하고 하찮은 일이라도 신중히 하며 일체를 내려놓을 줄 아는 이러한 사람이 부처님이 가려서 정한 바의 근기로 반드시 부처님의 가피를 입을 것이다.

10 불교를 배우는 자는 반드시 행주좌와 일체 시 일체 처에서 삼보의 가피를 구해야 한다. 즉 가령 염불을 염할 때에는 마음 가운데 하나도 있는 바가 없이 전념하여 잡스러움이 없으면 곧 아미타 부처님의 가피를 입고 삼매를 성취할 것이다. 응당히 평범한 사람의 확고한 신심을 배워야 할 것이다.

26. 오래된 근기의 두터움을 보임

當知是人. 不於一佛二佛三四五佛而種善根. 已於無量千萬佛所種諸

善根.

"마땅히 알라. 이 사람은 한 부처님이나 두 부처님, 서넛이나 다섯 부처님께 선근을 심었을 뿐만 아니라 이미 무량 천만 부처님 처소에 선근을 심었느니라."

01 이 구절의 글은 계를 지니고 복을 닦는 자가 이미 지극히 긴 시간 동안 닦아 익혔음을 바로 밝힌 것이다. 이는 모든 선이 이루어지는 뿌리로 참으로 어려우나 능히 귀중한 것이다.

02 지금도 있고 또 뒤의 오백 년 중에 투쟁이 극에 달할 때에도 있다는 것이다. 끝내 능히 독송하고 받아 지니면 반드시 사람과 다툼이 없고 세상에서 구할 것이 없을 것이다. 소욕지족少欲知足해야 계를 지닐 자격이 있다. 마땅히 힘써 공부하여 다시 견고하게 선근을 심어 좋은 결과를 맺기를 구해야 할 것이다. 또 모든 부처님의 가피가 있는데 어찌 스스로 힘쓰지 않겠는가?

03 사람들에게 권하여 불교를 배우게 함에 반드시 타인에게 계를 지니고 복을 닦을 것을 권해야 하고 다시 종요로이 반야를 밝힐 것을 권해야 한다. 속히 정토를 수학하여 서방에 태어나기를 구함에 반야般若와 정토淨土의 관계가 지극히 깊음을 알지 않으면 안 된다.

04 서방에 태어나는 것은 자기 마음대로 되는 것은 아니라서 원래 중생을 제도해야 바야흐로 미타彌陀의 본원과 서로 합해지며 대원이 원만해져 가히 성性을 증득할 수 있는 까닭이다. 반야와 정토는 하나이지 둘이 아니어서 왕생법문이 있어야 바야흐로 능히 반야법문을 성취할 수 있다. 이것이 문수文殊·용수龍樹 보살과 지자智者·영명永明 대사 등 모든 보살들이 다 왕생 발원한 까닭이다.

05 계를 지니고 복을 닦는 것은 참으로 쉽지 않다. 옛날에 이미 무량한 부처님을 친근히 하여 받들어서 선근을 심어야 한다. 가히 반야법문을 성취하고자 할

진댄 반드시 미타를 친근히 해야 바야흐로 실상반야가 능히 현전함을 볼 수 있다. 영명 선사永明禪師가 이르기를, "선에 정토가 있어 만인에게 만 가지를 닦게 함이 없더라도 다만 미타를 친견하면 어찌 개오하지 못할까를 근심하리오(無禪有淨土, 萬修萬人去, 但得見彌陀, 何愁不開悟)."라고 했다.

06 반야를 배우는 자는 모름지기 속히 염불법문을 닦아야 한다. 정토를 닦는 자도 또한 속히 염불법문을 닦아야 한다. 『관무량수불경觀無量壽佛經』에 제일의第一義로 밝히고 있는 것이 바로 이 반야이다.

27. 그 복덕을 밝힘. 바로 그 복을 밝힘

聞是章句. 乃至一念生淨信者. 須菩提. 如來悉知悉見. 是諸衆生. 得如是無量福德.

"이 장구를 듣고 일념이라도 깨끗한 믿음을 내는 자는, 수보리야! 여래가 다 알고 다 본다. 이 모든 중생은 이와 같은 무량한 복덕을 얻을 것이다."

01 '이 장구를 듣는다(聞是章句)'는 것은 바로 계를 지니고 복을 닦는 자를 가리킨 것이다. 능히 믿음으로써 이 말씀에 의지하여 받들어 행해야 한다.

02 '깨끗한 믿음(淨信)'은 바로 실다운 믿음을 가리킨 것으로 즉 실상이다. '깨끗한 믿음을 냄(生淨信)'에 깨끗한 염이 이어지는 자가 있고, 깨끗한 염이 능히 이어지지 못하는 자가 있다. '내지乃至' 두 글자는 허다하게 공부하는 것이 같지 않은 사람을 포괄하고 있다.

03 용수 대사가 이르기를, "일체법은 생기지 않고 반야가 생한다(一切法不生而般若生)."고 했다. 만약 진실하게 힘써 공부하지 않으면 깨끗한 믿음이 능히 생함

을 얻지 못한다는 것을 볼 수 있다.

04 일념에 상응함은 곧 깨끗한 염이 이어지는 뿌리이다. 정념이 이어지는 것은
즉 일념이 상응함을 좇아서 온 것이다. 상응에는 성상性相 · 사리事理 · 인과因
果가 있어서 가지가지로 깊이 이해하는 것이 같지 않다.

28. 그 까닭을 해석해 나타냄. 바로 해석함

何以故. 是諸衆生. 無復我相人相衆生相壽者相. 無法相. 亦無非法相.

"왜 그런가? 이 모든 중생이 다시 아상 · 인상 · 중생상 · 수자상이 없고, 법상도
없고 또한 비법상도 없기 때문이다."

01 이는 정면으로 신심을 내어 복을 얻는 까닭을 해석한 것이다. 어떻게 능히 깨
끗한 믿음을 내고 어떻게 능히 복을 얻는가? 반드시 분별심을 제거해야만
된다.

02 분별망상을 이미 제거하면 다시 아 · 인 · 중생 · 수자의 네 가지 상이 없다. '모
든 중생(諸衆生)'은 이 각각 수행의 공이 같지 않은 대중을 가리킨 것이다.

03 네 가지 상을 비운 까닭에 아집이 비워진다. 비법非法은 즉 이 무이고 즉 이 공
이다. '또한 비법상도 없다(亦無非法相)'는 것은 공 또한 공한 것으로 또한 구공
俱空이라 이름한다. 고인이 칭하기를 "공을 다해 끝까지 이른 까닭으로 이름
하여 승의공勝義空이라 하고 또 제일의공第一義空이라 했다."고 하였다.

04 아와 법 두 집착은 분별로 말미암아 일어나서 거칠다. 오히려 구생俱生하는
아와 법 두 집착은 마음을 일으키고 생각을 움직이는 것을 좇아서 오는 미세
한 집착이다.

05 이 사람이 분별아집을 이미 제거하고 탐·진·치를 비록 제거해 다하지 못하면 이미 상처가 엷은 것이기에 도리어 다시 공을 더해야 할 것이다.

06 다만 모든 상을 보면 유에 집착하고, 비상만을 보면 곧 공에 집착한다. '모든 상이 상 아닌 것으로 본다(見諸相非相).'면 곧 이변을 쌍으로 융합하니, 상도 없고 상이 아님도 없다. 그러므로 말하기를 "곧 여래를 본다(卽見如來)."고 했다. 여래를 보는 까닭에 이와 같은 무량한 복덕을 얻는다.

07 반야를 수행하고자 하면 가히 공에 떨어지지 말고 먼저 비법非法 한 면을 가지고 메워 나가며, 다리는 실다운 땅을 밟고 몸소 실천을 행해야 한다. '법상法相'과 '비법상非法相'에 다 집착하지 않아야 한다. 이것이 힘써 공부해 나아가는 비결이다.

29. 반대로 나타냄

何以故. 是諸衆生. 若心取相. 則爲著我人衆生壽者. 若取法相. 即著我人衆生壽者. 何以故. 若取非法相. 即著我人衆生壽者.

"왜 그런가? 이 모든 중생이 만약 마음에 상을 취하면 즉 아상·인상·중생상·수자상에 집착하는 것이 된다. 만약 법상을 취하면 즉 아상·인상·중생상·수자상에 집착하는 것이 된다. 왜 그런가? 만약 비법상을 취하더라도 즉 아상·인상·중생상·수자상에 집착하는 것이 된다."

01 아·인 등의 상이 없으면 아집이 공해진다. 법상이 없으면 법집이 공해진다. 비법상이 없으면 아울러 공 또한 공해진다. 이것을 이름하여 삼공三쏘이라고 한다. 삼공을 봄으로 말미암아 이를 좇아 정진하여 정념이 서로 이어지면 곧

청정법신을 증득한다. 그러므로 말하기를 무량한 복덕을 얻는다고 했다. 이 치가 일심불란의 경계와 같다.

02 이 구절의 경문은 반대쪽 면을 좇아 반드시 삼공에 응해야 하는 까닭을 나타낸 것이다. 터럭만큼 상에 집착해도 곧 분별심이며 청정자성이 아님을 밝혔다. 곧 이는 망념을 좇아 참된 성품에 미혹하여 번뇌를 일으켜 업을 짓고 업보로 윤회하는 범부이다.

03 널리 육바라밀과 만행을 닦아 나가더라도 마음 가운데에 만약 그 일이 없으면 담연하고 지극히 고요하여 움직이는 바가 되지 않을 것이다. 이는 즉 법상을 취하지 않는 진실한 뜻이다. 이와 같이 수행하여 이미 법에 집착하지 않았다면 또한 비법에도 집착하지 말아야 한다. 이변에 집착하지 않는 것을 이름하여 중도中道라고 한다.

04 경론에 말하기를 "차라리 유에 집착하기를 수미산만큼 할지언정 공에 집착하기를 겨자씨만큼도 해서는 안 된다(寧可著有如須彌山, 不可著空如芥子許)."고 했다. 이는 유에 집착하는 자는 쉽게 공이 되지만 공에 집착하는 자는 베풀어 구제하기 어려움을 밝힌 것이다.

30. 결론적으로 중도를 나타냄. 쌍으로 여읨으로써 결론을 이룸

是故不應取法. 不應取非法.

"이런 연고로 응당히 법을 취하지 말고 응당히 비법도 취하지 말라."

01 공부를 시작하는 방법으로 먼저 이변에 집착하지 않게 하였다. 점점 능히 상

을 비우면 심지가 청정해진다.

02 이로 말미암아 믿고(信) 이해하고(解) 행해야(行) 한다. 구경에 이르는 것도 또한 양변에 집착하지 않는 것을 지나는 것이 없다.

31. 뗏목의 비유를 이끌어 뜻을 나타냄

以是義故. 如來常說. 汝等比丘知我說法如筏喩者. 法尚應捨. 何況非法.

"이러한 뜻으로 여래가 항상 설하였다. 그대들 비구는 나의 설법을 뗏목의 비유와 같이 알라. 법도 오히려 응당히 버려야 할 것이거늘 어찌 하물며 비법이겠는가?"

01 '뗏목의 비유(筏喩)'는 여래께서 항상 설하는 법이다. 배와 뗏목은 원래 건너는데 사용되어 왔다. 이미 건넜으면 버려야 한다. 이는 불법은 생사를 제도하기 위한 것이니 생사를 제도하지 못했다면 가히 법을 없앨 수 없지만 이미 피안에 도달했으면 법도 또한 쓸모가 없음을 비유했다. 이는 불법을 가히 쓰되집착하지 말아야 한다는 뜻을 보인 것이다. 『아함경阿含經』 가운데 부처님께서 제자들을 위하여 항상 설법하시는 것이다.

02 이 구절의 경문은 뜻을 쌓아 옴이 깊고 정밀하여 앞에서 설한 바에 그치지 않는다. 항상 설했다는 것은 이 법이 수요가 없으면 곧 버린다는 것이다. 그러나 지금 여기에서는 대심大心을 처음 발한 자를 위하여 설한 것이니 바로 수요가 있을 때에 법을 버리게 하는 것이 이것이다.

03 바로 필요로 할 때에 법을 버렸는데 법을 버린 것이 어찌 법이 없는 것이 아니

겠는가? 법이 없는데 장차 무엇으로써 제도하겠는가? 이는 항상 설했다는 것과 상반되는 것이 아닌가? 또 응당히 비법도 취하지 말라고 말했다. 구경에 법이 있는 것인가, 법이 없는 것인가? 제도되지 않은 자는 법을 필요로 하는가, 법을 필요로 하지 않는가?

04 청컨대 경문 28절에서 설한, "다시 아상이 없고(無復我相)……,   또한 비법상도 없다(亦無非法相)."는 것을 보면 이는 '무상無相'을 설하고 있는 것이다. 29절의 경문에 설한 "만약에 마음에 상을 취하면(若心取相), ……,   만약 비법상을 취하면(若取非法相)"을 보면 이 또한 '상을 취하지 않음(不取相)'을 설한 것이다. 30절 경문에 설한 "이런 연고로 응당 법을 취하지 말고 응당 비법도 취하지 말라(是故不應取法, 不應取非法)."는 것을 보면 법과 비법을 하나로 아울러 취하지 않게 하여 상을 취하지 말라는 것에 그치지 않았다. 이는 곧 앞의 두 경문과 더불어 크게 같지 않은 곳이다.

05 이른바 '무無'는 사람들에게 취하지 않게 한 것으로, 아울러 법도 없고 상도 없는 것이 아니다. 이는 사람들이 비록 육바라밀 등의 법을 취하여 수행하나 마음에는 그 상이 없어야 함을 가르친 것이다. 그러한 연후에 학인이 편공편유偏空偏有에 이르지 않아야만 비로소 정확히 공부를 착수할 곳이 겨우 있을 것이다.

06 제일의第一義 중엔 정식情識을 완전히 제거해 버리고 갈등을 베어 버린다는 것을 마땅히 알아야 할 것이다. 법과 비법을 다 취하지 말아야 한다. 비非는 즉 완전히 제거하고 절단하는 것이 아니겠는가? 반야의 바른 종지는 머무름 없음이다. 양변을 취하지 않는 것이다. 이는 곧 위없는 깊고 깊은 미묘한 법으로, 경에 이른바 무상보리법無上菩提法이 이것이다.

07 경 가운데의 진실한 뜻을 깨닫고자 한다면 오직 지극한 정성으로 공경히 읽어야 한다. 공부하고 나서 항상 그 한 단락이나 두 단락 혹은 한 구절이나

두 구절을 관조해야 한다. 관조는 즉 사유이다. 그러나 이 사유는 반드시 일체 망상잡념을 다 여의어서 마음을 맑혀 고요히 생각하기를 일심으로 전념하여야 한다. 문자 상에 있어 알음알이를 내지 않는 것이 곧 법을 취하지 않는 것이다. 또 온 정신을 가지고 이 경전에 집중하면 곧 이것이 비법을 취하지 않는 것이다. 이것으로 선정을 닦아야 한다.

08 오래오래 지속하여 홀연히 일념도 생하지 않을 때에 성품의 빛이 발현될 것이다. 경 가운데의 진실한 도리는 자연히 나타나게 된다. 그렇다면 이것이 사유수思惟修로 비로소 조금이라도 받아 지니면 조금이라도 능히 깨닫게 될 것이다. 곧 수용을 얻을 때가 된다. 경전을 읽음에 종요로이 이와 같은 독법으로 읽으면 정定과 혜慧의 이학二學을 곧 동시에 닦아 마칠 것이다.

09 총괄적으로 말하면 '무無'를 설하고, '불취不取'를 설하고, '사捨'를 설했다. 다만 집착을 깨뜨리고 그 법을 버리지 않게 하기 위함이었다. 세 집착을 이미 여의면 곧 삼공이 가지런히 밝아 세 가지 장애가 완전히 소멸될 것이다. 생사와 열반 둘에 다 머무르지 말아야 한다.

10 법을 버린다는 것은 유에 집착하는 병을 버리는 것이다. 비법을 버린다는 것은 공에 집착하는 병을 버리는 것이다. 병을 제거하면 곧 고요히 항상 비추고 비추면서 항상 고요한데 이것이 부처님의 경계이다. 이를 일러 "다 무여열반에 들게 하여 그들을 멸도할 것이다(皆令入無餘涅槃而滅度之)."라고 한 것이다.

11 어떤 법문을 닦는가를 막론하고 만약 이 가운데의 정미로운 뜻을 이해하여 행하면 성취함이 반드시 빠르고 높을 것이다.

제7 무득무설분無得無說分

須菩提. 於意云何. 如來得阿耨多羅三藐三菩提耶. 如來有所說法耶.
須菩提言. 如我解佛所說義. 無有定法名阿耨多羅三藐三菩提. 亦無
有定法如來可說. 何以故. 如來所說法. 皆不可取. 不可說. 非法非非
法. 所以者何. 一切賢聖. 皆以無爲法而有差別.

"수보리야! 그대의 뜻에 어떠한가? 여래가 아뇩다라삼먁삼보리를 얻었느냐?
여래가 설한 바 법이 있느냐?"

수보리가 대답하였다. "제가 부처님께서 설한 법을 이해하기로는 결정된 법이
있지 않고 그 이름이 아뇩다라삼먁삼보리일 뿐입니다. 또한 결정적인 법을 여래
가 가히 설했다고 할 수 없습니다. 왜냐하면 여래가 설하신 법은 다 취할 수 없
고 말할 수 없으며 법도 아니고 비법도 아니기 때문입니다. 어째서 그런가 하면,
일체 현인과 성인은 다 무위법으로써 차별이 있기 때문입니다."

32. 묻고 해석하여 증득을 이룸.
여래의 과덕을 들어 물음

須菩提. 於意云何. 如來得阿耨多羅三藐三菩提耶. 如來有所說法耶.

"수보리야! 그대의 뜻에 어떠한가? 여래가 아뇩다라삼먁삼보리를 얻었느냐?
여래가 설한 바 법이 있느냐?"

01   이 구절의 경문은 어떻게 이 양변을 취하지 않아야 하며, 그리고 양변을 취하
     지 않을 필요가 있는가에 대해서 설명한 것이다. 과를 들어 인을 증명하여 모
     름지기 인과가 일치함을 밝혔다.

02   '뜻에 어떠한가(於意云何)' 네 자는 평이하게 그것을 말하면 법을 듣는 사람이
     명료한 정도를 시험 삼아 찾아보라는 것이다. 깊게 그것을 말하면 우리들 독
     송하는 사람이 부처님의 뜻을 그릇되게 알지 않고 깊이 체달해 알기를 요해
     야 바야흐로 이것이 정지正知, 정견正見임을 보인 것이다.

03   여래는 법신이고 이 성품의 덕이다. 어찌 얻은 바가 있고 어찌 설한 바가 있겠
     는가?

33. 법으로써 가히 집착하지 말 것을 해석함.
결정된 법이 없음을 밝힘

須菩提言. 如我解佛所說義. 無有定法名阿耨多羅三藐三菩提. 亦無
有定法如來可說.

수보리가 대답하였다. "제가 부처님께서 설한 법을 이해하기로는 결정된 법이

있지 않고 그 이름이 아뇩다라삼먁삼보리일 뿐입니다. 또한 결정적인 법을 여래가 가히 설했다고 할 수 없습니다."

01 이 답은 답한 바가 물은 바가 아닌 듯이 보이나 실은 지극히 원만하고 지극히 묘하다. 응당히 배워야 할 것이다.

02 뜻으로 말하면 부처님이 여래는 얻은 바가 있고 설한 바가 있는 것 아닌가 하고 물은 것이다. 나는 아직 성불하지 못했으나 이 속에서 도를 안다. 그러므로 지금 부처님이 여태까지 설한 바의 뜻에 의지하여 간략히 그것을 이해함으로써 마땅히 크게 잘못되지는 않는다.

03 무상보리無上菩提는 자성自性에 본래 갖추고 있는 실상반야實相般若로 자성 중에는 또한 본래 명호가 없다. 중생은 장애로 인하여 나타나지 않는다. 장애가 일정함이 없는데 장애를 제거하는 법이 어찌 일정함이 있겠는가? 장애를 제거하는 법이 정해진 것이 없으면 곧 부처님 설법은 당연히 또한 '정해진 법이 없다(無有定法)'는 것으로 설해 마쳤다.

34. 응당히 쌍비雙非임을 해석함

何以故. 如來所說法. 皆不可取. 不可說. 非法非非法.

"왜냐하면 여래가 설하신 법은 다 취할 수 없고 말할 수 없으며 법도 아니고 비법도 아니기 때문입니다."

01 쌍비雙非는 즉 비법非法과 비비법非非法이다. 즉 쌍으로 여의고 또한 쌍으로 막는다. 말하자면 다 아니라는 것이다. 장로長老의 몇 마디 말은 원만하고 묘

함의 극치이다.

02 불경의 문구는 응당히 면면으로 관을 지어야 한다. 부처님께서 스스로 말씀하시기를, "나의 설법은 겁이 다하도록 다하지 않는다(我說法窮劫不盡)."라고 하셨다. 어찌 하물며 우리들 범부들이 가히 다방면을 좇지 않고서 이해하겠는가!

03 여래께서 설한 바 법은 위없는 깨달음이고 구경의 깨달음이 된다. 구경의 깨달음은 즉 무념無念이다. 경에 이르기를, "미세한 망념을 여의고 심성을 비추어 보기 때문에 이름이 구경각이다(離微細念, 照見心性, 名究竟覺)."라고 했다. 가히 구경각이 즉 무념無念임을 볼 수 있다. 무념을 어떻게 취할 수 있는가? 능히 취하는 주체인 능취能取와 객체인 소취所取를 다 얻지 않기를 요하는 고로 '다 취할 수 없다(皆不可取)'고 말했다.

04 우리들이 만약 집착하여 참으로 무상보리를 증득할 수 있다고 한다면 이는 잘못된 것이어서 '비법非法'이라고 말한다. 만약 집착하여 무상보리가 있지 않다고 하면 또 잘못된 것이므로 '비비법非非法'이라고 한 것이다. 여래가 설한 바 '법法'은 일체법을 가리킨 것이다. 법과 비법을 다 취하지 말아야 한다.

05 일체중생 및 모든 보살 등을 성性의 차원에 나아가 설한 것으로 다 이 일진법계一眞法界이다. 그러므로 부처님의 설법은 진여 본성 중에서 자재로 유출되었다. 우리들이 자성을 증득하고자 한다면 모름지기 먼저 심연상心緣相을 여의어야 하는데 어떻게 취할 수 있겠는가? 또 언설상言說相을 여의기를 바라는데 어떻게 설할 수 있겠는가?

06 언설상을 여읜 것이 바로 언어도단言語道斷이다. 마음으로 반연하는 심연상心緣相을 여읜 것이 바로 심행처멸心行處滅이다. 우리들이 인지因地에서 수행함에는 또한 먼저 응당히 일체 분별 집착을 여의어야 한다.

35. 일체 무위를 끌어와 증명함

所以者何. 一切賢聖. 皆以無爲法而有差別.

"어째서 그런가 하면, 일체 현인과 성인은 다 무위법으로써 차별이 있기 때문입니다."

01 '소이자하所以者何'는 즉 어떻게 양변兩邊이 다 비非이기를 요하는지 그 까닭을 가리킨 것이다. 일체 현성은 다 이 쌍비雙非의 법을 쓴다.

02 '무위無爲'는 자성청정심自性淸淨之心을 가리킨다. 원래 구족되어 있고 조작된 모양이 없는 것이다. 경에 닦음도 없고 증득함도 없다는 것은 이를 가리켜 한 말이다.

03 반드시 생멸심을 멸해야 자성청정심이 곧 현전한다. 수행하여 공부를 시작함에 이르러 즉 비법과 비비법非非法의 양변을 취하지 말아야 한다.

04 세존께서 설한 바 법은 얕은 것도 없고 깊은 것도 아니다. 그러므로 대심大心의 초학자에게 가르치기를, 응당히 법을 취하지 말라는 것을 좇아 응당히 비법도 취하지 말라는 것에서 공부해야 한다고 한 것이다. 과果를 감득할 때에 공부의 상태가 지극히 깊어지는 것도 또한 이 법이다.

05 여래는 이 법에 의지하여 여래를 이루었다. 일체 현성賢聖은 다 이 법에 의지하여 이루었다. 즉 우리들도 이와 같이 능히 신심을 내어 이것으로써 실다움을 삼지 않으면 불가능하다.

06 이 구절의 경문은 또한 이 대승 수행의 총강령이다.

須菩提. 於意云何. 若人滿三千大千世界七寶. 以用布施. 是人所得福
德. 寧爲多不. 須菩提言. 甚多. 世尊. 何以故. 是福德. 即非福德性. 是
故如來說福德多.

若復有人. 於此經中. 受持乃至四句偈等. 爲他人說. 其福勝彼. 何以
故. 須菩提. 一切諸佛. 及諸佛阿耨多羅三藐三菩提法. 皆從此經出.
須菩提. 所謂佛法者. 即非佛法.

"수보리야! 그대는 어떻게 생각하는가? 만일 어떤 사람이 삼천대천세계에 칠
보를 가득 채워서 보시한다면 이 사람이 얻는 복덕이 많겠는가?"

수보리가 말하였다. "매우 많습니다. 세존이시여! 왜냐하면 이 복덕은 곧 복
덕의 성이 아니기 때문입니다. 그러므로 여래께서 복덕이 많다고 말씀하신 것입
니다."

"만약 또 어떤 사람이 이 경전 가운데서 사구게 등을 받아 지니고 다른 사람
을 위해 설한다면 그 복이 저것보다 수승할 것이니라. 왜 그런가? 수보리야! 일
체의 모든 부처님과 모든 부처님의 아뇩다라삼먁삼보리법이 모두 이 경전으로
부터 나왔기 때문이니라. 수보리야! 이른바 불법이란 것은 곧 불법이 아니니라."

36. 수승함을 비교함.
보시의 복이 많음. 일을 들어 질문함

須菩提. 於意云何. 若人滿三千大千世界七寶. 以用布施. 是人所得福
德. 寧爲多不.

"수보리야! 그대는 어떻게 생각하는가? 만일 어떤 사람이 삼천대천세계에 칠보
를 가득 채워서 보시한다면 이 사람이 얻는 복덕이 많겠는가?"

01 '교校'는 비교이고 '승勝'은 수승함이다. 본경에 복덕과 지혜에 나아가 수승함
을 비교하는 것이 여러 차례이다. 매 차례 반드시 수승함을 더하여 더욱 비교
하면 더욱더 수승해진다. 이에 닦아 지니는 공행에 나아가면 복덕福德이 더욱
많아진다.

02 복과 지혜는 응당히 쌍으로 닦아야 곧 사람들에게 자비와 지혜가 구족하기
를 요할 수 있다는 것을 알아야 할 것이다. 지智는 혜慧이고 비悲는 복福이다.
본경에서 설한 복덕은 다 대비심大悲心으로 말미암아 발현되었고 아울러 사
람으로 하여금 인천복보人天福報를 구하게 한 것은 아니다.

03 복덕福德은 진실로 중요하다. 지혜는 더욱 중요하다. 그러므로 삼천대천세계
에 보배를 가득히 채워 보시함은 곧 이 중생을 구제하는 것이다. 그러므로 다
만 가히 상相에 머무르지 말고 불가불 보시를 행해야 한다. 그렇지 않으면 대
비심大悲心이 아니다.

37. 까닭을 답하고 해석함

須菩提言. 甚多. 世尊. 何以故. 是福德. 即非福德性. 是故如來說福德多.

수보리가 말하였다. "매우 많습니다. 세존이시여! 왜냐하면 이 복덕은 곧 복덕의 성이 아니기 때문입니다. 그러므로 여래께서 복덕이 많다고 말씀하신 것입니다."

01 답은 의미심장하다. '하이고何以故' 이하는 자기가 해석해 밝혀 답하기를 "매우 많습니다."라고 한 까닭이 그러함을 말한 것이다.

02 본경에 '시명是名'과 '즉비即非'의 문구가 매우 많다. 이곳에서 처음 보이는데, 특히 '성性' 자를 드러내어 사람들로 하여금 밝게 이해하게 한 이후에 무릇 즉비即非라고 설하는 것은 다 본성을 가리켜 한 말이다. 무릇 시명是名이라고 설한 것은 다 사상事相을 가리켜 말한 것이다.

03 자성의 차원에 나아가서 말하기를 일체를 가히 설할 수 없다고 했다. 복덕이 많다고 설한 것은 이 사상事相에 나아가 말한 것이다.

04 성性은 안이고 상相은 밖이다. 성性은 근본이고 상은 지말이다. 성은 능생能生이고, 상은 소생所生이다. 뜻으로 말하면 여래의 성이 있으면 바야흐로 복덕을 설할 수 있다. 만약 성性이 없다면 무엇으로써 복덕을 말할 수 있겠는가?

05 "이 복덕은 즉 복덕성이 아니다(是福德, 即非福德性)."라고 말한 것은 표면적으로는 복덕이라고 설하나 실은 우리들에게 상에 집착하지 말라고 지시하는 것이다. "이러한 연고로 여래가 복덕이 많다고 설했다(是故如來說福德多)."고 말하는 이 설에 나아간즉 이 성이 있어야 바야흐로 이 상이 있다. 우리들에게 상을 모아 성으로 돌아갈 것을 가르치는 것이다.

38. 경을 믿는 것이 수승함

若復有人. 於此經中. 受持乃至四句偈等. 爲他人說. 其福勝彼.

"만약 또 어떤 사람이 이 경전 가운데서 사구게 등을 받아 지니고 다른 사람을 위해 설한다면 그 복이 저것보다 수승할 것이니라."

01 이 구절의 경문을 보면 만약 『금강경』을 독송하는 것으로 그 복덕이 수승하기가 대범천왕보다 수승하다고 한다. 그렇다면 이는 아주 큰 오해이다. 실은 응당히 '수지受持' 두 자에 주의해야 한다. 이 사람이 이 경을 수지하고 또 능히 보시하면 복덕이 바야흐로 수승하기가 저를 뛰어넘는다.

02 '수受'는 받아들이는 것이다. 이는 참으로 능히 경의 뜻을 이해함을 가리킨다. 수용을 얻은 자는 이해한다는 해解 자와 비교해 한층 더 나아간 것이다. '지持'는 즉 간절하게 마음에 새겨 잊지 않아 잠시라도 풀어놓지 않는다는 뜻이다. 수受 자와 비교해 다시 한층 더 나아간다.

03 '타인을 위해 설하는 것(爲他人說)'은 이 타인을 이롭게 하는 것이다. '기其' 자는 즉 지니고 설하는 복을 가리킨다. 앞에 설한 다만 보시만 짓는 사람을 넘어선다. 단지 재시만 하면 이는 복덕의 상이다. 이 사람은 이미 능히 수지로써 지혜를 닦았다. 또 능히 법시로써 복을 닦았다. 복과 지혜를 쌍으로 닦는 것은 자비와 지혜의 구족이다. 이 복덕의 성이므로 저보다 수승하다고 한 것이다.

39. 경의 공을 해석해 이룸

何以故. 須菩提. 一切諸佛. 及諸佛阿耨多羅三藐三菩提法. 皆從此經出.

"왜 그런가? 수보리야! 일체의 모든 부처님과 모든 부처님의 아뇩다라삼먁삼보리법이 모두 이 경전으로부터 나왔기 때문이니라."

01 부처님께서 설한 일체법은 반야에 다 포섭되어 있다. 본경은 더욱더 이 반야 중에서 최고로 중요하다. 가히 이 경을 보아 읽으면『대반야경大般若經』을 읽은 것과 다름이 없다. 또 '삼장십이부경三藏十二部經'을 읽은 것과 다름이 없다. 이 경에 설한 바는 즉 위가 없어 비교할 것이 없는 법이다. 그러므로 일체 제불 및 제불의 아뇩다라삼먁삼보리법이 다 이 경을 좇아 나왔다고 했다.

02 본경 곳곳에 사람들에게 상相에 머물지 말 것을 가르치고, 나아가 사람들에게 성性을 증득하기를 요했다. 가히 이 경 가운데 설한 바가 다 자성自性임을 볼 수 있다.

03 "모두 이 경전으로부터 나왔다(皆從此經出)."고 하는 말에 실로 다른 설이 없다. 이 경은 성체性體를 좇아 나왔으므로 사람들에게 상에 머물지 말고 이어서 '성性' 자 또한 가히 집착하지 말 것을 가르친다.

04 "일체의 모든 부처님이 다 이 경전으로부터 나왔다(一切諸佛, 皆從此經出)."는 것은 우리들이 불교를 배우는 지점을 가리켜 알려주어 이 경을 좇아 문에 들어가기를 요망한다.

40. 상을 여읨을 귀결함

須菩提. 所謂佛法者. 即非佛法.

"수보리야! 이른바 불법佛法이란 것은 곧 불법이 아니니라."

01 앞에서 말한 '일체 제불一切諸佛 급제불아뇩다라삼먁삼보리법及諸佛阿耨多羅三 藐三菩提法'은 바로 명상名相의 차원에서 부처님과 법을 설한 것으로, 즉 성품상 에 나아가 부처님과 법을 설한 것은 아니다.

02 앞에서 '머무름 없음으로써 믿음을 내는' 한 과果를 보여서 입을 열어 바로 널 리 중생을 제도하여 성불하게 하려고 하였다. 이는 우리들에게 응당히 아我·인人 등의 상相에 머무름이 없어야 한다는 것을 열어 보인 것이다. 다시 말하 기를 "실로 중생이 멸도를 얻은 자가 없다."는 것은 응당히 법상에 머무름이 없어야 한다는 것이다. 다시 말하기를 "일체법에 머무름 없이 보시 등의 법을 행하라."라는 것은 응당히 비법상에도 머무르지 말라는 것이다. 인하여 '부 주어상不住於相' 네 자는 그것을 총결하는 말이다.

03 그런 까닭으로 응당히 머무름 없는 자는 그 망심妄心을 항복받는다. 망심은 다른 것이 아니다. 분별 집착을 이르는 것이다. 망을 일부분 제거하면 진이 곧 일부분 나타나는데 어찌 달리 진을 찾겠는가?

04 만약 능히 법과 비법상에 머무르지 않으면 곧 진성을 본다. 이것이 다만 항복 을 말하고 머무름을 말하지 않는 까닭이다. 항복은 곧 바른 머무름이다.

05 이 중에 홀로 계를 지니고 복을 닦는 자를 가려서 능히 믿음을 낸다고 했다. 반야는 여기 말로 바른 지혜이다. 혜慧는 정定을 좇아 생기고 정은 계戒로 말 미암아 이루어진다. 바른 지혜를 열고자 하면 반드시 응당히 계를 지녀야 한 다. 계를 지니면 곧 소욕지족少欲知足해야 한다. 복을 닦음에 반드시 깊이 인

과因果를 믿어야 한다. 능히 신심을 내어야 한다. 믿음은 도에 들어가는 문이다.

06 부처님이 설한 법은 본래 다 가히 취할 수 없고, 다 가히 설할 수 없다는 것이다. 그러므로 법을 취해 법을 설하고 비법을 취해 비법을 설하는 것은 다 잘못되었다. 이 진실한 뜻을 밝혀 얻으면 곧 실다운 믿음이 된다. 일념상응一念相應하면 무량한 복을 얻는다. 일념상응은 이 깨끗한 염(淨念)이 서로 이어지는 뿌리이다.

07 부처님은 비록 성불했으나 끝내 스스로 작은 법도 가히 얻은 것이 있지 않다. 작은 법도 가히 얻은 것이 없다는 것은 스스로 성불로 삼지 않는다는 것이다. 그러므로 말씀하시기를, "이른바 불법은 즉 불법이 아니다(所謂佛法者, 卽非佛法)."라고 한 것이다.

08 처음부터 끝까지 하나로 꿰서 말한 것은 '머무름 없음(無住)'이다. 인因이 과果의 바다를 다 갖추고 있고 과가 인의 근원을 사무친 것이 이와 같고 이와 같다.

金剛經 講義 節要

금강경 강의 절요 권3

제9 일상무상분一相無相分

須菩提. 於意云何. 須陀洹能作是念. 我得須陀洹果不. 須菩提言. 不
也. 世尊. 何以故. 須陀洹名爲入流. 而無所入. 不入色聲香味觸法. 是
名須陀洹.

須菩提. 於意云何. 斯陀含能作是念. 我得斯陀含果不. 須菩提言. 不
也. 世尊. 何以故. 斯陀含名一往來. 而實無往來. 是名斯陀含.

須菩提. 於意云何. 阿那含能作是念. 我得阿那含果不. 須菩提言. 不
也. 世尊. 何以故. 阿那含名爲不來. 而實無來. 是故名阿那含.

須菩提. 於意云何. 阿羅漢能作是念. 我得阿羅漢道不. 須菩提言. 不
也. 世尊. 何以故. 實無有法. 名阿羅漢. 世尊. 若阿羅漢作是念. 我得
阿羅漢道. 即爲著我人衆生壽者.

世尊. 佛說我得無諍三昧. 人中最爲第一. 是第一離欲阿羅漢. 我不作
是念. 我是離欲阿羅漢. 世尊. 我若作是念. 我得阿羅漢道. 世尊則不
說須菩提是樂阿蘭那行者. 以須菩提實無所行. 而名須菩提是樂阿蘭
那行.

"수보리야! 그대의 뜻에 어떠하냐? 수다원이 능히 이런 생각을 하기를 '내가
수다원과를 얻었다' 하는가?" 수보리가 말하였다. "아니옵니다. 세존이시여, 무
슨 까닭인가 하면 수다원은 성류(성인의 흐름)에 든다고 하지만 들어간 바가 없
으니 색성향미촉법에 들어가지 않으므로 이 이름이 수다원일 뿐입니다."
"수보리야! 그대의 뜻에 어떠하냐? 사다함이 능히 이런 생각을 하되 '내가 사
다함과를 얻었다' 하는가?" 수보리가 말하였다. "아닙니다. 세존이시여, 무슨 까

닭인가 하면 사다함은 이름이 일왕래이나 왕래함이 없으므로 이 이름이 사다함일 뿐입니다."

"수보리야! 그대의 뜻에 어떠하냐? 아나함이 능히 이런 생각을 하되 '내가 아나함과를 얻었다' 하는가?" 수보리가 말하였다. "아닙니다. 세존이시여, 무슨 까닭인가 하면 아나함을 이름하여 오지 않는다고 하나 실로는 오지 않음이 없고 이 이름이 아나함일 뿐입니다."

"수보리야! 그대의 뜻에 어떠하냐? 아라한이 능히 이런 생각을 하되 '내가 아라한도를 얻었다' 하는가?" 수보리가 말하였다. "아닙니다. 세존이시여, 무슨 까닭인가 하면 실로 아라한이라 할 법이 없기 때문입니다. 세존이시여, 만약 아라한이 이러한 생각을 하되 '내가 아라한도를 얻었다' 하면 이는 곧 아상·인상·중생상·수자상에 집착하는 것입니다.

세존이시여, 부처님께서는 저를 무쟁삼매를 얻은 사람 가운데서 제일이라 하시니, 이는 욕심을 떠난 제일의 아라한이라고 하시는 것입니다. 저는 제가 욕심을 떠난 아라한이라고 생각하지 않습니다. 세존이시여, 제가 만약 이런 생각을 하되 '내가 아라한도를 얻었다' 하면, 세존께서는 곧 '수보리는 아란나행을 즐기는 자'라고 말씀하시지 않으려니와 수보리가 실로 행하는 바가 없으므로 '수보리는 아란나행을 즐기는 자'라고 이름하셨습니다."

41. 머무름 없음을 미루어 열어 이해하게 함. 과를 잡아 자세히 밝힘. 사과를 총론하다. 초과에서 상을 여읨을 밝힘.

須菩提. 於意云何. 須陀洹能作是念. 我得須陀洹果不. 須菩提言. 不也. 世尊. 何以故. 須陀洹名爲入流. 而無所入. 不入色聲香味觸法. 是

名須陀洹.

"수보리야! 그대의 뜻에 어떠하냐? 수다원이 능히 이런 생각을 하기를 '내가 수다원과를 얻었다' 하는가?" 수보리가 말하였다. "아니옵니다. 세존이시여, 무슨 까닭인가 하면 수다원은 성류(성인의 흐름)에 든다고 하지만 들어간 바가 없으니 색성향미촉법에 들어가지 않으므로 이 이름이 수다원일 뿐입니다."

01   초과初果는 삼계 88번뇌를 끊어 다하고 이미 진공眞空의 이치를 보아 아我도 없고 아소我所도 없음을 안다.

02   수다원須陀洹은 여기 말로 '입류入流'이다. 근根과 진塵은 서로 맞대어서 이름이 육입六入이 된다. 서로 들어가는 까닭은 식識이 분별하는 까닭이다. 지금 '들어가지 않는다(不入)'고 말한 것은 능히 정식情識을 비웠음을 밝힌 것이다. 비록 이름이 입류入流이나 실로 들어가는 바가 없다.

03   그러므로 이 이름이 수다원이라고 했다. 여기서 이름은 가명이고 명상名相이다. 아래의 이름이 나오는 구는 다 이 뜻이다.

42. 이과에서 상을 여읨을 밝힘

須菩提. 於意云何. 斯陀含能作是念. 我得斯陀含果不. 須菩提言. 不也. 世尊. 何以故. 斯陀含名一往來. 而實無往來.是名斯陀含.

"수보리야! 그대의 뜻에 어떠하냐? 사다함이 능히 이런 생각을 하되 '내가 사다함과를 얻었다' 하는가?" 수보리가 말하였다. "아닙니다. 세존이시여, 무슨 까닭인가 하면 사다함은 이름이 일왕래이나 왕래함이 없으므로 이 이름이 사다함일 뿐입니다."

01 초과初果에서 나아가 닦아 욕계 사혹思惑의 상상上上에서 중하中下에 이르기까지 함께 육품六品을 끊었다. 이과二果를 증득했으나 아직도 하下의 삼품三品이 남았다.

02 이과는 모름지기 천상에 한 번 갔다가 한 번 인간세계에 와서 끊기 때문에 '일왕래一往來'라고 칭한다. 그러나 그 심중에 실로 아울러 왕래의 상相이 없다.

43. 삼과에서 상을 여읨을 밝힘

須菩提. 於意云何. 阿那含能作是念. 我得阿那含果不. 須菩提言. 不也. 世尊. 何以故. 阿那含名爲不來. 而實無來. 是故名阿那含.

"수보리야! 그대의 뜻에 어떠하냐? 아나함이 능히 이런 생각을 하되 '내가 아나함과를 얻었다' 하는가?" 수보리가 말하였다. "아닙니다. 세존이시여, 무슨 까닭인가 하면 아나함을 이름하여 오지 않는다고 하나 실로는 오지 않음이 없고 이 이름이 아나함일 뿐입니다."

01 아나함阿那含은 여기 말로 '불래不來'이다. 이과二果를 증득해 마치고 나아가 욕계의 하下 삼품의 사혹思惑을 끊어 다했다. 색계 사선천에 붙어 살아서 인간에 오지 않는 까닭으로 불래不來라고 칭한다. 그러나 그 심중에 실로 이른 바 옴이 없다.

02 오는 뜻이 이미 없음으로 인하여 능히 오지 않는다. 이도 또한 가명으로 불래不來일 뿐이다.

44. 사과에서 상을 여읨을 밝힘

須菩提. 於意云何. 阿羅漢能作是念. 我得阿羅漢道不. 須菩提言. 不
也. 世尊. 何以故. 實無有法. 名阿羅漢. 世尊. 若阿羅漢作是念. 我得
阿羅漢道. 即爲著我人衆生壽者.

"수보리야! 그대의 뜻에 어떠하냐? 아라한이 능히 이런 생각을 하되 '내가 아라
한도를 얻었다' 하는가?" 수보리가 말하였다. "아닙니다. 세존이시여, 무슨 까
닭인가 하면 실로 아라한이라 할 법이 없기 때문입니다. 세존이시여, 만약 아라
한이 이러한 생각을 하되 '내가 아라한도를 얻었다' 하면 이는 곧 아상·인상·
중생상·수자상에 집착하는 것입니다."

01 아라한阿羅漢은 여기 말로 '무생無生'이다. 삼과三果를 증득해 마치고 사선천에
    있어 위 2계의 72품 사혹思惑을 끊어 다하고 곧 무생법인無生法忍을 증득하여
    후유後有를 받지 않는다. 생사를 쫓아 끝내는 까닭으로 무생이라고 칭한다.
    그러나 그 심중에 실로 아울러 법 또한 없다. 그 법이 없음으로 인하여 생멸
    심이 쉬는 고로 무생이라고 한다. 이도 또한 가명으로 무생이라 할 뿐이다.
02 아라한은 또 이르기를, '살적殺賊'이라고 하니 번뇌라는 적을 죽인다는 뜻이
    다. 또 이르되 '응공應供'이니 일체의 번뇌가 다하여 마땅히 인천의 공양을 받
    는다는 뜻이다.

45. 스승과 제자가 증득함을 이룸.
   해당하는 근기를 잡아 증득을 얻음이 없음.
   부처님의 말씀을 끌어옴

世尊. 佛說我得無諍三昧. 人中最爲第一. 是第一離欲阿羅漢.

"세존이시여, 부처님께서는 저를 무쟁삼매를 얻은 사람 가운데서 제일이라 하
시니, 이는 욕심을 떠난 제일의 아라한이라고 하시는 것입니다."

01 중생과 더불어 다투지 않는 것은 일체 평등이다. 스스로 옳다고 하지 않기에
능히 다툼이 없다.

02 '무쟁無諍'은 즉 타인을 괴롭게 하지 않는 것이다. 뜻에 다른 이의 마음을 수
호함이 있으면 괴로움을 내게 하지 않는다. 이 삼매를 닦는 것이 어찌 대비大
慈가 아니겠는가?

03 '삼매'는 여기 말로 정수正受이다. 또한 정정正定이다. 모든 느낌(고통과 즐거
움, 근심과 기쁨, 그리고 평온한 상태)을 받아들이지 않기 때문에 이름이 정수正
受이다. 일체를 받아들이지 않으면 일체에 의해 움직이지 않는다. 이를 일러
정정正定이라고 한다.

04 그러나 이 삼매가 이루어지는 까닭은 곧 인 · 아 · 시 · 비의 상을 다 비움으로
말미암은 것이다.

05 비록 무쟁삼매를 얻었으나 마음에 얻은 바 있음을 두지 아니하면 이는 스스
로 그 선정에 있음을 잊는 것이다. 이를 일러 삼매의 장애를 여의었다고 한다.
이에 참으로 무쟁無諍을 얻고 참으로 삼매를 얻는다. 그러므로 '욕심을 떠난
제일의 아라한'이라고 칭한 것이다.

06 비단 일체의 사람 중에 최고 제일이 될 뿐만 아니라 즉 아라한으로 욕망을 여
의었다고 말하는 것 중에 또한 제일이라 칭한 것이다.

46. 상을 여읨을 진술함

我不作是念. 我是離欲阿羅漢.

"저는 제가 욕심을 떠난 아라한이라고 생각하지 않습니다."

47. 까닭을 해석함. 반대로 나타냄

世尊. 我若作是念. 我得阿羅漢道. 世尊則不說須菩提是樂阿蘭那行者.

"세존이시여, 제가 만약 이런 생각을 하되 '내가 아라한도를 얻었다' 하면, 세존 께서는 곧 '수보리는 아란나행을 즐기는 자'라고 말씀하시지 않으려니와"

01 '아라한도'는 즉 욕망을 여읜 것을 말한다. '아란나'는 여기 말로 적정寂靜이 다. 또 무사無事라고 한다(마음에 사상事相이 없다). 상相을 밖으로 다하고 마 음을 안으로 쉬어 내외가 다 고요하여 어떤 때에도 고요하지 않음이 없는 것 으로 즉 무쟁삼매無諍三昧의 다른 이름이다.

02 '아란나행을 즐긴다는 것'은 마음과 행이 계합하여 간극이 없으므로 곧 증득 의 뜻이다.

03 범부가 망념을 일으키는 까닭은 다른 것이 없다. 능득能得과 소득所得의 정情 을 잊어버리지 않은 까닭이다. 능득은 곧 아상我相이다. 소득은 곧 인상人相 이 된다. 능소能所가 하나가 아닌 것이 중생상이 되고, 집착해 가져서 끊지 못 하는 것이 수자상이 된다. 하나라도 얻었다는 생각을 지으면 곧 사상四相이 구족된 것이다.

04 보시하는 자가 만약 보시하는 바를 두게 되면 최고로 뜻을 바꾸어야 뜻을 얻

음이 만족할 것이다. 그러므로 대심을 발해 대행을 행하는 자는 절대로 상相에 머물러서는 안 된다.

48. 바로 밝힘

以須菩提實無所行. 而名須菩提是樂阿蘭那行.

"수보리가 실로 행하는 바가 없으므로 '수보리는 아란나행을 즐기는 자'라고 이름하셨습니다."

01 반드시 얻으나 그 얻은 바 없음이 참으로 얻음이 된다. 만약 얻은 바가 있으면 곧 얻음이 아니다.

02 반드시 행하되 그 행하는 바가 없어야 바른 행이 된다. 만약 행하는 바가 있으면 곧 행이 아니다.

03 어떻게 그 얻은 바, 그 행하는 바가 없는가? 염念을 짓지 않는 것이 이것이다. 취하지 않고 머물지 않으며 머무름이 없어야 비로소 들어갈 곳이 있을 것이다.

제10 장엄정토분莊嚴淨土分

佛告須菩提. 於意云何. 如來昔在然燈佛所. 於法有所得不. 世尊. 如
來在然燈佛所. 於法實無所得.

須菩提. 於意云何. 菩薩莊嚴佛土不. 不也. 世尊. 何以故. 莊嚴佛土
者. 則非莊嚴. 是名莊嚴.

是故須菩提. 諸菩薩摩訶薩. 應如是生淸淨心. 不應住色生心. 不應住
聲香味觸法生心. 應無所住而生其心.

須菩提. 譬如有人. 身如須彌山王. 於意云何. 是身爲大不. 須菩提言.
甚大. 世尊. 何以故. 佛說非身. 是名大身.

부처님께서 수보리에게 말씀하셨다. "그대의 생각에 어떠한가? 여래가 옛날
연등불의 처소에 있으면서 얻은 법이 있는가?" "없습니다. 세존이시여! 여래께서
연등불의 처소에 계시면서 실로 얻은 법이 없습니다."

"수보리야! 그대의 뜻에 어떠한가? 보살이 불토를 장엄한다고 하겠는가?" "아
닙니다. 세존이시여! 왜 그런가 하면, 불토를 장엄한다는 것은 즉 장엄이 아니
고 이 이름이 장엄일 뿐입니다."

"이런 까닭으로 수보리야! 모든 보살마하살은 마땅히 이와 같이 청정한 마음
을 낼지니, 색에도 머물지 말고 마음을 내며, 마땅히 성·향·미·촉·법에도 머
물지 말고 마음을 내며, 응당 머무는 바 없이 그 마음을 내야 하느니라.

수보리야! 비유하건대 어떤 사람의 몸이 수미산왕과 같다면 뜻에 어떠한가?
이 몸이 크다고 하겠는가?" 수보리가 대답했다. "매우 큽니다. 세존이시여! 왜
그런가 하면 부처님께서 몸이 아니라 이 이름이 큰 몸이라고 설했기 때문입니다."

49. 옛날의 인을 잡아 얻음 없음을 증명함

佛告須菩提. 於意云何. 如來昔在然燈佛所. 於法有所得不. 世尊. 如
來在然燈佛所. 於法實無所得.

부처님께서 수보리에게 말씀하셨다. "그대의 생각에 어떠한가? 여래가 옛날 연
등불의 처소에 있으면서 얻은 법이 있는가?" "없습니다. 세존이시여! 여래께서
연등불의 처소에 계시면서 실로 얻은 법이 없습니다."

01 이는 세존이 옛날에 보살도菩薩道를 행함에 처음 8지地에 올랐을 때의 일이다.
   불과佛果에서 바라보면 인지因地가 되고 초발심인初發心人이 바라보면 즉 과지
   果地가 된다.

02 8지에서 무생법인無生法忍을 증득했다. 무생법은 즉 진여실상眞如實相이다. 인
   忍은 통달하여 장애가 없고 물러나지 않는다는 뜻이다. 이치와 지혜가 서로
   명합한다는 것이다. 인忍은 가히 인정해 지닌다는 뜻이다.

03 어법於法의 '법'을 우익藕益 대사가 무생법인으로 잡아 설했는데, 매우 옳다.

04 법을 듣고 상相에 머무르면 마음 가운데 생멸이 쉬지 못하니 어찌 능히 곧바
   로 무생을 증득하겠는가? 만약 하나라도 얻는바 무생법이 있으면 여전히 이
   는 생멸심이다. 오히려 능히 무생법을 증득했다고 말할 수 있겠는가? 그러므
   로 비록 무생법을 얻으나 이 법에 실로 얻은 바가 없음을 알 수 있다.

05 보살이 상에 머무르면 곧 능히 성불하지 못한다. 즉 발심하여 대승을 수행하
   는 자가 만약 그 상에 머무르면 어찌 능히 보살을 이루고 또 어찌 보살행을
   행하겠는가?

06 어떻게 해야 마음이 능히 생기지 않는가? 반드시 상에 머무르지 말아야 한다.
   그러므로 머무름 없음이 바로 이 무생無生의 공부를 시작하는 유일한 방법이다.

50. 인을 잡아 상세히 나타냄.
인의 마음을 잡아 바로 나타냄.
먼저 장엄한 국토에 머무르지 않음을 밝힘

須菩提. 於意云何. 菩薩莊嚴佛土不. 不也. 世尊. 何以故. 莊嚴佛土
者. 則非莊嚴. 是名莊嚴.

"수보리야! 그대의 뜻에 어떠한가? 보살이 불토를 장엄한다고 하겠는가?" "아
닙니다. 세존이시여! 왜 그런가 하면, 불토를 장엄한다는 것은 즉 장엄이 아니
고 이 이름이 장엄일 뿐입니다."

01 보살이 인因을 닦을 때에 육도만행六度萬行의 낱낱의 공행功行을 정토淨土에
회향하였다. 이른바 이 공덕으로써 불토를 장엄하기를 원한다는 것이 이것
이다.

02 모름지기 '장엄불정토莊嚴佛淨土'의 깨끗할 '정淨' 자는 최고로 요긴함을 알 수
있다. 국토를 어떻게 깨끗하게 하는가? 마음이 깨끗함으로 말미암음이다. 이
미 마음이 깨끗한 까닭으로 장엄함에 능히 상에 집착하지 말아야 한다. 만약
마음으로 상을 취하면 곧 청정하지 않게 된다.

03 '불토를 장엄함'에 응당히 취착하지 않고 단멸하지 않아야 한다. '즉비則非'는
그 상을 취착하지 않는 것을 밝힌 것이다. '시명是名'은 그 상을 단멸하지 않
는 것을 밝힌 것이다.

04 성性은 반드시 상相을 나타낸다. 성과 상은 종래로 여의지 않는다. 상은 성
을 좇아 생하므로 응당히 성으로 회귀한다.

05 '즉비' '시명' 두 구절은 즉 염불의 법요를 연 것이다. 즉비는 자성청정自性淸淨
하여 본래 염이 있지 않음을 밝힌 것이다. 시명은 망념이 번다하게 일어나면

반드시 명호를 집지하여 망념을 제거해야 함을 밝힌 것이다.

06 염불함에 반드시 무념無念에 이를 때까지 지극히 염하면 망妄이 다하고 정情이 공하여 일심이 청정해지는데 이를 일러 일심불란一心不亂이라 한다. 그 마음이 깨끗하면 즉 불토가 깨끗하다.

51. 머무름 없는 마음 발함을 드러냄

是故須菩提. 諸菩薩摩訶薩. 應如是生淸淨心. 不應住色生心. 不應住 聲香味觸法生心. 應無所住而生其心.

"이런 까닭으로 수보리야! 모든 보살마하살은 마땅히 이와 같이 청정한 마음을 낼지니, 색에도 머물지 말고 마음을 내며, 마땅히 성·향·미·촉·법에도 머물지 말고 마음을 내며, 응당 머무는 바 없이 그 마음을 내야 하느니라."

01 이 구절의 경문은 앞의 글을 종결하는 것이다. 스스로 입을 열어 설한 것을 이곳에 이르러 천 가지 만 가지 말을 점안하고 문장을 결말짓는 곳이다. 뜻이 매우 깊다.

02 '시고是故'는 위를 이어서 아래를 일으키는 말이다. 비단 앞의 '생신生信' 한 단락을 이었을 뿐만 아니라 바로 경을 여는 곳인 '총시總示'와 더불어 굳게 얽혀 호응 상통한다. 바로 일체에 머무름이 없어야 함을 밝혔다. 최후에 다시 보살이 나아가 육바라밀을 닦을 때에 불토를 장엄함에도 또한 머무름이 없어야 한다. '즉비則非' 구는 법상에 머무르지 않는 것이다. '시명是名' 구는 비법상에 머무르지 않는 것이다.

03 위에서 설한 바는 다 이 "마음을 내되 머무르지 않고, 머무름 없이 마음을 내

라."는 근본을 지은 것이다. 또한 즉 발보리심자를 위하여 방침을 지시한 것이다.

04 '응應'은 결정의 말이다. 소승과 대승, 과위果位와 인지因地를 막론하고 다 마땅히 머무름이 없어야 한다. 가히 대심을 발한 자는 결정코 또한 머무름이 없어야 한다는 것을 알 수 있다. 이는 불가능한 것이 아니다.

05 '생심生心'은 발심發心과 비교하여 뜻이 깊다. 청정심淸淨心은 즉 본래 갖추고 있는 성품이다. 이른바 자성청정심이 이것이다. 맑다는 것은 흐리지 않은 것이다. 깨끗하다는 것은 물들지 않은 것이다. 비록 무명번뇌의 때로 장애가 된 바이기는 하나 다만 법에 의지하여 수행하면 청정본성은 의연히 현전할 수 있다.

06 무릇 위없는 바른 깨달음의 마음을 발한 사람은 응당히 청정본성淸淨本性이 현전한다. 그러므로 "응당히 청정심을 낸다."고 설한다. 말이 떨어지자마자 머리를 돌리게 하는 이 뛰어난 뜻은 사람을 경책함이 또한 깊다.

07 '생청정심生淸淨心' 한 구절을 말하자면, 보리심菩提心을 발한 까닭이 그러함을 설명하는 것과 다르지 않다. 무엇을 보리심을 발했다 말하는가? 일심청정一心淸淨이 이것이다. '인심은 위태롭기만 하고 도심은 미약하기만 한 것'을 마땅히 알아야 할 것이다. 이것으로 세간 일체에 다 응당히 집착하지 말라고 사람들을 가르치는 것이다.

08 깨달아 비춘다는 것은 마음을 일으키고 생각을 움직임에 있어서 미세하고 은밀히 공부하는 것이 절실하다. 대비심을 발하고 널리 육바라밀을 닦아 중생을 이익 되게 하려면 대승경전을 많이 읽어야 한다. 해혜解慧를 증장해 밝게 하면 다시 계戒와 정定의 힘이 증장된다. 하련夏蓮 노사老師께서[1] 깨끗한 말로 사람들을 가르치기를, "지계持戒·염불하고 경론을 보며, 과거의 습기를 살펴보고 스스로를 속이지 말라."라고 한 것이 바로 이 뜻이다.

09 본성은 활발발한 자리여서 상도 없고 상 아님도 없다. 경에 이르기를, "색 등에 머무르지 말라."라고 했다. 또 이르기를 "마음을 낸다."고 했다. 이로써 보리심을 발한다는 것은 응당히 티끌의 상에 머무르지 않아 마음이 죽은 물과 같은 것이 아님을 보였다.

10 청정심이 바로 진심眞心이고 티끌 경계에 머무는 이 반연심攀緣心은 즉 망심妄心이다. 『능엄경』에 이르기를, "일체의 중생들이 시작이 없는 옛날부터 가지가지로 전도되어 모든 수행하는 사람들이 최상의 깨달음을 얻지 못한다. 더 나아가 달리 성문이나 연각 및 외도가 되는 것은 모두 이 두 가지 근본(二種根本)을 알지 못하고 착란으로 수습해 온 까닭이다. 첫째는 시작이 없는 옛날부터 태어나고 죽는 생사의 근본이다. 즉 너와 지금의 여러 중생들의 대상에 끌려가는 마음(攀緣心)으로 자성을 삼는 까닭이요, 둘째는 시작이 없는 옛날부터 깨달음이며 열반인 원래로 청정한 자체이니 지금 너의 식정識情의 원래로 밝은 성품이 가지가지 반연하는 마음을 내어 반연으로 진성眞性을 잃어버린 것이다."라고 했다.

11 티끌 경계에 머무는 마음은 이 식識을 반연함으로 인하여 그 이름을 망妄이라고 함을 알아야 할 것이다. 이 망심은 원래 이 진심眞心의 변현된 바이다. 어떻게 변했는가? 일진법계一眞法界를 통달하지 못함으로 말미암아 인人·아我를 분별하는 연고다.

12 '머무른 바 없음(無所住)'은 집착하지 않고 또한 단멸하지 않는다는 두 뜻을 함유하고 있다. '이생기심而生其心'의 '이而' 자는 '또'라는 뜻과 '이후'의 두 뜻이 있다. '기其' 자는 보리, 육바라밀 등을 가리킨다. '여시如是'는 즉 발한 바 육

---

1 하련거(夏蓮居, 1886-1965). 20세기의 걸출한 불교학자이며 정토수행자이다. 본명은 하계천夏繼泉이며, 자는 부재溥齋, 호는 거원渠園. 거사는 중년 이후 전심으로 정토염불을 수행하며, 이름을 연거蓮居로 바꾸고 호를 일옹一翁으로 지었다. 1939년 정종학회를 창립했다. 1946년 회집본 무량수경을 완성했다.

바라밀을 수행하는 마음으로, 바야흐로 보리심이 된다. 그 자성청정심으로 더불어 상응하는 까닭이다.

13 "응당히 법을 취하지 말고(不應取法), 응당히 비법을 취하지 말라(不應取非法)." 이 두 구절은 전체 경을 관철한다. 이 중에 '응당히 청정심을 내고', '응당히 머무는 바 없이 그 마음을 내라'는 것 또한 바로 '응당히 법을 취하지 말라'에 대해 점을 찍는 두 구절이다. '응당히 머무는 바가 없다'는 것은 응당히 법을 취하지 않는 것이고, '그 마음을 낸다'는 것은 응당히 비법을 취하지 않는 것이다.

14 다만 청정하기만 하고 마음을 내지 않으면 곧 이는 죽은 물이다. 불법에서 허락하지 않는 바이다. 청정은 마음을 내는 가운데에 드러나는 것이 중요하다.

15 '생生'이라는 것은 움직임에 맡겨 생하는 것이다. '머무름 없음'은 인연을 따라 머무는 데 방해가 없음이다. 비록 머무르나 실은 머무르는 바가 없다. 움직임에 맡겨 생한다는 것은 자연스럽게 드러나는 것이다. 생한다고 하나 실은 생하는 바가 없다. 과연 능히 이와 같으므로 법과 법이 모두 머무름 없는 진심을 나타내고 물물이 반야실상 아님이 없을 것이다.

16 불교를 배움에는 반드시 교에 의지하여 받들어 행해야 한다. 교의 뜻이 그윽하고 깊어서 응당히 그 강요綱要의 소재를 얻어야 한다. "응당히 색에 머무르지 말고 그 마음을 내어야 한다. 응당히 성·향·미·촉·법에 머무르지 말고 마음을 내어야 한다."라고 했다. 어떤 법을 수행하느냐를 막론하고 행·주·좌·와에 이것을 여의지 말고 조금이라도 들어갈 곳이 있어야 한다. 그리하여 자성청정심을 조금씩 능히 점점 통하여야 이 작은 소식을 드러낼 수 있다. 수행할 바의 법도 또한 가히 성취의 기약이 있기를 바란다.

52. 보신은 머무르지 않음을 증명함

須菩提. 譬如有人. 身如須彌山王. 於意云何. 是身爲大不. 須菩提言.
甚大. 世尊. 何以故. 佛說非身. 是名大身.

"수보리야! 비유하건대 어떤 사람의 몸이 수미산왕과 같다면 뜻에 어떠한가?
이 몸이 크다고 하겠는가?" 수보리가 대답했다. "매우 큽니다. 세존이시여!
왜 그런가 하면 부처님께서 몸이 아니라 이 이름이 큰 몸이라고 설했기 때문입
니다."

01 '유인有人'은 대도심을 발한 사람을 가리킨다. 대심大心이 인因이 되고 '대신大
身'은 과果가 된다. 많은 겁 동안 부지런히 육도만행을 닦아 복과 지혜가 쌍
으로 장엄되고 공행이 원만해야 바야흐로 능히 증득한다. 이른바 무변상호
신無邊相好身이다.

02 과위果位와 인지因地를 막론하고 상과 더불어 비상非相을 다 취하지 말아야 한
다. 만약 이 이치를 조금이라도 밝히지 못하면 즉 인因을 닦을 때에 응당히
머무는 바 없이 그 마음을 내라는 것에 깊이 계합하지 못할 것이다. 이것이
부처님이 질문을 하신 미묘한 뜻이다.

03 '몸이 아니라는 것(非身)'은 두 가지 뜻이 있다. 하나는 과果를 증득함을 잡아
증득한 바 청정법신의 체體이고 보신의 상相이 아니라는 것이다. 즉 비신非身
은 보신을 가리켜 한 말이다. 둘째는 과果를 증득함을 잡으면 이미 이 법신의
체體이다. 법신은 온 세계에 두루하고 커서 밖이 없다. 두루 미진에 들어가며
작아서 안이 없다. 형상形相이 없고 수량이 없다. 유마 거사가 말하기를 "불
신佛身은 무위로 모든 수에 떨어지지 않는다."고 했다. 뜻은 체를 잡아 나타
내어 말하고자 한 까닭에 비신非身이라고 말했다. 즉 비신은 법신을 가리켜

말한 것이다.

04 반드시 유有에 집착하지 말고 반드시 무無에도 집착하지 말아야 한다. 연후에 인을 닦을 때에 곧 능히 아상을 취하지도 말고 육진에 머무르지도 않아야 청정심을 낸다.

제11 무위복승분無爲福勝分

須菩提. 如恒河中所有沙數. 如是沙等恒河於意云何. 是諸恒河沙. 寧
爲多不. 須菩提言. 甚多. 世尊. 但諸恒河尚多無數. 何況其沙.

須菩提. 我今實言告汝. 若有善男子. 善女人. 以七寶滿爾所恒河沙數
三千大千世界. 以用布施. 得福多不. 須菩提言. 甚多. 世尊.

佛告須菩提. 若善男子. 善女人. 於此經中. 乃至受持四句偈等. 爲他
人說. 而此福德. 勝前福德.

"수보리야! 항하 가운데의 모래만큼 많은 수의 항하가 있다면 그대는 어떻게
생각하는가? 이 모든 항하의 모래가 어찌 많다고 하지 않겠는가?" 수보리가 말
하였다. "매우 많습니다. 세존이시여! 그 모든 항하도 오히려 많아서 셀 수 없
는데 어찌 하물며 모래알이겠습니까?"

"수보리야! 내가 이제 실다운 말로 그대에게 말하리니, 만일 선남자 선여인이
항하의 모래 숫자만큼 많은 삼천대천세계를 칠보로 가득 채워 보시한다면 얻을
복이 많겠는가?" 수보리가 말하였다. "매우 많습니다. 세존이시여!"

부처님께서 수보리에게 말씀하셨다. "만일 선남자 선여인이 이 경 가운데 사
구게 등을 받아 지녀서 남을 위해 설한다면 이 복덕이 이전의 복덕보다 더욱 수
승하리라."

53. 경을 잡아 공을 비교하여 나타냄.
복덕이 수승함을 나타냄. 항하사의 비유를 이끌어 옴

須菩提. 如恒河中所有沙數. 如是沙等恒河於意云何. 是諸恒河沙. 寧
爲多不. 須菩提言. 甚多. 世尊. 但諸恒河尙多無數. 何況其沙.

"수보리야! 항하 가운데의 모래만큼 많은 수의 항하가 있다면 그대는 어떻게
생각하는가? 이 모든 항하의 모래가 어찌 많다고 하지 않겠는가?" 수보리가 말
하였다. "매우 많습니다. 세존이시여! 그 모든 항하도 오히려 많아서 셀 수 없
는데 어찌 하물며 모래알이겠습니까?"

54. 실다운 보시의 복을 밝힘

須菩提. 我今實言告汝. 若有善男子. 善女人. 以七寶滿爾所恒河沙數
三千大千世界. 以用布施. 得福多不. 須菩提言. 甚多. 世尊.

"수보리야! 내가 이제 실다운 말로 그대에게 말하리니, 만일 선남자 선여인이
항하의 모래 숫자만큼 많은 삼천대천세계를 칠보로 가득 채워 보시한다면 얻
을 복이 많겠는가?" 수보리가 말하였다. "매우 많습니다. 세존이시여!"

01　'실언고여實言告汝'가 여기에 설하는 뜻은 다음 경문에 있다. 설해진 것과 설을
　　지닌 복이 다시 이보다 많음을 알게 하고자 하여 이것이 진실어로 불가불 믿
　　어야 한다고 말했다.

02　항하는 무량하고 항하의 모래는 무변이다. 유위법의 극대의 복덕을 빌려 하
　　나의 비교의 예를 지었다. 무위법의 설을 지닌 복덕이 다시 이보다 크다는 것

을 나타내었다.

55. 경을 지니는 것이 수승함을 나타냄

佛告須菩提. 若善男子. 善女人. 於此經中. 乃至受持四句偈等. 爲他
人說. 而此福德. 勝前福德.

부처님께서 수보리에게 말씀하셨다. "만일 선남자 선여인이 이 경 가운데 사구
게 등을 받아 지녀서 남을 위해 설한다면 이 복덕이 이전의 복덕보다 더욱 수승
하리라."

01 '사구게 등'은 극소의 경을 지니고 설하는 것의 복덕이 오히려 앞보다 수승하
다는 것을 지극하게 말한 것이다. 곧 전체 경을 지니고 설하면 그 복이 더욱
수승하다는 것은 말할 필요가 없다.

02 '수지受持'는 능히 스스로 제도하는 것이다. '위타인설爲他人說'은 능히 다른 이
를 제도하는 것이다. 자기를 제도하고 타인을 제도하는 것은 바로 보살행이
다. 고로 복덕이 지극히 크다.

03 보시는 상을 여의고 복과 지혜를 쌍으로 닦아야 함을 알아야 한다. 또 능히
깊이 인과를 믿고 신심이 청정하여 성실하게 염불하여 정토에 태어나기를 구
해야 한다. 즉 능히 생사를 요달하고 삼계에서 벗어나 영원히 윤회에서 해탈
해 성불에 물러나지 않으면 수승한 과덕이 불가사의할 것이다.

04 재시財施는 법시法施에 미치지 못하나 많은 뜻을 함유하고 있다.
첫째, 재시는 시자(施)와 수자(受)가 반드시 지혜가 있어야 하는 것은 아니다.
법시는 지혜가 있지 아니하면 능히 베풀 수 없고, 또한 지혜가 있지 않으면

능히 받지 못한다.

둘째, 재시는 베푸는 자가 대복을 얻는다. 받는 자는 다만 눈앞의 작은 이익을 얻는다. 법시는 베푸는 자와 받는 자가 다 대복을 얻는다.

셋째, 재시는 다만 사람의 목숨을 이익 되게 한다. 법시는 사람의 지혜의 목숨을 이익 되게 한다.

넷째, 재시는 탐욕을 항복받고 법시는 번뇌를 끊는다.

다섯째, 재시는 쌍방이 윤회에서 벗어나지는 못한다. 법시는 쌍방이 가히 생사를 깨달아 안다.

여섯째, 재시는 쌍방의 수용이 다함이 있다. 법시는 쌍방의 수용이 무궁하다.

일곱째, 재시는 베푸는 것이 적으면 이익 되는 바가 적다. 법시는 가히 베푸는 것이 적어도 큰 이익을 얻는다.

05 보살이 중생을 섭수함에 재시 또한 가히 없다고 할 수가 없다. 다만 종지宗旨는 법시를 행하는 데 있다. 재시는 궁극적인 것이 아니다.

06 금강반야는 바로 본성을 가리킨 것이다. 만약 견성하게 되면 곧 성불할 수 있다. 비단 자기가 생을 깨닫고 죽음에서 벗어날 뿐만 아니라 중생으로 하여금 생사를 깨닫게 한다. 바로 무량무변의 중생을 제도하여 다 성불하게 한다. 부처님의 종자를 이어 융성하게 하는 것은 이 경을 지나는 것이 없다.

제12 존중정교분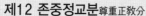尊重正敎分

復次. 須菩提. 隨說是經. 乃至四句偈等. 當知此處. 一切世間天人阿
修羅. 皆應供養. 如佛塔廟. 何況有人盡能受持讀誦.

須菩提. 當知是人. 成就最上第一希有之法. 若是經典所在之處. 則爲
有佛. 若尊重弟子.

"다시 수보리야! 이 경과 사구게 등을 어디에서나 남에게 설해 준다면 마땅히
알라! 이곳은 일체 세간과 하늘 사람과 아수라가 다 응당 부처님의 탑묘와 같
이 공양할 것이다. 어찌 하물며 어떤 사람이 다 능히 받아 지니고 독송하는 것
이겠는가!

수보리야! 마땅히 알라. 이 사람은 최상이며 제일의 희유한 법을 성취할 것
이니, 이 경전이 있는 장소는 곧 부처님과 존중하는 제자들이 있는 것과 같으
니라."

56. 수승한 까닭을 나타냄. 설함을 따라서 복을 밝힘

復次. 須菩提. 隨說是經. 乃至四句偈等. 當知此處. 一切世間天人阿
修羅. 皆應供養. 如佛塔廟.

"다시 수보리야! 이 경과 사구게 등을 어디에서나 남에게 설해 준다면 마땅히
알라! 이곳은 일체 세간과 하늘 사람과 아수라가 다 응당 부처님의 탑묘와 같
이 공양할 것이다."

01 '수隨'는 인연을 따라 한정하지 않는다는 뜻이다. 사람을 따르고, 근기를 따
르고, 때를 따르고, 곳을 따르고, 대중을 따르고, 글을 따르는 것과 같다.

02 '이곳(此處)'은 경을 설한 곳을 가리킨다. 설하는 곳이 이와 같으니 경을 설하
는 사람을 알 수 있다. 곳을 말하면 겸하여 사람을 말하는 것이다.

03 설하는 자는 가히 상에 집착하지 않고 이름과 이익을 멀리 여의었기에 공경히
공양해야 한다.

04 『대반야경大般若經』에 이르기를, "석제환인이 매일 선법당善法堂에서 하늘 대중
을 위하여 반야바라밀법을 설하였다. 간혹 부재중일 때 만약 하늘 대중이 오
게 되면 또한 빈자리를 향하여 공양의 예를 올리고 갔다."고 했다. 이는 곧
모든 하늘 대중이 부처님의 설을 따른 것이다. 경을 설한 곳에 공경하는 일의
실다움이다.

05 법공양法供養은 보현보살이 설한 바와 같다. "법과 같이 수행하고 중생을 이
익 되게 하며 중생을 섭수하고, 중생의 고를 대신하고, 부지런히 선근을 닦
고, 내지 보살업을 버리지 않고, 보리심을 여의지 않는 것" 등이 이것이다.

06 경을 설하면 곧 이 도량이 탑묘와 더불어 같아서 다름이 없으므로 다 응당히
공양해야 한다.

07 『법화경』에 이르기를, "능히 한 사람을 위하여 『법화경』 내지 한 구절이라도 설하면, 이 사람은 즉 여래가 보낸 바이며 여래의 일을 행하는 사람이 된다." 라고 하였다. 『법화경』이 그러하고 일체의 경이 다 그러하다.

08 실상實相은 부처님의 법신이다. 이 경에 밝힌 바의 것이다. 그러므로 '부처님의 탑묘와 같다(如佛塔廟)'고 말했다. 탑묘는 반드시 불상을 공양해야 하고, 반드시 경법이 있어야 하며 반드시 대중 스님들이 있어야 한다. 따라서 하나의 탑묘를 말한 것은 곧 주지삼보住持三寶가 모인 곳이다.

09 경을 설하는 사람이 부처님을 대신하여 선양하면 곧 참 부처님이 있는 것과 같다. 이 대법을 설하여 부처님의 종자를 이어 융성하게 하면 곧 이것이 주지삼보이다. 그러므로 말하기를, "부처님의 탑묘와 같이 다 응당 공양하라."고 말한 것이다.

10 비록 경을 설하는 곳을 말하나 뜻은 실로 사람에 있다. 경을 설하는 사람을 존중하는 것이 이와 같다. 혹시 경을 설하는 사람이 비법非法을 법이라 설하고, 법을 비법이라 설하여 망령되게 반야를 말하면 법을 그르치고 사람을 그르치는 것이다. 그 죄업이 커서 또한 가히 말로써 비유할 수 없다. 이 또한 경을 설하는 사람이 마땅히 알아야 할 바로 조심하고 주의하여 스스로 살펴서 조금도 소홀함이 없게 해야 한다.

57. 다 지니는 복을 밝힘. 바로 다 지님을 밝힘

何況有人盡能受持讀誦.

"어찌 하물며 어떤 사람이 다 능히 받아 지니고 독송하는 것이겠는가!"

01 '수지受持'라고 말하고 다시 '독송讀誦'이라고 말한 것은 반드시 능히 받아들여 수지해야 참으로 독송하는 것임을 밝힌 것이다. 경의 뜻은 다함이 없으므로 때때로 독송하면 때때로 깨닫는 곳이 있다. 훈습하여 끊어지지 않고 선정과 지혜를 증장해 가면 받아 지니는 힘이 날로 더욱 진보할 것이다.

02 만약 다 받아 지닌 것이 아니더라도 두두물물(頭頭)이 이 도인데 어찌 능히 대중을 위하여 인연을 따라 설하지 않겠는가!

03 여래의 뜻은 실로 사람 사람들이 이미 능히 수지하도록 하고, 또 능히 사람들을 위하여 연설하게 하는 것이다. 세존은 이 경법을 설하며 사람들이 다 성취하기를 바랐다. 성취는 반드시 스스로를 제도하고 타인을 제도하여 둘이 이익 됨이 원만해져야 바야흐로 옳다.

58. 까닭을 바로 밝힘. 성취를 잡아 바로 나타냄

須菩提.當知是人.成就最上第一希有之法.

"수보리야! 마땅히 알라. 이 사람은 최상이며 제일의 희유한 법을 성취할 것이니,"

01 '최상이고 제일이고 희유한 법(最上第一希有之法)'은 곧 아뇩다라삼먁삼보리법이다. 『아미타경阿彌陀經』에 이르기를, "석가모니는 매우 어렵고 희유한 일을 했다. 능히 오탁악세 중에 아뇩보리를 얻었다."라고 했다. 매우 어렵고 희유한 것은 곧 제일희유이다.

02 '마땅히 알라, 이 사람은(當知是人)'에서 이 사람은 복과 지혜를 아울러 닦아 자自와 타他를 다 제도하고 곧바로 보배 장소로 달려가 크게 성취함이 있다. 곧 그 복덕이 무변무량 대천세계를 칠보로 가득 채워 보시한 것보다 아득히

수승하다는 것을 알 수 있다.

59. 훈습을 잡아 결론을 이룸

若是經典所在之處. 則爲有佛. 若尊重弟子

"이 경전이 있는 장소는 곧 부처님과 존중하는 제자들이 있는 것과 같으니라."

01 '경經'은 본래 지름길이라는 뜻이 있다. '전典'은 규범의 뜻이다. 본경에 설한 바는 다 보리심을 발한 자에게 바뀌지 않는 바른 본보기이고 함께 준수할 깨달음의 길이다. 그러므로 이 경이 있는 장소는 곧 보배가 있는 곳이다. 부처님 및 일체 현성賢聖이 여기에 있지 않음이 없다.

02 '약존중제자若尊重弟子'는 통틀어 일체 현성·보살·나한이 다 이 안에 섭수되어 있어 분별하여 하나를 가리킬 필요는 없다. 총체적으로 이 경은 수승하고 있는 곳곳이 다 귀하고 있는 사람마다 다 존귀함을 밝힌 것이다.

03 또 사람들에게 이 경에 공양하고 이 경을 독송하고, 이 경을 수지하고 널리 사람들을 위하여 이 경을 설할 것을 권하고 있다. 즉 지니고 설하는 자는 곧 모든 부처님과 보살 등 대선지식을 친근히 하는 것이다.

04 이 경은 오로지 실상實相을 밝혀 바로 본심本心을 가리킨 것임을 반드시 알아야 할 것이다. 수지하는 자는 과히 단박에 당처를 알아차릴 수 있고, 경에 의지하여 관을 일으키면 곧 복이 생기고 죄가 멸하여 지름길로 보리를 증득하는데, 공덕을 어찌 가히 잴 수 있으리오!

爾時須菩提白佛言. 世尊. 當何名此經. 我等云何奉持.

佛告須菩提. 是經名爲金剛般若波羅蜜. 以是名字. 汝當奉持. 所以者

何. 須菩提. 佛說般若波羅蜜. 則非般若波羅蜜. 須菩提. 於意云何. 如

來有所說法不. 須菩提白佛言. 世尊. 如來無所說.

須菩提. 於意云何. 三千大千世界所有微塵. 是爲多不. 須菩提言. 甚

多. 世尊.

須菩提. 諸微塵如來說非微塵. 是名微塵. 如來說世界非世界. 是名世

界. 須菩提. 於意云何. 可以三十二相見如來不. 不也. 世尊. 何以故.

如來說三十二相卽是非相. 是名三十二相.

須菩提. 若有善男子. 善女人. 以恒河沙等身命布施. 若復有人. 於此

經中. 乃至受持四句偈等. 爲他人說. 其福甚多.

그때 수보리가 부처님께 사뢰었다. "세존이시여! 마땅히 이 경에 어떤 이름을
붙여야 하며 우리는 어떻게 받들어 지녀야 합니까?"

부처님께서 수보리에게 말씀하셨다. "이 경을 금강반야바라밀이라고 이름할
지니라. 이 이름으로 너희는 마땅히 받들어 지녀야 하리라. 왜 그런가? 수보리
야! 부처님이 설한 반야바라밀은 곧 반야바라밀이 아니니라. 수보리야! 그대의
생각에는 어떠한가? 여래가 설한 바 법이 있는가?" 수보리가 부처님께 사뢰었
다. "세존이시여! 여래께서 설한 바 법이 없습니다."

수보리야! 그대의 생각은 어떠한가? 삼천대천세계에 있는 티끌이 많다고 하
겠느냐?" 수보리가 사뢰었다. "매우 많습니다. 세존이시여!"

"수보리야! 모든 미진을 여래가 미진이 아니라고 말하니 그 이름이 미진일 뿐이고, 여래가 세계는 세계가 아니라고 말하니 그 이름이 세계일 뿐이니라. 수보리야! 그대의 생각에는 어떠한가? 가히 32상으로 여래를 볼 수 있는가?" "볼 수 없습니다. 세존이시여! 왜 그런가 하면, 부처님께서 설하신 32상은 상이 아니라, 그 이름이 32상일 뿐입니다."

"수보리야! 어떤 선남자 선여인이 항하의 모래 수와 같은 몸과 목숨으로 보시한다 해도, 다시 어떤 사람이 이 경 가운데에 내지 사구게 등을 받아 지녀 다른 사람을 위해 설한다면 그 복이 훨씬 더 많을 것이니라."

60. 이름 지닐 것을 청하고 보여 줌. 청함

爾時須菩提白佛言. 世尊. 當何名此經. 我等云何奉持.

그때 수보리가 부처님께 사뢰었다. "세존이시여! 마땅히 이 경에 어떤 이름을 붙여야 하며 우리는 어떻게 받들어 지녀야 합니까?"

01 '이시爾時'는 강요綱要를 깨달을 때에 문득 마땅히 지니고 행하여 조금도 게으름을 용납하지 않아야 함을 나타낸다. 이른바 '이해할 때가 곧 행할 때'라는 것이 이것이다.

02 다른 경은 경의 이름을 청해 묻는 것이 다분히 전체부의 말미에 있다. 지금 중간에 있는 것은 무슨 까닭인가? 이 경 후반부의 뜻은 이 전반부를 좇아서 열어 내었음을 모름지기 알아야 할 것이다. 그 뜻은 전반부 중에 이미 있으나 그 설이 상세하지 못한 데 불과하다. 만약 장로가 다시 청해 묻지 않았다면

전반부를 설해 마치고 곧 그쳤을 것이다.

03 그러므로 이 경의 경명을 비록 중간에 설한 것 같으나 다른 경과 더불어 다름이 없다. 법을 지니는 것을 청해서 보인 것은 대중이 따르도록 하기 위한 것이다.

04 고인이 '지持' 자의 뜻을 해석하기를 '임홍任弘'이라고 했다. '임任'은 담임하는 것으로 스스로 행하는 것을 가리킨다. '홍弘'은 더욱 확대하고 선양하는 것이다. 다른 사람에게 행하기를 권하는 것을 가리킨다.

05 경의 이름을 청해서 물은 것은 즉 총지總持의 법을 개시해 주기를 청하여 구한 것이다.

06 신信·해解·행行의 세 가지 일은 확실하게 차제가 있다고 말할 수도 없고, 확실하게 차제가 없다고 말할 수도 없다. 사람이 반드시 신심信心을 갖춘 이후에 불법을 연구해야 한다. 반드시 불법을 얻어 진실의를 밝힌 후에야 바야흐로 진실수행을 안다. 이것은 차제가 있는 것이다.

07 사실대로 논하면 만약 공행功行이 없으면 즉 장애가 깊고 지혜가 얕아 결정코 깊이 이해하지 못한다. 만약 이해와 행이 없으면 믿음도 또한 진실되지 못하다. 신·해·행은 결정코 동시에 아울러 나아가는데 어찌 전과 후의 차제가 있다고 말할 수 있겠는가?

08 혹은 우연히 어떤 사람을 만났는데 무단히 부처를 믿게 되기도 한다. 한 번 듣고는 곧 분명히 알게 되는 이도 있다. 또한 불법에는 조금도 밝지 못하나 능히 마음을 발해 정진하여 용맹으로 수행하는 자도 있다. 이는 다 숙세에 본래 공행이 있어 지금 인연을 만나 드디어 발현된 것이지 우연이 아니다.

09 반드시 진실 여법하게 지어서 도달해야 비로소 이름하여 '행行'이라고 할 수 있다. 진실로 보아 부처님의 이치에 도달하면 비로소 이름이 '해解'이다. 진실로 삼보에 귀의하는 이익을 알아야 비로소 이름하여 '신信'이라고 한다. 무릇

친히 눈으로 보아 얻고, 친히 몸으로 지어서 도달하면 이를 일러 '증證'이라고 한다.

10 해와 행을 지어 구경에 이른 것을 이름하여 '구경증득究竟證得'이라고 한다. 경에 이르기를, "신심이 청정하면 곧 실상實相을 낸다."고 했다. 이로 말미암아 가히 신·해·행·증이 실제 하나의 일임을 알 수 있다. 이를 일러 평등平等이라고 한다. 즉 이 네 자에서 가히 "평등으로 말미암아 차별을 보고, 차별로 말미암아 평등을 본다."는 이치를 깨달을 수 있다.

11 실상이 현전할 때가 오직 이 하나의 청정이다. 아울러 신심信心 두 글자는 또한 흔적도 없다. 즉 이것이 참된 구경평등이고 여여부동이다.

12 만약 불교의 이치를 밝히려면 따라서 한 법을 잡아 다 능히 그 구경을 궁구해야 평등으로 돌아간다. 불법은 얕음도 없고 깊은 것도 아니며 깊고도 또한 가히 얕아서 바로 깊고 얕음의 차제를 설할 수 없음을 알 수 있다. 따라서 그 상相을 취착하지 않으므로 '즉비則非'라고 한다. 그러나 중생을 이끌어서 인도해 나아가는 데는 또 능히 하나의 깊고 얕음과 차제 및 갖가지 장엄의 일을 가설하지 않을 수 없다. 그러므로 그 상相을 단멸하지 않는 것을 '시명是名'이라고 말한다.

13 '무유정법無有定法' 네 자는 일체를 통틀어 꿴다. 이 뜻을 이해하면 일체의 사물이 이 도이다. 조금이라도 알아차리면 활발발지活潑潑地이다. 깊은 뜻을 스스로 능히 이해할 수 있다.

14 정해진 법이 있지 않음으로 인하여 가히 유有에도 집착하지 말고 무無에도 집착하지 말아야 한다. 모름지기 상을 여의고 반조하여 증득해 들어가기를 바란다.

15 상相은 즉 성체性體의 작용으로 체體가 있으면 반드시 작용이 있다. 성과 상이 일여한데 상을 어찌 가히 멸하겠는가? 즉 본성을 보고자 한다면 반드시 이름

을 여의고 상을 끊어 그 아견을 깨뜨려야 함을 알 수 있다. 아견我見을 제거하지 않으면 곧 분별심을 내어서 망념을 일으키고 상에 집착하게 된다.

16 아견은 무시이래 병의 뿌리여서 반드시 부처님이 설한 법에 의지하여 돌이켜 관하고 안으로 비추어서 그 반연망상을 쉬어야 한다. 바람직한 본보기(儀軌)를 따라 의지하고, 지계·참회·보시 등으로 업장을 소멸하여 본래의 지혜를 열어 발해야 한다. 하여금 신심을 증장하고 해행을 성취해야 한다.

17 이 일념의 심성이 모든 중생으로 더불어 본래 하나의 체이고 또 체가 본래 공적함을 체달해 알아야 한다. 그렇게 한 후에 감응이 신속하여 성취가 저절로 쉬워진다.

18 이 뜻을 지니고 사람을 위하면 능히 흉금을 훤히 통달하여 번뇌가 붙지 않아 자재함을 얻는다. 또한 말을 삼가고 행을 삼갈 줄 알면 인과가 섞이지 않고 걸림이 없을 것이다.

19 이 뜻을 지니고서 세상을 살면 만사가 다 공함을 알아 풍랑이 일어남에도 맡겨 상관하지 않을 것이다. 또한 인정세태가 어지럽게 왕복하여 안전과 위험, 괴로운 일과 즐거운 일을 만나더라도 편안함을 알 것이다.

20 이 뜻을 지니고 큰 소임을 당하고 큰일을 지어도 상에 집착하지 않는 까닭으로 비록 일이 오면 곧 응할 것이다. 심신心神이 태연하여 움직이는 바가 되지 않고 조리가 정연하여 두두물물이 이 도일 것이다. 세간·출세간 일체를 섭수해 다하여 일마다 들어 지니며, 때때로 수용하면 곳곳이 다 이 불법일 것이다.

61. 이름 지님을 총체적으로 보임. 능단의 이름을 보임

佛告須菩提. 是經名爲金剛般若波羅蜜.

부처님께서 수보리에게 말씀하셨다. "이 경을 금강반야바라밀이라고 이름할지니라."

62. 경을 지니는 법을 보임

以是名字. 汝當奉持.

"이 이름으로 너희는 마땅히 받들어 지녀야 하리라."

01 이는 사람으로 하여금 이름을 돌아보고 뜻을 생각하고 이름을 인하여 체를 알게 한 것이다. 경의 뜻은 다 이 '응당히 머무는 바 없음(應無所住)'에 있음을 종요로이 알아야 한다. 그런 까닭으로 서둘러 아견을 끊어 제거하면 곧 번뇌장이 제거될 것이다. 업장業障과 보장報障 또한 따라서 다 제거될 것이다. 세 가지 장애가 소멸되어 다하면 법·보·응 삼신이 뚜렷이 나타난다.

02 모름지기 육진에 머무르지 않고 마음을 내고, 마음 가운데에 있는 것을 내려 놓으며 때때로 마음이 일어나고 생각이 움직이는 것을 관조해야 한다. 만일 육진에 조금이라도 접촉해 집착함이 있다면 그 자리에서 바로 결단을 내려 굳게 지녀 게으르지 않아야 한다. 지극한 정성으로 간절히 삼보의 불쌍히 여겨 섭수해 주는 것과 방광 가피를 구하여 나의 힘을 도와야 한다. 염불하여 힘을 얻지 못하는 것은 또한 온전히 이 중에 있어서 공부를 하지 못함으로 말미암음이다.

03 우리들의 수행은 반드시 일체의 물든 인연, 이른바 육진을 이 경에 의지하여 능히 끊고, 두 뜻을 받들어 지녀서 근기에 맞게 결단을 내리고 굳게 지녀 게 으르지 말아야 습기를 항복받는다. 일심불란의 가능이 있어 극락에 왕생하고 지름길로 올라 물러나지 않고 어렵지 않기를 바란다.

63. 까닭을 상세히 밝힘. 총체적으로 표함

所以者何.

"왜 그런가?"

01 '소이자하所以者何' 네 글자는 표하는 말로 사람들로 하여금 주의하게 한 것이다. 다음의 경문(64~69절)에 있는데 다 닦아 지니는 법을 열어 보인 것이다. 모두 "이 이름으로 너희들은 마땅히 받들어 지녀라(以是名字, 汝當奉持)."라는 까닭이 그러함을 설명한 것이다.

02 이 일 구에 세 뜻을 함유하고 있다. 첫째, 어떻게 끊는가? 둘째, 무엇을 좇아 끊음을 일으키는가? 셋째, 무엇으로 인하여 반드시 끊는가?

03 '어떻게 끊는다고 하는가?'에서 끊는 것은 아견我見을 끊는 것이다. 아견은 망상의 다른 이름이다. 망상은 원래 이 진심真心이 변한 것으로 본래는 능히 끊지 못한다. 이른바 끊는다는 것은 그것을 깨뜨리는 것을 말할 뿐이다.

04 어떻게 능히 깨뜨릴 수 있는가? 이해함을 열 뿐이다. 아견을 끊는 것 외에 아울러 별다른 법이 없다. 오직 철저하게 이치를 밝혀야 한다. 또한 철저하게 이해를 열어 우주 인생의 진실상을 목격해야 한다.

05 중생은 곳곳에 집착하는데 사대오온을 알지 못함으로 말미암아 그렇다. 일

체법은 다 이 인연으로 생겨나는 것이니 환화幻化와 같다. 어떻게 가히 집착할 수 있으며 집착하여 무슨 이익이 있겠는가?

06 만약 능히 일체법에 집착하지 않으면 아견이 저절로 변화한다. 이것이 참으로 견혹見惑을 깨뜨리는 금강이다. 그러므로 말하기를, "이 이름으로 너희들은 마땅히 받들어 지니라."라고 한 것이다.

07 '무엇을 좇아 끊음을 일으키는가?' 응당히 그 즉비則非를 알아 명자상名字相을 여의어야 한다. 그 설한 바 없음을 알아 언설상言說相을 여의어야 한다. 대천 세계는 부처님 교화의 경계이다. 32상은 부처님이 나타낸 바의 몸이다. 다 집착하지 않으면 나머지를 알 수 있다.

08 자기가 닦은 법, 하는 일 및 의보依報·정보正報 등등은 다 마땅히 이 뜻을 받들어서 관조해야 한다.

09 '무엇으로 인하여 반드시 끊는가?' 만일 이와 같이 관조하여 아견을 끊지 못하면 곧 능히 마음을 밝혀 견성할 수 없을 것이다.

64. 따로 상세히 함. 성체로 회귀함을 보임. 응당히 명자상을 여의고 지녀야 함을 보임

須菩提. 佛說般若波羅蜜. 則非般若波羅蜜.

"수보리야! 부처님이 설한 반야바라밀은 곧 반야바라밀이 아니니라."

01 '즉비則非'는 상相을 여의고 성性으로 돌아가게 하는 것이다. 성불은 반야를 닦음으로 말미암은 것이나 실은 반야는 곧 반야가 아님을 닦음으로 말미암은 것인 줄은 알지 못한다. 반야를 닦아도 문자상을 여의지 못하면 사상四相

을 구족한 범부가 된다.

02 '불佛'이라는 하나의 칭호는 성과 상이 온전히 드러난 이름이다. '여래如來'가 다만 성품의 덕을 칭하는 데 속하는 것과는 같지 않다. 금일에 '불설佛說'이라고 한 것은 반야가 즉 반야가 아님을 가리킨 것이다. 명자에 의탁해서 명자를 여읜 것이다. 비록 불괴상不壞相이나 응당히 성으로 회귀함을 밝혔다.

03 위없는 반야의 법도 오히려 명자상을 여의었는데 하물며 그밖의 일체법이겠는가?

04 법상을 취하지 않고 일체법을 닦으면 즉 법과 법이 반야 아님이 없다. 이에 '반야바라밀般若波羅蜜'이 된다.

65. 응당히 언설상을 여의고 지녀야 함을 보임

須菩提. 於意云何. 如來有所說法不. 須菩提白佛言. 世尊. 如來無所說.
"수보리야! 그대의 생각에는 어떠한가? 여래가 설한 바 법이 있는가?" 수보리가 부처님께 사뢰었다. "세존이시여! 여래께서 설한 바 법이 없습니다."

01 '설한 바 법이 있는가?(有所說法否)'라고 한 것은 뜻으로 "마음 가운데 설한 바 반야바라밀법의 상을 두고 있는가?" 하고 말한 것이다.

02 '여래如來'는 이 성품의 덕을 칭한 것이다. 성체가 공적한데 어찌 설한 바의 법상이 있겠는가? '불설'이라 말하지 않고 '여래설'이라고 한 뜻이 이에 분명하다.

03 '설한 바가 없다(無所說)'는 것은 그것을 설한 바가 없다는 것이지 설함이 없다는 것을 말함이 아니다. 행한 바 없음과 얻은 바 없음 등의 구는 뜻이 이와 같다.

04 성체性體를 스스로 증득하면 이름하여 여래가 된다. 여래는 즉 평등성체를 증득하여 이치와 지혜가 일여하고 능能과 소所가 일여한 것이다.

05 여래가 설한 바는 다 이 진여자성 중에서 자재로이 유출된 것이다. 애초에 마음을 일으키고 생각을 움직이지 않았다. 비록 종일 설하고, 치연히 설하고, 찰설刹說, 진설塵說하나 실로 언설상言說相이 없다. 오히려 설한 상이 없는데 어찌 설한 바의 법상法相이 있겠는가! 그러므로 '여래께서 설한 바 없다'고 말했다.

06 이 두 구절 경문의 뜻은 세존은 실로 받들어 지니는 자로 하여금 염을 여의게 한 것을 모름지기 알아야 한다. 염을 여의지 못하면 즉 명언名言의 상을 끝내 능히 여의지 못한다.

07 『대승기신론大乘起信論』에 이르기를, "만약 심념心念을 여의면 일체 경계의 상이 없다."고 했고, 또 이르기를, "언설상을 여의고 명자상을 여의고 심연상心緣相을 여의면 필경에 평등하여 내지 오직 이 일심一心이므로 이름이 진여眞如이다."라고 했다.

08 심연상을 여의면 염을 여읜 것이다. 연緣은 반연攀緣·심연心緣으로 즉 마음을 일으키고 생각을 움직이는 것이다. 마음에 만약 염이 움직이면 반드시 반연하는 바가 있어서 곧 명자상에 떨어진다.

09 『대승기신론』에 또 이르기를, "염법染法과 정법淨法은 다 상대한다. 스스로의 상相은 가히 설할 것이 없음을 마땅히 알아야 한다. 그러므로 일체법은 근본을 좇은 이래로 색도 아니고 마음(心)도 아니며, 지智도 아니고 식識도 아니며, 유도 아니고 무도 아니어서 필경에 가히 상이라 설할 것이 없다. 언설이 있는 것은 여래는 선교방편으로 임시로 언설로써 중생을 인도했다는 것을 마땅히 알아야 할 것이다. 그 뜻은 다 망념을 여의고 진여로 돌아가게 하는 데 있다. 일체법을 염함으로써 마음으로 하여금 생멸하게 하여 실지實智에 들지 못하게 하는 까닭이다."라고 말했다. 논에서의 이 구절은 바로 이곳의 주석이다.

10 '식도 아니며(非識), 유도 아니고(非有) 무도 아니다(非無)'라는 이 세 구는 모두 일체 제법이 피차가 서로 형상으로 상대하는 데 지나지 않아서 비록 있는 듯하나 실은 없고 당체가 다 공임을 말한 것이다.

11 반야 또한 제법의 상형相形으로 더불어 있다는 것을 마땅히 알아야 한다. 이름이 반야인데 어찌 가히 명자상에 집착하겠는가?

12 앞에서 말한 정해진 법이 없다는 것을 분명히 알면 이는 아견我見의 근원을 깨끗이 하는 것이다. 지금 말하는 반연망상攀緣妄想을 깨뜨려 제거한다는 것은 아견의 흐름을 끊는 것이다.

13 일체중생은 근본을 좇아옴으로부터 십법계의 이理와 사事가 오직 하나의 진여로 동체 평등임을 요달하지 못했다. 찰나찰나 상속하여 일찍이 염을 여의지 못했으니 이를 일러 비롯함이 없는 무명이라고 한다.

14 지금 본래로 되돌아가고자 하므로 반드시 근본을 좇아 해결하여 그 염을 끊어야 한다. 어렵고 어렵도다! 그 어려움으로 인한 까닭에 우리 세존은 갖가지 방편법문을 설하여 그에 수순하여 깨달음에 들게 하였다.

15 『대승기신론』에 이르기를, "마땅히 알라. 일체법을 가히 설할 수 없고 가히 염할 수 없는 까닭에 이름이 진여眞如임을 알아야 한다. 묻기를, '만약 이와 같은 뜻을 모든 중생 등이 어떻게 수순하여야 능히 들어갈 수 있는가?' 답하기를, '만약 일체법을 비록 설하나 능히 설하고 가히 설함이 있지 않고, 비록 염하나 능히 염하고 가히 염할 것이 없다는 것을 아는 것이 이름하여 수순隨順이다. 만약 염을 여의면 이름이 득입得入이 된다.'"고 했다.

16 마음에 비록 법이 없으나 법은 마음을 좇아 생한다. 제법일여로 인하여 가히 설할 수 없다. 진심이 무념임을 말미암은 까닭에 가히 염할 수 없다. 그러므로 이름하여 진여眞如라고 한다.

17 염은 이 업식業識이다. 성체性體 중에는 아울러 이 일이 없다. 이는 비록 업식

이 어지럽게 움직이나 성性은 깨끗하여 움직이지 않음을 밝힌 것이다. 그러므로 혜능 대사가 말하기를, "어찌 자성을 기약하리오, 본래 스스로 청정한 것을."이라고 했다.

18 염의 사물 됨이 당처에서 일어나고 당처에서 멸하여 찰나도 정지하지 않는 것을 마땅히 알아야 할 것이다. 병은 전념이 멸하면 후념이 또 일어나 찰나찰나 상속하는 데 있다. 따라 멸하고 따라 일어나서 아울러 실물이 없다. 다만 공화空花이고 실체가 없이 생기는 허깨비이다. 그러므로 말하기를, "염이 일어나는 것을 두려워하지 말고 다만 깨달음이 더딘 것을 두려워하라."라고 했다.

19 근원으로 돌아가는 데는 두 가지 길이 없으나 방편에는 많은 문이 있다. 염불 일 법은 더욱 염을 끊는 방편의 방편이다. 다른 것을 염하지 말고 염불하고 또한 하나의 염두念頭를 전환해야 한다. 염불은 다시 보아 관觀을 짓는 데 친절하다. 대개 관을 짓는 것은 이 지혜의 염(智念)이라 하고 염불은 즉 깨끗한 염(淨念)이라고 한다. 하나의 청정한 염으로 예전의 물들고 혼탁한 염을 대치하여 바꾸는 것이다. 일심으로 그것을 염해야 한다. 또 이 순일한 염은 예전의 잡란한 염을 대치해야 한다.

20 불佛은 각覺이므로 아미타불은 이 무량각無量覺이다. 찰나찰나가 부처이니 곧 찰나찰나가 이 깨달음이다. 각은 그 성性이 본래 무념無念임을 깨닫는 것이다. 그러므로 다시 친절하다고 말한 것이다. 염불 공부는 비록 능히 지어가서 염하되 무념에 이르지 못한다. 다만 능히 행行과 원願이 참으로 간절하면 아미타 부처님의 자비원력에 의지하여 곧 접인함을 입어 왕생하고 더 이상 물러나지 않는 아비발치阿鞞跋致와 같아지는데, 즉 이것이 원교圓敎의 초주初住의 지위이다. 만약 다른 법을 닦아 이 지위에 오르려면 모름지기 구원겁을 지나야 할 것이다. 지금 한 생을 해내는데 그 방편의 방편이 되니 다시 무슨 말을 기다리리오.

21 우리들은 다행히 이 법을 들었는데 어찌 가히 세월을 헛되이 보내어 눈앞의 좋은 기회를 놓치겠는가! 그러나 행원行願이 참으로 절실하고 반드시 일심으로 염불하여 위에 태어나기를 구해야 바야흐로 능히 이를 일러 참으로 절실하다고 할 것이다.

22 염불인이 염念 일층을 끊어서 설령 힘써도 쉽게 도달하지 못하는 까닭이다. 그리하여 "응당히 색에 머물러 마음을 내지 말며, 응당히 성·향·미·촉·법에 머물러 마음을 내지 말라."고 했다. 이 두 구절은 힘써 반드시 지어서 도달하기를 요한 것이다. 염불은 진실한 공부이고 진실하게 수용함이 이와 같고 이와 같다.

23 망상妄想은 중생의 비롯함이 없는 때로부터의 병의 근원으로 절대 강제로 잘라내지 못한다. 그것을 강제로 잘라내면 반대로 원기元氣가 상하는 것과 같다. 인하여 망상은 다른 것이 아닌 이 본심의 작용인데 잘못 사용하는 까닭으로 병을 이룬다. 다만 불법에 의지하여 비추어서 그것을 가지고 전환해 가서, 지혜의 염과 깨끗한 염으로 돌아가 오래오래 하여 자연히 무념으로 돌아가기만 하면 곧 이것이 평등성지平等性智이고 묘관찰지妙觀察智이다.

24 금일 끊어 제거한다는 것은 병을 제거한다는 것이지 법을 제거하는 것이 아니다. 망상을 끊고 진眞으로 돌아가면 곧 황홀하게 크게 깨달아 만법일여萬法一如이고, 본래 이 일진법계一眞法界임을 요달한다. 본래 이 인·아의 차별이 없는 까닭에 만 가지 염이 얼음이 녹듯 사라지게 된다.

25 모름지기 대승경전을 많이 읽고 선지식을 친근히 하는 학문의 지름길을 지시한 것이다. 우선 무엇보다 육진 등의 경계를 분명히 알면 오직 허망하고 실다움이 없어 미혹되지 않는다. 일체법은 유심이고 마음 밖에 법이 없음을 알 수 있다. 이것이 티끌 경계를 쓸어버리는 방편으로 이에 점점 가슴에 티끌이 없어진다. 즉 지혜의 빛이 열리는 것이다. 비록 염두가 있더라도 또한 지극히 미

약해진다. 연후에 능히 그것을 끊어야 한다.

26 지혜를 여는 것은 바로 범부를 변화시켜 성인에 들게 하는 중요한 관건이다. 경에 이르기를, "이 명자名字로써 받들어 지니라."라고 했다. '명자名字'는 바로 금강반야이다. 그러므로 이 경에 밝힌 바 뜻은 다 그 금강의 지혜를 여는 것이다. 명자를 여의고, 언설을 여의고, 심연心緣을 여의고, 염을 여의는 것이 이것이다. 염을 여의면 곧 무명無明을 끊는다. 무명을 나누어 끊으면 법신을 나누어 증득한다. 등각보살은 다시 이 법을 써서 최후 일분의 지극히 미세한 무명을 끊고 불과를 이룬다.

27 총괄적으로 말하면, 이 양 구절 경의 뜻은 먼저 반드시 정해진 법 없음을 밝게 통하여서 망념의 근원을 맑게 하는 것으로 이것이 지혜이다. 다시 모름지기 반연심攀緣心의 생각을 깨뜨려 제거하여 망념의 흐름을 절단해야 한다. 이것이 능히 끊는 것이다. 관을 짓고 염불하는 것은 능히 끊는 방편이다.

28 '봉지奉持'는 곧 찰나찰나에 부처님의 말씀을 잊지 않고 찰나찰나에 여래를 어기지 않는 것이다. 즉 일심염불이다. 정토에 태어나기를 구한다면 이 한 생을 구경원만하게 해야 한다.

66. 가명을 무너뜨리지 않음.
경계의 상에 집착하지 않고 지님을 보임

須菩提. 於意云何. 三千大千世界所有微塵. 是爲多不. 須菩提言. 甚多. 世尊.

"수보리야! 그대의 생각은 어떠한가? 삼천대천세계에 있는 티끌이 많다고 하겠느냐?" 수보리가 사뢰었다. "매우 많습니다. 세존이시여!"

01 무릇 일체법은 다 차별의 상이 있다. 그 차별상에 따라서 이름을 세운 것이다. 상은 이 환으로 있는 것으로 이름은 가명이다. 『노자』에 이르기를, "이름을 이름할 수 있으나 항구적인 이름은 아니다."라고 했다.

02 체는 불변이고 상은 항상 변한다. 체는 근본이고 상은 지말이다. 응당히 근본을 버리고 지말을 좇지 말며 상에 미혹하여 체를 망실하지 말아야 하니, 그러므로 응당히 집착하지 말아야 한다. 여의는 것과 집착하지 않음이 같은 듯하지만 세밀하게 살펴보면 같지 않다. 각각 서로 상관되지 않는 것을 일러 여읜다고 한다. 작용을 나타낼 때에 묶이지 않는 이것을 집착하지 않는다고 한다.

03 수행인은 먼저 응당히 체를 증득해야 한다. 체를 밝히려면 먼저 응당히 용을 통달해야 하므로 가히 상을 무너뜨리지 않는 것이다. 비록 용을 통달했더라도 끝내 응당히 체로 회귀해야 하므로 또 가히 상에 집착하지 말아야 한다.

04 다만 이 미진이 많다는 것을 체득해 알면 곧 대천세계가 있되 있지 않음을 안다. 의보와 정보 둘에 스스로 집착하지 말아야 한다.

67. 바로 보임. 미세한 상에 집착하지 않음

須菩提. 諸微塵如來說非微塵. 是名微塵.

"수보리야! 모든 미진을 여래가 미진이 아니라고 말하니 그 이름이 미진일 뿐이고."

01 이 뜻은 앞에 질문한 뜻과 비교해 보면 다시 나아간다. 세계뿐만 아니라 또한 미진微塵도 미진이 아니며 미진 또한 가상이고 가명이다.

02 『능엄경』에 이르기를, "너는 땅의 성품을 관해 보라. 거친 것은 대지가 되고 미세한 것은 미진이 되고 인허진에 이른다."고 했다. 이는 소승인의 석공관析空觀이다. 대승인은 오직 성체 상에 나아가 관찰하여 큰 상과 작은 상을 막론하고 다 이 인연으로 생한 것이고 환으로 있어 바로 그 자리에서 공임을 안다.

03 본래 실체가 아니므로 '비非'라고 했다. 환상이 없는 것은 아니므로 '시명是名'이라고 했다.

68. 광대한 상에 집착하지 않음

如來說世界非世界. 是名世界.

"여래가 세계는 세계가 아니라고 말하니 그 이름이 세계일 뿐이니라."

01 미진이 미진이 아니라고 알았다고 하여 세계가 세계가 아니라고 가히 안다고 말할 수 없다.

02 이 두 구절의 경문을 합해서 그것을 관해 보면 이는 반야를 받아 지니는 자로 하여금 어떤 종류의 경계, 큰 상이나 작은 상을 막론하고 다 응당히 무너뜨리지 말고 집착하지 말게 한 것이다.

69. 신상에 집착하지 않고 지님을 보임

須菩提. 於意云何. 可以三十二相見如來不. 不也. 世尊. 何以故. 如來

說三十二相即是非相. 是名三十二相.

"수보리야! 그대의 생각에는 어떠한가? 가히 32상으로 여래를 볼 수 있는가?"

"볼 수 없습니다. 세존이시여! 왜 그런가 하면, 부처님께서 설하신 32상은 상이
아니라, 그 이름이 32상일 뿐입니다."

01 여래의 성체는 응신의 모습으로 나타나 대천세계를 교화한다. 중생을 위하여
이 보장寶藏을 열어 다 회광반조하고 일체상一切相에 집착하지 않아서 스스
로 본성을 보게 한다. 중생의 자성은 부처님과 더불어 동체이다. 이른바 일진
법계가 이것이다.

02 만약 능히 스스로 본성을 보면 곧 여래를 본다. 만약 상에 집착하면 즉 보는
바가 응신의 상이고 법신의 체는 아니다. 어찌 능히 그것을 일러 여래를 본다
고 하겠는가?

03 32상도 또한 인연으로 생하였기에 당체가 곧 공으로 유有는 즉 유가 아니다.
그러므로 말하기를 즉 "이 상이 아니고 그 이름이 32상"이라고 한 것이다.

04 32상 80종호는 이 응화신의 나타난 바이다. 만약 부처님의 보신이라면 곧 이
수에 그치지 않는다. 이른바 몸에는 무량한 상相이 있고 상에는 무량한 호好
가 있다는 것이 이것이다.

05 이 '대천세계, 32상' 두 구절을 보면 묘한 뜻이 무궁하다. 과연 능히 여기에서
전심전력하여 체득해 알면 반야의 요지가 확 풀려서 분명할 것이다. 다음에
그 뜻을 밝혔다.

06 중생을 잡아 그것을 밝히면 세계는 끝내 티끌 경계가 된다. 취착하면 즉 마
음이 청정하지 못하게 된다. 마음이 깨끗하지 못하면 국토도 깨끗하지 않는
데 어찌 능히 생사를 요달하고 윤회에서 벗어나겠는가? 응신은 이 법신여래
의 나타난 바의 상으로 중생을 위하여 설법하여 중생으로 하여금 다 본래 갖

춘 법신을 증득하게 하고자 한 것이다. 혹시 중생이 이 응신의 상에 취착하면 능히 견성하지 못한다.

07 인과를 잡아 밝히면 대천세계는 중생 동업의 감응한 바이다. 32상은 세존께서 오랜 겁 동안 훈습해 닦아서 이룬 바이다. 이 둘이 모두 인과법을 벗어나지 않는데 인과因果는 곧 인연이 모인 것이다. 인연으로 생하므로 환으로 있는 것이고, 환으로 있으므로 가명假名이다. 인이 있으면 반드시 과가 있어 이 이름을 말하여 중생으로 하여금 인과를 섬뜩하게 여겨 비록 성품이 공하나 상이 있어 터럭만큼도 명백하지 않으면 가히 도망갈 수 없음을 알게 하고자 한 것이다.

08 공空과 유有의 동시를 잡아 아울러 갖추어 밝히면 하나의 '비非' 자를 설하여 유에 집착하지 않게 했다. 하나의 '시是' 자를 설하여 공에 집착하지 않게 했다. 시是라고 말하고 비非라고 말한 것은 이변에 다 집착하지 않게 했다. 몸과 마음의 세계는 다 인연으로 생하여 달리 실다운 법이 없다. 그러므로 유는 즉 유가 아니고 유가 아니면서 유이다. 어찌 동시에 아울러 갖춘 것이 아니겠는가? 의보와 정보도 이와 같아 그 나머지는 가히 알 수 있다. 이변에 집착하지 않는 것이 망념을 끊는 극치이다.

09 구경의 뜻을 잡아 밝히면 세존이 이 두 구절을 설한 것은 중생으로 하여금 철저하게 언어도단·심행처멸의 성품의 체를 깨닫게 하고자 한 것이다. 의보와 정보는 오직 이 인연 화합의 상이다. 경에서 이를 '시명是名'이라고 하여 가명으로 생하나 실로 일찍이 생하지 아니한 것이다. 그러므로 비非라고 설해서 그 본래 생이 없음을 밝혔다. 이미 이른바 생이 없으면 또한 이른바 멸도 없다. 즉 모든 법은 불생불멸이다. 범부는 알지 못하고 미혹하여 실로 생멸이 있는 것으로 삼아 그것을 따라서 망념을 어지럽게 일으킨다. 이러한 연고로 세존께서 가히 연민한다고 설했다.

10 신심身心과 세계는 본래 생멸이 없음을 모름지기 알아야 한다. 생멸상이 있는 것으로 보아 생멸의 이름을 두는 것은 다른 것이 없다. 실로 어리석고 미혹하고 가련한 범부가 망념이 변해 나타난 허상을 허망으로 억지로 이름을 세워 말한 것일 뿐이다. 경에 이른 '시명'이라는 것은 이와 같고 이와 같다. 이것이 시명의 구경의 분명한 뜻이다.

11 만약 염을 여의면 신심과 세계의 이름과 언설이 오히려 존재하지 않는다. 어찌 생멸의 이름이 있고, 또 어찌 생멸을 가히 설한 것이 있겠는가? 이와 같으면 일체의 상을 민절하고 진실한 체에 들어간다. 진여체성은 본래부터 평등여여하다. 종합하면 염이 일어난즉 '비非'이고 아울러 염이 일어나지 않은 것도 또한 아니다. 경에 이른 '즉비則非'는 이와 같고 이와 같다. 이것이 이 즉비의 구경의 분명한 뜻이다.

12 다만 막기(遮)만 하고 비춤이 없으면 다만 민절하기만 하지 존재하지 않는 것으로 곧 요의了義가 아님을 반드시 알아야 할 것이다. 막는 중에 비춤이 있고 민절한 가운데 머무는 것을 둘 줄 알아야 바야흐로 이 구경요의究竟了義이다.

13 학인이 처음으로 마땅히 써야 할 것은 쓸어버리는 공부로 그 옛날의 물들고 오염된 것을 제거함으로써 이 마음으로 하여금 점점 청정을 얻게 하여야 견성의 희망이 있는 것이다.

14 다만 이 공력(功)을 사용하면 편공偏空에 떨어지는 것을 막을 뿐이다. 그러므로 반드시 원융해야 하는데 성과 상에 원융하여 걸림이 없이 자재해야 한다. '시명'이라고 말하고 '비'라고 말한 것은 환으로 있으나 진공을 여의지 않고 상은 성으로 융합하지 않음이 없음을 밝힌 것이다. 그러므로 비록 상을 무너뜨리지 않으나 또한 가히 상에 집착하지도 말아야 한다. '비'라고 말하고 '시명'이라고 말한 것은 진공이 환으로 있는 것에 방해롭지 않으며 성은 상을 드러내지 않음이 없음을 밝힌 것이다. 그러므로 비록 상에 집착하지 않아야 하

나 또한 응당히 상을 무너뜨리지 말아야 한다. 이후에야 걸림 없이 원융하게 된다.

15 이상은 가명을 무너뜨리지 않고 성체로 회귀하는(64~69절) 최고로 정밀하고 최고로 중요한 뜻이다. 만약 이 뜻을 밝히지 못하면 곧 참된 이해가 아닌데 어떻게 능히 행하겠는가? 비록 부지런히 불교를 배우는 데 힘쓰나 반드시 능히 큰 수용을 얻지 못할 것이며, 심지어는 갈림길로 달려 들어가는 것도 스스로 알지 못할 것이다. 그와 반대는 곧 말이 하루에 천 리를 달리는 듯이 수용이 다함이 없을 것이다.

16 반야는 이 사람들이 본래 구족한 지혜이고 청정심임을 마땅히 알아야 할 것이다. 청정심은 머무르는 곳이 방소가 없고 작용함에도 흔적이 없다. 본래 잡아 머무르게 할 수 없고 취하여 얻을 수 없는 것이다. 이른바 "마음의 달이 외롭게 둥글어 빛이 만상을 삼킨다."는 것이다. 『원각경』에 이르기를, "비춤이 있고 깨달음이 있으면 다 이름하여 장애다."라고 했다.

17 부처님께서 반야를 설한 것은 본래 사람으로 하여금 문자에 의지하여 관조를 일으키고 실상을 증득하게 하기 위함이었다. 다만 사람들이 비추고 깨닫는 지혜가 존재한다고 할까 두려워하였다. 하근기의 사람은 심지어 이름과 언어를 향하여 그 가운데서 반야를 찾기도 하였다. 그러므로 특히 '받들어 지닐(奉持)' 때에 '반야는 즉 반야가 아니라'고 말했다. 이와 같은 한 말씀은 바로 받들어 지니는 자의 마음 가운데에 한 자도 머물러 두지 않게 하고자 한 것이지 자취의 상을 더한 것은 아니다. 참으로 이는 잘 드는 칼로 마구 헝클어진 삼 가닥을 베어 버리는 수단이다. 이것이 곧 이 금강반야金剛般若이다.

18 일체법에 즉하고 일체 상을 여의어야 한다. 다시 능히 일체 상을 여의고 일체법을 행해야 한다. 능히 이와 같이 받들어 지니면 바야흐로 세·출세법의 본말변제를 구경까지 통달할 것이다. 이를 일러 '바라밀波羅蜜'이라고 한다.

19 　반야는 다 말함도 없고 설함도 없어 경계와 지혜가 일여하여 실로 하나의 법도 있는 것이 아니다. 법과 법이 반야라는 뜻은 제법일여를 밝힌 것이다.

20 　만약 작은 것은 미진이고 큰 것은 세계이나 인연으로 생하여 성품이 없고 당체가 즉 공이고 다 이 가명임을 깨달아야 한다. 세상의 모든 것이 반야 아님이 없다. 이른바 "미진 속에 앉아서 대법륜을 굴리고 한 터럭 끝에 보왕의 찰토를 건립한다."는 것이다. 온 시방세계가 자기의 광명이다. 또 말하기를, "산하 및 대지가 온전히 법왕신의 드러난 바이다."라고 했다. 다 경계와 지혜가 일여한 뜻이다.

21 　'32상' 한 구절은 반야는 지혜도 없고 얻음도 없음을 밝힌 것이다. 반야가 반야가 아니라는 것은 바로 반야의 올바른 지혜를 나타낸 것이다. 깨달음의 성품은 뚜렷이 밝아 능히 깨닫는 능각能覺도 없고 깨달을 바인 소각所覺도 없다. 청정한 마음속에는 가히 경계의 상이 있지 않다. 총체적으로 마땅히 상에 즉해서 상을 여의는 것으로써 받들어 지닐 것을 보인 것이다.

70. 지니는 복을 결론적으로 나타냄. 목숨을 잡아 보시를 비교함

須菩提. 若有善男子. 善女人. 以恒河沙等身命布施.

"수보리야! 어떤 선남자 선여인이 항하의 모래 수와 같은 몸과 목숨으로 보시한다 해도"

01 　보배 보시는 외재外財이다. 지금 신명으로 보시하는 것은 내재內財가 된다. 외재보다 아득히 무겁다.

02 '항하의 모래 수와 같은 몸과 목숨으로 보시한다(以恒河沙等身命布施)'는 것에서 가히 세세생생에 항상 몸과 목숨으로 보시함을 알 수 있다. 그 하기 어려운 것을 능히 하는 것이 어떻겠는가? 그러나 보시의 상을 잊지 않으면 인하여 유루有漏에 속하게 되어 삼계에서 벗어나지 못한다.

71. 지니는 복이 많음을 밝힘

若復有人. 於此經中. 乃至受持四句偈等. 爲他人說. 其福甚多.

"다시 어떤 사람이 이 경 가운데에 내지 사구게 등을 받아 지녀 다른 사람을 위해 설한다면 그 복이 훨씬 더 많을 것이니라."

01 사구게四句偈 등을 받아 지니는 것이 항하사의 신명身命으로 보시하는 것보다 낫다고 하는데 이것은 어떠한 이치인가? 앞(36절)의 깨끗한 믿음을 내는 것을 도운 까닭으로 인한 것이다. (54절) 해혜解慧를 증장함으로 인한 것이다. 다이 보배 보시로써 비교하여 수승함을 나타냈다. 이는 즉 해혜가 더욱 깊어져 이미 금강의 지혜를 열어서 망념을 끊고 생사 근본을 버릴 줄 아는 것이다. 그 공행功行이 앞에 보이는 것보다 다시 안으로 들어가는 고로 내재로써 수승함을 비교하였다.

02 이 경을 지니고 설할 줄 알지 못하면 금강의 지혜가 곧 좇아 열림이 없다. 비록 많은 겁을 몸과 목숨을 버려 보시하더라도 능히 생사윤회에서 벗어나지 못하고 의연히 고뇌하는 범부일 뿐이다.

爾時須菩提. 聞說是經. 深解義趣. 涕淚悲泣. 而白佛言. 希有. 世尊.
佛說如是甚深經典. 我從昔來所得慧眼. 未曾得聞如是之經. 世尊. 若
復有人得聞是經. 信心清淨. 則生實相. 當知是人. 成就第一希有功德.
世尊. 是實相者則是非相. 是故如來說名實相.

世尊. 我今得聞如是經典. 信解受持. 不足爲難. 若當來世. 後五百歲.
其有衆生. 得聞是經. 信解受持. 是人則爲第一希有. 何以故. 此人無
我相人相衆生相壽者相. 所以者何. 我相即是非相. 人相衆生相壽者
相. 即是非相. 何以故. 離一切諸相. 則名諸佛.

佛告須菩提. 如是如是. 若復有人. 得聞是經. 不驚不怖不畏. 當知是
人. 甚爲希有. 何以故. 須菩提. 如來說第一波羅蜜非第一波羅蜜. 是
名第一波羅蜜. 何以故. 須菩提. 如來說第一波羅蜜非第一波羅蜜. 是
名第一波羅蜜. 須菩提. 忍辱波羅蜜. 如來說非忍辱波羅蜜. 何以故.
須菩提. 如我昔爲歌利王割截身體. 我於爾時. 無我相無人相無衆生
相無壽者相. 何以故. 我於往昔節節支解時. 若有我相人相衆生相壽
者相. 應生瞋恨.

須菩提. 又念過去. 於五百世作忍辱仙人. 於爾所世. 無我相無人相無
衆生相無壽者相. 是故須菩提. 菩薩應離一切相. 發阿耨多羅三藐三菩
提心. 不應住色生心. 不應住聲香味觸法生心. 應生無所住心. 若心有
住. 則爲非住. 是故佛說菩薩心不應住色布施. 須菩提. 菩薩爲利益一
切衆生. 應如是布施. 如來說一切諸相. 即是非相. 又說一切衆生. 則非

眾生.

須菩提. 如來是眞語者. 實語者. 如語者. 不誑語者. 不異語者. 須菩
提. 如來所得法. 此法無實無虛.

須菩提. 若菩薩心住於法而行布施. 如人入暗. 則無所見. 若菩薩心不
住法而行布施. 如人有目. 日光明照. 見種種色.

須菩提. 當來之世. 若有善男子. 善女人. 能於此經受持讀誦. 則爲如
來以佛智慧. 悉知是人. 悉見是人. 皆得成就無量無邊功德.

이때 수보리가 이 경전의 설하는 것을 듣고, 이치를 깊게 깨달아 눈물을 흘리며 부처님께 사뢰었다. "희유하십니다. 세존이시여! 부처님께서 설하신 이 매우 깊은 경전은 제가 옛날부터 얻은 혜안으로는 아직 들은 바가 없습니다. 세존이시여! 만약 다시 어떤 사람이 이 경전을 듣고 믿는 마음이 청정하면 곧 실상을 내며, 이 사람이 제일의 희유한 공덕을 성취하는 것임을 마땅히 알겠습니다. 세존이시여! 이 실상이라고 하는 것은 곧 상이 아니기 때문에, 여래께서 다만 실상이라고 이름 붙였을 뿐입니다.

세존이시여! 제가 이제 이 경전을 듣고, 믿어 알고 받들어 지니는 것은 어려울 것이 없겠습니다. 만약 앞으로 올 후오백세에 어떤 중생이 있어서 이 경전을 듣고 믿어 알고 수지하면, 이 사람은 곧 제일희유가 될 것입니다. 왜냐하면, 이 사람은 아상도 없고 인상도 없고 중생상도 없으며 수자상도 없기 때문입니다. 그 까닭이 무엇인가 하면 아상이 곧 상이 아니며 인상·중생상·수자상도 곧 상이 아니기 때문입니다. 무슨 까닭인가 하면 일체의 모든 상을 여읜즉 제불이라 이름할 수 있기 때문입니다."

부처님께서 수보리에게 말씀하셨다. "이와 같고, 이와 같도다. 만약 또 어떤 사람이 이 경을 듣고 놀라지도 않고 두려워하지도 않는다면, 마땅히 알라! 이 사람은 매우 희유한 사람이니라. 어찌 그러한가? 수보리야! 여래가 설하는 제일바라밀은 제일바라밀이 아니라 이름이 제일바라밀이니라. 수보리야! 인욕바라밀을 여래가 인욕바라밀이 아니라고 설하느니라. 왜 그런가? 수보리야! 내가 옛날 가리왕에게 신체가 찢겨졌을 때에, 나에게는 아상·인상·중생상·수자상이 없었다. 왜 그런가? 내가 옛날에 마디마디 사지를 해체당할 때, 만약 아상·인상·중생상·수자상이 조금이라도 있었다면, 응당 성내고 한스러운 마음을 내었을 것이다.

수보리야! 또 생각하건대, 내가 과거 오백세에 인욕선인이 되었을 때, 그러한 세계에 있으면서 아상·인상·중생상·수자상이 전혀 없었다. 이런 연고로 수보리야! 보살은 마땅히 일체의 상을 여의고 아뇩다라삼먁삼보리심을 발해야 하나니, 응당히 색에도 머무르지 말고 마음을 낼 것이며, 응당히 성·향·미·촉·법에도 머무르지 말고 마음을 낼 것이며, 응당히 머무는 바 없이 마음을 내야 하느니라. 만약 마음에 머무름이 있으면 곧 머무름이 아닌 것이다. 이런 까닭으로 부처님께서 '보살은 응당히 마음을 색에 머물지 말고 보시하라'고 설하시느니라. 수보리야! 보살은 일체중생을 이익 되게 하기 위하여 응당 이와 같이 보시해야 하느니라. 여래께서 설하시기를, '일체 제상은 즉 이 상이 아니고 또 일체중생은 즉 중생이 아니다.'라고 설하셨느니라.

수보리야! 여래는 참된 말만 하는 사람이며, 실상의 말만 하는 사람이며, 진여의 말만 하는 사람이며, 속이는 말을 하지 않는 사람이며, 다른 말을 하지 않는 사람이니라. 수보리야! 여래의 얻은바 법은, 이 법은 실도 없고 허도 없느니라.

수보리야! 만약 보살이 마음을 법에 머물러 보시를 행한다면 마치 사람이 어두운 방에 들어가 보는 바가 없는 것과 같다. 만약 보살이 마음을 법에 머물지 않고 보시를 행한다면 마치 사람이 눈이 있어서 햇빛이 밝게 비추면 갖가지 색을 보는 것과 같으니라.

수보리야! 앞으로 올 세상에 만약 어떤 선남자 선여인이 능히 이 경을 수지독송하면 곧 여래가 부처님의 지혜로 이 사람을 다 알고, 이 사람을 다 보아서 모두 무량무변의 공덕을 성취케 하리라."

72. 해혜를 성취함.
근기에 맞추어 찬탄하고 권함. 이해함을 표함

爾時須菩提. 聞說是經. 深解義趣. 涕淚悲泣. 而白佛言.

이때 수보리가 이 경전의 설하는 것을 듣고, 이치를 깊게 깨달아 눈물을 흘리며 부처님께 사뢰었다.

01 해解와 행行은 종래로 능히 나누어 열지 못하므로 아울러 나아간다고 말했다. 그 반드시 행이 이르러야 바야흐로 능히 해도 이른다는 것이다. 반드시 해가 원만해져야 이후에 행도 원만해진다.

02 수행은 세 지혜를 벗어나지 않는다. 이 경을 설함을 듣는 것은 곧 이 문혜聞慧이다. '깊은 이해(深解)'란 곧 이 사혜思慧이고 수혜修慧이다. 만약 사유하지 않고 관을 닦으면 능히 깊이 이해할 수 없다. 그러므로 해解를 설함에 곧 행行을 섭수하고 있다.

03 이른바 '이치를 깊게 깨달았다(深解義趣)'는 것은 즉 앞의 문장에 설한 바 "마땅히 어떻게 믿음을 내고, 마땅히 어떻게 받들어 지녀야 하는가?" 하는 까닭을 깊이 이해하는 것이다.

04 하나의 깊은 이해를 설하는 것은 믿음과 수행을 섭수함에 그치지 않고 아울러 증득 또한 그 안에 포섭되어 있다. 신해행증信解行證은 실은 하나이면서 넷이고, 넷이면서 하나이다.

05 이 해혜解慧를 성취했다는 경문은 이 경을 연 이래의 귀결처이다. 스승과 제자의 문답의 목적은 법을 듣는 자가 능히 깊은 이해를 열기를 바라지 않음이 없다.

06 경의 처음(3~8절)에 저때에 장로가 '자리를 좇아 일어나고(即從座起)' '즐거이 들

기를 원하옵니다(願樂欲聞)' 하는 등은 무엇으로 환희용약했는가? 이때에 듣고 자 한 바를 듣고 또 다시 깊이 이해했기 때문이다. 참으로 희유하면서 다행 스러운 것은 기쁨이 지극하면 슬픈 까닭이다.

07 '깊이 깨달았다(深解)'는 것은 최초의 '잘 들으라(諦聽)'는 것과 상응한다. 만약 잘 듣지 않았다면 결코 깊이 이해할 수 없다. 그러므로 '이 경의 설함을 듣는 다(聞說是經)'에서 듣는 것은 일반적인 들음이 아니고 이른바 문혜聞慧가 이것 이다.

08 선종의 육조 혜능慧能 대사가 '응당히 머무는 바 없이 그 마음을 내라'는 말을 듣고 돈오頓悟한 것과 같다. 고금에 제2인은 없다. 그러나 가사와 발우를 전 수받은 이후에 오히려 사냥꾼으로 십여 년이나 묶여 있었다. 이것이 바로 부 처님과 조사스님의 가피로 금강지혜의 칼을 간 것이다. 만약 말세에 있으면 더욱 어렵고 어렵다. 만인이 도를 닦으나 성취는 한둘에 불과할 따름이다. 원인이 여기에 있다.

09 다만 또한 가히 어렵다고 하여 스스로 걱정하지는 말아야 한다. 부처님께서 설하신 후오백세에 계를 지키고 복을 닦아 능히 신심을 내는 자라고 말한 것 은 곧 능히 일념 상응하는 것이다. 과연 능히 경을 듣고 실다운 믿음을 내고 티끌 경계는 다 허망한 것이어서 묶이지 않으면 곧 반야의 문에 들어감을 말 한이다.

10 '의義'는 의미와 이치이다. 관문觀門과 행문行門으로 이렇듯 항복받고 이렇듯 끊는 진실한 뜻이 이것이다. '취趣'는 귀취歸趣이고 또 취향趣向이라고 한다. 즉 다음 문장에 '믿는 마음이 청정하면 곧 실상을 낸다'는 것이 이것이다.

11 장로는 세존의 십대제자로 이 경을 듣고 이해하여 슬프게 우는 데까지 이르 렀다. 가히 이 경은 참으로 만나기 어려움을 볼 수 있는데 어찌 가히 가볍게 보며 다시 어찌 가히 마음을 다해 체득해 알지 않을 수 있겠는가?

12   장로가 세존을 향하여 슬피 울며 말한 것은 곧 법계 미래 일체중생을 향하여 슬피 울며 말한 것이다. 뜻이 일체중생을 경책하여 마땅히 속히 무상보리심을 발하여 반야를 받들어 지녀야만 바야흐로 부처님의 종자를 이어 융성하게 하는 것이 되며, 바야흐로 자기의 신령스러움을 등지지 않는다고 하는 데 있다. 정토에 태어나기를 구하는 원력의 마음은 곧 무상보리심이다. 대세지보살이 원만하며 완전한 지혜로 결택하는 것은 바로 위없는 반야법문般若法門이다.

13   종합하면 장로가 기뻐한 것은 중생을 기쁘게 하기 위한 것이다. 장로의 감동은 중생의 감동을 위한 것이다. 그 옛날 일을 부끄러워하여 슬피 울며 펴서 말한 것은 다 중생을 불러일으키기 위한 것이다.

73. 찬탄하고 공경함을 진술함

希有. 世尊. 佛說如是甚深經典. 我從昔來所得慧眼. 未曾得聞如是之經.
"희유하십니다. 세존이시여! 부처님께서 설하신 이 매우 깊은 경전은 제가 옛날부터 얻은 혜안으로는 아직 들은 바가 없습니다."

01   '희유希有'는 두 가지 견해가 있다. 말은 같으나 뜻은 같지 않다. 앞에서는 조금 깨달음으로 인하여 사람이 홀연히 얻기 어려운 보배를 본 것과 같은 연고로 찬탄하여 희유라고 했다. 지금은 진실한 뜻을 깊이 이해한 것이 경쾌하기가 대단한 까닭에 찬탄하여 희유라고 했다. 이 두 자는 부처님을 찬탄하는 데 그치지 않고 겸하여 법을 찬탄하고 스스로 경사스러워하는 뜻이 있다.

02   '매우 깊은 경전(甚深經典)'이라고 설했다. 이 경에 설한 바는 불법의 근본 뜻이

다. 바로 구경의 요의了義이다. 대지·대비·대원·대행의 중도제일의中道第一
義다. 제일의공이다. 이는 믿고 이해하고 받아 지니는 자로 하여금 성불하게
하는 뜻이다. 또 한마디 말과 한 글자는 무궁한 뜻을 함유하고 있는 것이 깊
어서 밑이 없는 까닭에 매우 깊다고 말했다.

03 장로가 이와 같이 스스로 진술했으나 뜻은 대중을 개시하여 이와 같은 깊고
깊은 경전에 절대로 문자에 집착하지 말고, 절대로 밖을 향해 치달려 구하지
말라는 데 있다. 마땅히 육근六根을 포섭하여 자성을 반조해야 한다. (정념이
서로 이어지게 해야 한다.) 견지見地를 열어 경 가운데의 깊고 깊은 뜻을 밝게 이
해해야 한다.

04 사람이 도를 배움에 얕고 깊은 차제가 있어서 털끝만큼 부족해도 얻지 못한
다. 시절인연 또한 털끝만큼 부족해도 얻지 못한다. 대비심을 발한 자는 또
한 다시 성급해도 얻지 못한다. 기機로써 가르침에는 필수적으로 서로 두드
려 주어야 하는 연고이다.

05 가히 간경看經하고 법을 듣는 것으로 반드시 장차 그 옛날의 선입견을 한번에
쓸어 공하게 해야 비로소 계합해 들어갈 희망이 있다. 한번 있는 선입견은 곧
도안을 장애한다.

74. 믿고 이해하기를 권함.
현전을 잡아 권함. 성취를 밝힘

世尊. 若復有人得聞是經. 信心淸淨. 則生實相. 當知是人. 成就第一
希有功德.

"세존이시여! 만약 다시 어떤 사람이 이 경전을 듣고 믿는 마음이 청정하면 곧

실상을 내며, 이 사람이 제일의 희유한 공덕을 성취하는 것임을 마땅히 알겠습니다."

01 청정하면 곧 상相이 없다. 가령 앞에서 육진六塵에 머물지 말고 청정심을 내라는 것과 같다. 바로 티끌 경계에 머무르면 곧 이 상에 집착하는 것임을 밝힌 것이다. 조금이라도 상에 집착하면 청정이 아니다.

02 '신심이 청정하다(信心淸淨)'는 것은 이 문자반야를 믿음으로 말미암아 관조반야를 일으켜 일심청정을 얻는 것을 말한다. 비록 다만 하나의 믿을 '신信' 자만 설했으나 '해解'·'행行'·'증證' 자가 아울러 그 속에 포섭되어 있다.

03 관혜觀慧라는 것은 즉 금강반야를 받들어 지니고 명자·언설을 여의고, 일체 미세하고 광대한 경계에도 집착하지 말고, 아울러 수승한 과를 희망하나 또한 다시 거기에도 집착하지 않아야 한다. 다만 쏜살같이 여법하게 행해 가야 일념도 일어나지 않는다. 과연 능히 일분一分의 허망한 상과 생각을 끊으면 곧 일분의 청정심이 나타나고 다시 일분의 법신을 증득하여 초주初住에 올라 범부를 변화시켜 성인을 이룬다.

04 '실상實相'은 이 성체性體의 다른 이름이다. 성은 본래 구족되어 있어 생함도 생하지 않음도 없다. 지금 '생生'이라고 말한 것은 현전現前의 뜻이다. 앞에서 청정심을 낸다는 것과 더불어 뜻이 같다. 시각始覺이다. 무엇으로 이름할 수 없어서 가명으로 '생'한다고 했을 뿐이다.

05 신심이 청정하면 곧 이 실상이 현전한다. 인하여 그 믿음을 성취하면 곧 마음이 청정한 것이다. 청정심이고 실상으로 다 이 본성이다. 여기서는 생한즉 생이 없다는 뜻을 나타낸 것이다.

06 이른바 증득이라는 것도 또한 가명이다. 실로 증한 바도 없고 실로 득한 바도 없는 것이다. 비단 이것뿐만 아니라 이른바 '신심이 청정하다'는 것도 또한

타인에게 말한 것이다. 이 사람의 마음 가운데는 애초에 스스로 믿음을 성취할 수 없고 애초에 스스로 마음을 청정하게 할 수 없다. 왜 그런가? 조금의 실낱같은 그림자라도 있으면 곧 법상이고 취착하는 것이기 때문이다.

07 '제일희유第一希有'에서 '제일'은 곧 정등正等으로 이미 바로 깨달았으나 다시 평등한 것을 말한다. '희유'는 바른 깨달음이다. 능히 정법으로써 자각하는 까닭에 희유라고 말했다. '공덕功德'이라는 것에서 '공'은 수행의 공을 가리키고 '덕'은 성품의 덕을 가리킨다.

08 복덕福德과 공덕이 같은가, 다른가? 복덕은 과보를 감득하고 공덕은 체와 용을 나타낸다. 복덕은 다분히 유위有爲에 나아가 말한 것이고 공덕은 매양 무위無爲에 나아가 말한 것이다. 이것이 능히 결정적으로 같다고 설하지 못하는 까닭이다. 공덕을 닦아 상에 집착하면 곧 공덕이 복덕을 이루게 된다. 복덕을 닦아 상에 집착하지 않으면 복덕이 곧 공덕이다. 이것이 결정적으로 다르다고 말하지 못하는 까닭이다.

09 일념상응一念相應은 그 일념이 자성청정심과 더불어 상응하는 것을 말한다. 상응의 뜻은 곧 증득이다. 정토종의 일념상응은 미타의 마음의 원과 해와 행이 상응하는 것이다. 이와 같이 정토에 생하기를 구하면 결정코 생을 얻을 것이다.

10 청정심을 낸 사람은 비록 성불하지 못하더라도 도리어 이미 성불의 법을 성취한 것이다. 즉 근진식根塵識의 허상을 여의고 청정심의 실상을 낸 것이다.

11 실다운 믿음을 말미암은 까닭으로 능히 허상을 여의고 실상을 나타내어 일념상응하여 그 공덕으로 이미 제일희유의 보살을 성취한 것이다. 성불의 가능성이 있다.

12 믿음은 도에 들어가는 문이다. 불교를 배움에는 마땅히 처음에 신심信心을 갖추어야 한다. 이 경의 전부는 믿음을 내고, 이해를 열고, 나아가 닦고, 증득

을 이루는 것으로써 그 뜻을 밝히고 있다. 그러므로 우리들이 이 경을 듣고 경 가운데 밝힌 것처럼 어떻게 믿음을 내고, 어떻게 이해를 열고, 어떻게 나아가 닦고, 어떻게 능히 인(因)을 이루는가에 대하여, 처음에 마땅히 낱낱이 믿음으로 들어가야 한다. 그런 후에야 바야흐로 실다운 믿음이 되어 능히 이해를 열어 정밀하게 닦아 증득하는 것이다.

13 일은 즉 일체이고 일체가 즉 일임을 마땅히 알아야 한다. (일은 일에 맡기는 것이지 전일한 것은 아니다.) 『화엄경』에 이 뜻을 밝히고 있다. 그러므로 신(信)·해(解)·행(行)·증(證)을 잡아서 그것을 말했다. 만약 믿음이 주인이 되면 일체가 다 믿음으로 달려간다. 만약 해(解)로써 주인을 삼으면 일체가 또 다 해로 달려간다. 나머지는 유추해 보면 알 수 있다. (주반(主件)의 주는 또한 이 일(一)에 맡기나 오직 하나인 것은 아니다.)

14 법을 들음에는 그 의도가 있는 것을 마땅히 깊이 이해해야 한다. 만약 이름과 말에 집착하면 죽음이 구절 아래에 있어서 불교를 배우는 데 매우 꺼리는 것으로 또한 원융무애한 불법은 아닌 것이다. 즉 신·해·행·증 네 가지는 하나도 긴요하게 관계되지 않음이 없다. 네 자 중 더욱 신과 해가 최고로 긴요함이 된다.

15 『대지도론』권50에 이르기를, "생성과 소멸이 없는 모든 법의 실상 중에서 믿고 받아들여 통달하고, 걸림이 없고 물러나지 않는 것을 무생인이라 이름한다."고 했다. 『대지도론』권73에 이르기를, "무생법인(無生法忍)을 얻은 보살은 이 이름이 아비발치(阿鞞跋致)이다."라고 했다. 『화엄경』에는 8지에서 무생인을 증득한다고 말했다. 『인왕경(仁王經)』은 즉 7·8·9지에 있다. 그러므로 초주(初住)에 오른 자는 번뇌를 점점 끊으면서 증득(分證)한다고 한다. 8지 등을 증득한 자는 이에 원만한 증득(圓證)이다.

16 『관경소(觀經疏)』에 말하기를, "무생인은 이 초지(初地)·초주이다."라고 했다. 지

地와 주住를 아울러 설하니 가히 별교別敎[2]의 초지初地와 원교圓敎[3]의 초주初住의 견지見地가 서로 같음을 볼 수 있다. 또 가히 견지가 원만하지 않은 것은 반드시 지에 올라야 원만해짐을 볼 수 있다. 그러므로 십지보살은 시종 염불을 여의지 않는 것이다.

75. 실상을 밝힘

世尊. 是實相者則是非相. 是故如來說名實相.

"세존이시여! 이 실상이라고 하는 것은 곧 상이 아니기 때문에, 여래께서 다만 실상이라고 이름 붙였을 뿐입니다."

01 이 구절의 경문은 실상과 무엇으로써 그렇게 이름했는가 하는 실상의 뜻을 해석하였다. '이 실상(是實相)'은 '즉 실상이 아니라(則是非相)'고 했다. 바로 이 것은 그 설한 바가 이 성性이고 상相이 아님을 설명한 것이다. 가명으로 실상으로 삼았으나 뜻으로는 성性이 상相의 허망과 같지 않다는 것을 말하기 위한 까닭으로 이름이 실상實相이라고 말하고 있다.

02 불경 가운데에 한마디 말과 하나의 이름이 선교방편이 아님이 없어서 능히 사람들로 하여금 이 말과 이름을 빌려서 가히 이쪽을 좇아서 저쪽을 통달하여 한쪽에 취착하지 않게 한 것임을 모름지기 알아야 할 것이다. 성性은 본래 상相이 아닌데도 또 능히 일체상을 나타내나니 공이면서 공이 아닌 이 성이 진

---

2 별교別敎 : 천태 지의의 8교 중 화법사교의 하나로 별도의 보살만을 대상으로 하는 가르침.
3 원교圓敎 : 부처님의 깨달음 그대로 모든 것을 원융하는 가르침.

실이 되는 까닭이다. 경문에 "이런 연고로 여래가 실상이라고 이름을 설했다(是故如來說名實相)."라고 한 구절은 바로 이 뜻을 나타낸 것이다.

03 상이면서 상이 아닌 것이 색즉시공色即是空이다. 상이 아니면서 상인 것이 공즉시색空即是色이다. 상은 즉 상이 아니고 상이 아닌 것이 즉 상인 것이 바로 이 여래장 진실의 뜻이다. 그러므로 말하기를 "여래가 설했다(如來說)."고 한 것이다.

04 불경 중에 항상 이르기를, 성체는 공적하다고 하였다. 성체의 공을 텅 비어 없는 것으로 삼고 성체의 고요함을 적막으로 삼는 사람들의 오해를 방지하기 위한 까닭으로 다시 성체를 이름하여 '실상實相'이라고 하였다. 실實은 진실로 거기에 있어 텅 비어 없지 않은 것이다. 상이라는 것은 치연히 나타나므로 적막한 것이 아니다.

05 이름하여 '실實'이라 설한 것은 그 묘하게 맑은 총지가 항상하여 변하지 않고 비록 공이나 없는 것도 아님을 나타낸 것이다. 이름하여 '상相'이라 설한 것은 호나라 사람이 오면 호나라 사람을 나타내고 한나라 사람이 오면 한나라 사람을 나타내어 비록 고요하나 항상 비춤을 나타낸 것이다.

06 고덕이 설한 실상의 뜻은 '상도 없고 상이 아닌 것도 없는 것(無相無不相)'이다. 이 설은 매우 묘하고 지극히 간명하다. 성체는 본래 이 상이 아닌 까닭에 무상無相이라고 말한다. 비록 이 상이 아니나 일체 상은 다 인연으로 생하여 일어나므로 또 상이 아님도 없다고 말했다. 상도 없고 상이 아님도 없다는 것이 바로 이 성체의 진실한 모습이다. 상과 상이 아님을 다 여읜 것이 여래장의 진실한 모습이다. 이와 같고 이와 같다.

07 부처님의 설법은 원래 중생의 집착을 깨뜨리기 위한 것임을 마땅히 알아야 한다. 사적인 정에 치우침으로 인하여 집착하고, 집착함으로 인하여 더욱더 사적인 정에 치우치게 된다. 중생이 업을 짓고 고를 받아 윤회를 그치지 못하고

생사를 쉬지 못하는 까닭은 온전히 이로 말미암은 것이다. 세간에 번뇌가 많고 투쟁이 많아 살인하여 성城에 가득 차고 살인하여 들판에 가득 차는 데 이르는 것 또한 이로 말미암지 않음이 없다. 그러므로 세존께서 세상에 오셔서 세상을 구제하고 괴로움을 제도하기 위하여 먼저 이를 깨뜨렸다.

08 중생이 사적인 정에 치우쳐 집착을 이루는 까닭은 다른 것이 없다. 그 지혜가 짧고 얕음으로 말미암아 이것이 치우친 것임을 알지 못하고 이것이 집착인 줄 알지 못하기 때문이다. 그러므로 부처님께서 이르시기를, "정해진 법이 없다(無有定法)."고 하여 그 치우친 집착의 병의 근원을 깨뜨리게 했다. '법法' 자는 넓은 뜻으로 세간법 · 출세간법을 두루 포섭해서 말한 것이다.

09 불교를 배움에 반드시 관觀을 닦는 것이 필요하다. 관조원융觀照圓融의 불교 이치로 곧 능히 여태까지의 관념을 변화시켜 그 치우친 집착의 병을 교화하는 것이다. 관이 깊으면 이후에 이치의 깊음을 보게 된다. 관이 원만하면 이후에 이치의 원만함을 보게 된다. 이치의 깊음을 보면 관이 더욱 깊어지고, 이치의 원만함을 보면 관이 더욱 원만해진다. 이와 같이 계속해서 닦아 익히면 지혜가 즉 계속해서 더욱 밝아진다. 이미 자기도 모르는 사이에 정情에 집착하는 것이 점점 변화하여 망념이 잠잠히 사라진다. 염을 끊는 묘한 작용이 여기에 있다.

10 대승경전을 다독하여 그 견문을 넓히지 않으면 안 된다. 다시 고요한 뜻으로 깨달아 비추어서 그 깊고 미묘함을 알아야 한다. 정定과 혜慧가 그 중에 있다. 과연 능히 이와 같기만 한다면 비단 각종의 공행功行을 닦을 뿐만 아니라 다 자재하게 수용을 얻는다. 일체 세법世法에 대하여 다 나아가고 물러남에 넉넉함을 얻는다. 범부를 변화시켜 성인에 들어가는 것의 기초가 이에 있다.

11 고요한 밤 새벽녘에 자기의 심중을 향해서 관조하라. 경계를 대하고 인연을 따를 때에도 일체 법상法上을 향하여 관조하라. 이에 의지하여 차제로 설한

모든 뜻을 깊이깊이 관조해야 한다. 곧 수용이 무궁할 것이다.

12 학인이 실상을 보게 하고자 하면 마땅히 고요한 마음으로 '일체가 다 비(一切皆非)'라는 것 위에서 깨달아 이해해야 한다. 만약 실상이 곧 이 비상非相임을 깨닫고 심중에 조금이라도 상과 상이 아닌 것의 그림자가 있음을 깨닫는다면 곧 실상이 아니다. 수행하여 힘써 공부에 손을 댈 곳은 즉 모름지기 마음을 일으키고 생각을 움직이지 않을 때에 정밀히 관조하는 것이다.

13 마땅히 알라. 염두念頭가 일어나지 않으면 그친 것이고 일어나면 곧 아니라는 것은 염을 여의는 날카로운 칼과 날카로운 도끼이다. 어찌 최고로 묘한 관문觀門이 아니겠는가?

14 육도만행을 낱낱이 여법하게 정진 수행하면 일찍이 그 가슴 가운데에 응어리가 없게 된다. 낱낱이 정진하면 무너지지 않고 상 아님도 없다. 심중에 만약 그 일이 없으면 집착하지 않고 상도 없다. 일체 세간법에서 일이 오면 곧 응하고 일이 가면 쉬게 된다. 비록 쉬나 능히 응하고 비록 응하나 능히 쉰다. 이른바 끌어와 일으키고 놓아서 내리는 것이 이것이다.

15 이와 같이 오래오래 하여 사구四句를 다 여의는 뜻을 체득해 알면 힘써 행해야 한다. 곧 능히 성취하여 응할 때가 곧 쉴 때이고 쉴 때가 곧 능히 응할 때이다. 자연히 이변에 집착하지 않고 사구四句를 다 여의어야 이것이 또 최고로 묘한 행문行門이 된다. 인생에서 최고로 누리는 것은 이와 같고 이와 같다.

16 만약 일체법이 실實이고 또한 실이 아니며, 실이 아니고 또한 실임을 알면 곧 일체 법상이 즉 상이 아니며 상이 아닌 것이 상임을 알게 된다.

17 부처님께서 설한 일체법은 다만 환상이고 실체가 없다. 체體는 오직 깨끗한 마음이다. 그러므로 "만법이 오직 마음(萬法唯心)"이라고 말했다. 또 "마음 밖에 법이 없다(心外無法)."고 말했다. 그러므로 가히 제법에 나아가서 실상을 밝힌 것이다. 제법의 실상實相으로 인한즉 성性인 까닭이다.

18 『대승기신론』에 이르기를, "일법계一法界를 알지 못함으로 인하여 깨닫지 못하고 염을 일으켜 무명無明이 있고 드디어 중생을 이루었다."고 했다. 일법계는 일진법계一眞法界이다. 십법계 만상삼라萬象森羅가 진여여서 즉 하나이다. 일체가 동체인 뜻이다.

19 만약 일체법의 진실한 상황을 알면 공과 유가 동시 아님이 없다. 즉 위로 시방제불로부터 아래로 일체중생에 이르기까지, 산하대지와 정情과 무정無情까지 미친다. 다 깨끗한 마음으로 체를 삼지 않음이 없다. 깨끗한 마음의 실상은 본래 공과 유가 동시인 까닭으로 일진법계라 말하고 또한 제법일여諸法一如라고 말한다.

20 일체법은 다 마음으로 말미암아 나타난 것을 알아야 한다. 일체가 실이라는 것은 일체법이 엄연히 눈앞에 있는 것이다. 이 말은 무에 집착하는 것(執無)을 깨뜨린다. 일체가 실답지 않다는 것은 일체법은 당체當體가 즉 공이기 때문이다. 이 말은 유에 집착함(執有)을 깨뜨린다. 만약 공과 유가 동시임을 알면 가히 공과 유를 다 설할 수 없음을 볼 것이다. 그 분별을 쓰는 바가 어디인가?

21 만약 구경의 뜻을 잡아 철저하게 그것을 설하면 보낸다고 말하니 일체를 보내는 것이다. 보내지 않는다고 말하니 일체를 보내지 않는 것이다. 무릇 보낸다고 말하는 것은 집착함으로 인한 까닭에 보내는 것을 마땅히 알아야 할 것이다. 만약 집착하는 바가 없으면 보낼 바가 없다. 그러므로 공空과 유有 동시 또한 가히 집착하지 말아야 한다. 집착하면 또한 응당히 보내야 한다.

22 정情으로 보는 견해를 만약 비우면 공空과 유有가 동시라고 설하는 것이 또한 가능하다. 즉 사구를 설하는 것도 또한 어찌 일찍이 가능하지 않겠는가? 만약 공하지 않으면 사구를 설하는 것은 진실로 불가능하다. 즉 공과 유가 동시라고 설하는 것도 또한 가능함을 볼 수 없다. 부처님 문중에서는 한 법도 세우지 않고 또한 한 법도 버리지 않는다.

76. 당래를 잡아 권함.
지금을 경사스러워하고 뒤를 권함.
스스로 경사스러워함

世尊. 我今得聞如是經典. 信解受持. 不足爲難.

"세존이시여! 제가 이제 이 경전을 듣고, 믿어 알고 받들어 지니는 것은 어려울 것이 없겠습니다."

01 '신해수지信解受持' 한마디 말은 비단 능히 믿어 알고 받들어 지닐 뿐만 아니라 또 능히 해解와 행行이 아울러 나아가 물러나지 않는다는 것을 밝힌 것이다.

02 장로의 몸으로 부처님의 세상을 만나 법法을 듣고 과果를 증득하고 능히 공空의 뜻을 이해했다. 이것이 스스로 경사스러워하며 "족히 어려움이 없겠습니다." 하고 말하는 까닭이다. 바로 말세에 큰 어려움이 됨을 나타낸 것이다.

03 말세 중생은 이미 부처님을 만나지 못하여 듣기가 매우 어렵고 믿고 알아 받아 지니기 어려운데도, 필경에 듣고 필경에 믿고 알아 받아 지닌다. 그는 진실로 어려운 것을 능히 하여 귀하다. 그 근성은 멀리 나보다 수승하다고 하여 후배들을 북돋우는 마음이 간절하고 지극한 것이 아니겠는가!

77. 널리 권함

若當來世. 後五百歲. 其有衆生. 得聞是經. 信解受持. 是人則爲第一
希有.

"만약 앞으로 올 후오백세에 어떤 중생이 있어서 이 경전을 듣고 믿어 알고 수
지하면, 이 사람은 곧 제일희유가 될 것입니다."

01 '후오백세後五百歲'는 즉 부처님 입멸 후 다섯 번째의 오백 년 즉 말법의 처음을
가리킨다. 지금은 즉 3022년이므로 이미 일곱 번째의 오백세 초에 있다. 경에
서 무릇 후오백세라고 한 것은 또한 다섯 번째로 한정하지 않고 총체적으로
이 말법의 시대를 밝혔을 따름이다.

02 『능엄경』에 말하기를, "이때의 중생은 투쟁鬥諍이 견고하여 도에 들기 매우 어
렵다."라고 했다. 투쟁은 집착을 일으키고 집착은 분별을 일으키며 분별은
아견을 일으킨다. 불법은 즉 오롯이 이 병을 다스리는 것이다.

03 가히 금일 사람을 구제하고자 하는 마음으로 세상의 운수를 돌이키는 것은
오직 불법을 널리 펼쳐야 한다. 바로 이것이 병의 증상에 대한 좋은 처방인 까
닭이다.

04 투쟁이 견고한 사람은 그 장애가 깊고 업이 두터워 가히 안으로 앎을 갖추지
않음으로 인한 것이다. 성인과의 거리가 멀고 선지식이 적은 것을 더하면 인
연이 두 가지가 모자란다. 이 깊은 경을 단지 수지하기 어려울 뿐만 아니라
믿고 이해하기도 어렵다. 만일 이 세 가지 어려움이 없는 자는 오래도록 선근
을 심지 않아도 결정코 부처님이 보낸 것임을 가히 알 수 있다. 그러므로 제
일희유第一希有라고 한 것이다.

05 말세에 있으면서 이 깊은 경을 듣고자 하면 반드시 수승한 인(勝因)을 갖추어

야 바야흐로 능히 수승한 연(勝緣)을 만나야 한다. 들으면 곧 능히 신심을 내고 이해를 열고 계를 지키고 복을 닦아야 한다. 계를 지키는 것은 물든 인연을 단절하여 스스로를 이익 되게 하는 기초이다. 복을 닦는 것은 성품의 덕을 발전시키는 것이고 자타를 둘 다 이익 되게 하려면 반드시 모든 부처님의 섭수함을 입어야 한다. 스스로 이 경에 능히 신심을 내는 이것으로써 실다움을 삼는다는 것은 진실한 뜻을 이해하는 것이다.

78. 그 까닭을 해석해 나타냄. 바로 유에 집착하지 않음을 나타냄

何以故. 此人無我相人相衆生相壽者相.

"왜냐하면, 이 사람은 아상도 없고 인상도 없고 중생상도 없으며 수자상도 없기 때문입니다."

01 위에 말한 이 사람은 곧 이 제일희유第一希有한 사람이다. 이 아래 세 구절로 바로 그 까닭이 그러함을 해석해 밝힐 것이다.

02 말세 중생도 반드시 반야 근성을 갖추고 있어 아我와 법法 등의 집착에 견주면 얕다. 바야흐로 능히 혼탁한 악세 중에 이 법을 들으면 보통의 흐름을 초과하여 믿어 이해하고 받아 지닐 수 있다.

79. 공에 집착하지 말아야 함을 전전히 나타냄

所以者何. 我相即是非相. 人相衆生相壽者相. 即是非相.

"그 까닭이 무엇인가 하면 아상이 곧 상이 아니며 인상·중생상·수자상도 곧
상이 아니기 때문입니다."

01 아는 본래 인연으로 생겨나 환으로 있는 것이다. 마땅히 그 환의 상이 나타
날 때에 즉 유有가 아닌 까닭에 말하기를, "아상은 즉 상이 아니다(我相即是非
相)."라고 했다. '인상·중생상·수자상도 즉 상이 아니다(人相·衆生相·壽者相, 即
是非相)'라고 한 이치 또한 이와 같다.

02 일체 법상은 다 이 환의 상으로 본래 진실이 아니다. 바로 그 유가 곧 공이라
는 것을 밝힌 것이다. 그런 까닭으로 여읠 수 있다. 비유하자면 눈에 병이 있
어 공화空花를 볼 때 꽃이 있는 곳이 빈 곳인 것과 같다. 구태여 꽃을 멸하고
달리 공을 취할 필요가 없다. 눈병을 깨끗하게 하면 꽃은 저절로 없다. 이도
또한 이와 같다.

03 성性을 잡아 말하면 일진법계는 본래 차별이 없고 본래 항상하다. 어찌 아상·
인상·중생상·수자상이 있겠는가!

04 상相을 잡아 말하면 오온이 본래 공하여 아·인·중생이 오온의 임시화합이
고 본래 다 공한 것이다. 이른바 수자상은 찰나찰나 흐르고 흘러 찰나에 생
멸하는 것이 상속되니 또한 즉 상이 아니다.

05 『능엄경』에 말한 바, "비록 일체 견문각지를 멸하고 안으로 그윽하고 한가로
움을 지키나 오히려 이 또한 법진 분별의 그림자가 된다."고 했다. 그 병은 하
나의 '수守' 자에 있다. 지키는 바가 있으면 곧 집착하는 바이다. 무슨 연고로
이와 같은가? 견지가 철저하지 못한 까닭이다.

06 지금 이 사람이 이미 아·인 등의 상이 즉 상이 아니라는 것을 꿰뚫어 보고 능히 일체 상이 있은즉 유有가 아닌 것을 훤히 밝힌 것이다. 그러므로 보는 것이 보지 않는 것과 같다. 비록 만상이 어지럽게 날리나 가슴은 태연하다. 지혜가 삼공에 통한 참으로 대근기이다. 그러므로 제일희유라고 말한 것이다.

80. 이름이 제불임을 결론적으로 나타냄

何以故. 離一切諸相. 則名諸佛.

"무슨 까닭인가 하면 일체의 모든 상을 여읜즉 제불이라 이름할 수 있기 때문입니다."

01 만약 능히 '일체 모든 상을 여의면(離一切諸相)' 곧 법신을 증득하므로 '즉 이름을 제불(則名諸佛)'이라고 하였다.

02 '제불諸佛'은 두 설이 있다. 하나는 시방삼세 제불이다. 하나는 초주初住 이상 극과極果 이전으로 이름이 분증각分證覺이고 또한 분증불分證佛이다. 함께 42위에 있으므로 이름하여 제불이다.

03 이 사람은 능히 일체의 상을 여의고 이미 법신을 증득했다. 또한 곧 신심이 청정한즉 실상을 낸다고 했고, 제일로 희유한 공덕을 성취할 것이라고 했다.

04 이른바 '실상', '제불'은 다 이 가명이어서 다 가히 집착하지 말아야 한다. 그러므로 응당히 일체를 등지고 일체를 멀리 여의어야 신심이 바야흐로 청정해질 것이다.

81. 여래가 인가하고 뜻을 천명함. 인가

佛告須菩提. 如是如是. 若復有人. 得聞是經. 不驚不怖不畏. 當知是
人. 甚爲希有.

부처님께서 수보리에게 말씀하셨다. "이와 같고, 이와 같도다. 만약 또 어떤 사
람이 이 경을 듣고 놀라지도 않고 두려워하지도 않는다면, 마땅히 알라! 이 사
람은 매우 희유한 사람이니라."

01 『천친론天親論』에 이르기를, "경驚은 이 경전이 올바른 도의 행이 아닐까 두려
워하는 것을 말한다. 포怖는 능히 의심을 끊지 못한 것을 말한다. 외畏는 경
포함으로 말미암아 기꺼이 닦고 배우지 못하는 것을 말한다."라고 했다. 「지
자 대사의 소疏」에 이르기를, "처음에는 경을 듣고 놀라지 않았다. 다음으로
뜻을 생각하여 두려워하지 않았다. 뒤에는 수행을 두려워하지 않았다."고 했
다. 논과 소를 합하여 그것을 관해 보면 '놀라지 않는 것(不驚)'은 즉 믿음이
다. '두려워하지 않는 것(不怖)'은 즉 이해하는 것이다. '두려워하지 않는 것(不
畏)'은 즉 받아 지니는 것이다.

02 법을 듣는 자는 법은 본래 정해진 것이 없고 부처님은 사람을 속이지 않음을
마땅히 알아야 할 것이다. 구태여 놀라고 두려워하며 의심하고 두려워할 필
요 없이 믿고 이해하고 받아 지니는 바람을 얻기를 바라노라.

82. 뜻을 천명함. 관행과 상을 여읜 뜻을 열어 밝힘. 반야를 잡아 밝힘

何以故. 須菩提. 如來說第一波羅蜜非第一波羅蜜. 是名第一波羅蜜.

"어찌 그러한가? 수보리야! 여래가 설하는 제일바라밀은 제일바라밀이 아니라 이름이 제일바라밀이니라."

01 '제일바라밀第一波羅蜜'은 반야를 가리켜 한 말이다. '여래설如來說'은 성性을 잡아 설함을 표한 것이다. 성체가 공적하여 상을 여읜 까닭에 '비非'라고 했다. 성체는 비록 상이 없으나 일체 상은 다 성을 인연하여 일어나는데 이 제일바라밀 또한 성으로 인연하여 일어난다. 그러므로 '시명是名'이라고 했다. 상은 성을 여의지 않으며 응당히 성으로 회귀해야 함을 밝힌 것이다.

02 이 구절의 경의 뜻은 매우 지극하고 지극히 중요하다. '제일바라밀' 세 구는 바로 놀라지 않음으로부터 나아가 희유까지를 설명하고 있는 까닭이다.

03 반야般若를 제일바라밀이라 칭한 것은 반야는 다른 바라밀의 어머니가 되기 때문이다. 모든 바라밀에 다 반야가 내재해 있음으로 인하여 '바라밀波羅蜜'이라 칭하는 것이다. 이 모든 바라밀은 능히 반야를 여읠 수 없고, 반야 또한 모든 바라밀을 여의고 달리 있는 것은 아니다. 비록 달리 있지는 않으나 제일이라는 이름이 없는 것은 아니므로 말하기를 '시명是名'이라고 했다. 다 가히 집착하지 말아야 함을 밝힌 것이다.

04 부처님께서 설한 법은 하나의 법도 능히 반야를 여의는 것이 없다. 즉 보살도, 보살행, 다섯 가지 덕, 세 가지 복, 여섯 가지 화합(六和), 삼학, 십바라밀, 열 가지 원이다. 평상시에 사람이 물건을 접하는 낱낱이 반야 아님이 없다. 이로 말미암아 가히 법과 법이 반야를 여의지 않으며, 법과 법이 다 원융하며

다 가히 제일이라 이름할 수 있음을 알 수 있다. 즉 반야를 제일이라 칭한 것은 가명이다. 마땅히 '아니라(非)'고 설하고 '시명'이라고 설함을 깨달아 얻음으로 말미암은 것이다. 그 상에 집착하는 병을 비우지 아니함이 없고 아울러 그 상을 무너뜨리지도 않았다.

05 만약 반야의 뜻을 밝히지 못하면 비록 기타의 원융한 경론을 독송하나 이미 근본의 뜻 위에서 공부하지 않았는데 그 견지가 어떻게 능히 철저하겠는가! 견지가 철저하지 못하면 또 어찌 능히 원융하겠는가!

06 부처님께서 설한 법은 본래 법과 법이 다 원만하다. 배우는 자는 반드시 때때로 이 원만한 뜻으로써 자기의 마음상에서, 일체의 법 위에서 미세하고 정밀하게 관조해야 한다. 정진하여 힘써 공부하여 그 치우친 집착의 범부의 정을 제거해야 한다. 그런 후에 자기의 원만한 이해를 가히 열기를 바라노라.

07 불교를 배울 때는 마땅히 시기時機를 잘 살펴야 한다. '기機'는 근기根機이고 기연機緣이다. 이른바 '시時'는 저 남북조 시대 북위北魏와 남량南梁에 크게 불법을 넓혀져 강의하는 자리가 지극히 성대했다. 그러나 문자상文字相에 취착하였다. 그러므로 달마達摩가 동쪽으로 와서 문자를 세우지 않고 곧장 본심을 가리켜서 바로 시대의 병을 상대하였다.

08 지금은 즉 대부분 불교의 이치를 밝히지 못하여 마땅히 널리 독경을 권하여 그 비고 쇠락한 것의 약으로 삼게 하였다. 문자를 세우지 않는 것을 지금에는 오히려 선설하지 않는다. 그러므로 대자대비대원을 발하여 복을 닦고 계를 지켜 일심으로 염불하여 석가釋迦와 미타彌陀 양위의 대선지식을 친근히 하는 편이 낫다. 한편으로는 이 경의 뜻으로써 자기의 마음을 관조하여 그 범부의 정을 보내야 한다. 한편으로는 간절히 이름을 지녀서 중생과 함께 정토에 태어나기를 구하여 보리의 원을 원만히 해야 한다. 현세 수행은 이 법을 넘는 것이 없다. (이것이 강미농 거사가 일생 지니고 닦아서 충분히 이해한 것이다.)

09 반야가 나머지 다섯 바라밀을 여의고 달리 있는 것이 아니라 나머지 바라밀이 다 행문行門이다. 가히 반야가 비록 공의 뜻을 밝혔으나, 공의 뜻이 능히 실행을 여의지 않고, 즉 반야가 절대 치우친 공이 아닌 것은 분명하다.

10 다섯 바라밀이 반야를 여의면 바라밀이 되지 않으며 곧 능히 저 언덕에 이를 수 없다.

83. 나머지 바라밀을 잡아 밝힘. 바로 밝힘

須菩提. 忍辱波羅蜜. 如來說非忍辱波羅蜜.

"수보리야! 인욕바라밀을 여래가 인욕바라밀이 아니라고 설하느니라."

01 '나머지 바라밀'은 보시·지계·인욕·정진·선정 등을 가리킨다. 이는 만법의 총강總綱으로 즉 일체법을 다 포섭하지 아니함이 없다. 법과 법이 다 상을 여의면 곧 법과 법이 반야를 여의지 않는다.

02 지금 단독으로 '인욕忍辱'을 들어 말한 것은 인욕이 최고로 상을 여의기 어려운 까닭에 특별히 이를 들어 나머지 것의 개요로 하였다. 부처님께서 이를 설한 뜻은 중생들로 하여금 하나를 듦으로써 셋을 되돌리게 하는 데 있다.

03 반야는 즉 나머지 다섯 바라밀 안에 있어 능히 홀로 존재할 수 없다. 만약 인욕법을 행함에 반야를 배우지 않으면 곧 인욕법상을 여의어야 함을 알지 못한다. 법상을 여의지 않았기에 성내고 한탄할 것이다. 인욕의 공행功行으로 그것을 깨뜨렸다. 가히 반야가 이 다른 바라밀과 함께 행해야 할 법이며 달리 행할 법이 아님을 볼 수 있다.

04 반야는 공空이고 다른 바라밀은 유有이다. 공과 유는 본래 동시로 가히 여읠

수 없다. 그러므로 마땅히 양변에 집착하지 말고 중도로 회귀해야 한다.

05 보살행에 반야가 주가 되는 것은 즉 공이 주가 되는 것이다. 공이 주가 되는 까닭으로 비록 응당히 유를 무너뜨리지 않으나 응당히 유에 집착하지도 않는다. 비록 중도로 회귀하나 중도 또한 집착하지 않아야 한다. 이것이 부처님과 보살이 대공삼매大空三昧로써 구경을 삼은 까닭이다. 지혜도 없고 얻음도 없는 것으로써 아뇩다라삼먁삼보리를 얻는다.

06 반드시 이와 같이 한 후에 가히 형상을 따라 육도六道에 백천억 화신을 나타낸다. 비록 일체법을 치연히 생하나 일심은 담연하여 본래 생하는 바가 없다. 이를 일러 대자재를 얻었다고 하고 이를 일러 대수용을 얻었다고 한다. 일체 고액苦厄을 건너는 것은 전적으로 이것에 의한 것이다. 이것이 이 반야구경의 뜻이다. 배우지 않고 문에 들 수 없고 능히 구경이 되지 못한다.

07 반야는 이理이고 지혜이고 관문觀門이다. 모든 바라밀은 사事이고 경계이고 행문行門이다. 이와 사는 종래로 여의지 않고 관과 행과 종요로이 아울러 나아가야 경계와 지혜에 모름지기 쌍으로 계합한다.

08 범어 '찬제羼提'는 그 뜻이 마음을 안정하고 인내하는 '안인安忍'이고 또한 '인욕'이다. 안인은 총명總名이고 인욕은 이 별명別名이다. 총체적으로 마음을 편안히 수순하고 받아들이는 것이다.

09 도를 배우는 사람이 곳곳에서 시시각각 다 응당히 안심부동安心不動해야 한다. 무슨 일을 행하고, 무슨 경계를 만나고, 무슨 법을 닦고를 막론하고 다 응당히 일심으로 바르게 받아들여야 한다. 곧 이름이 '인忍'이 된다.

10 모든 법은 본래 생하지 않는다는 관을 닦는 것과 같아서 망념이 일어나지 않아야 한다. 그 마음이 이미 이 법을 바르게 받아들이고 안주하여 움직이지 않게 된다. 그러므로 이름하여 무생법인無生法忍이라고 했다. 또한 이름이 무생을 증득했고 무생을 깨달았다고 하는 것이다.

11 세간법을 잡아 말해도 또한 그러하다. 부귀는 능히 음탕할 수 없고, 위풍당당하여 능히 굴할 수 없고, 빈천하여 능히 전이하지 못한다. 이것이 곧 고인들이 말한바 꾹 참고 견디라고 한 것이다.

12 이로 말미암아 가히 마음을 안정하고 인내하는 것(安忍)이 일체를 통괄하는 이름임을 알 수 있다. 인욕을 들어 말한 것은 뜻이 일부로써 전체를 평가하고 별로써 총을 밝히는 것임을 알 수 있다. 왜 그런가? 세간에서 최고로 참기 어려운 것은 아무런 이유 없이 욕됨을 당하는 것이다. 기타는 가히 알 수 있다.

84. 이끌어 와서 증명함. 본겁의 일을 이끌어 옴

何以故. 須菩提. 如我昔爲歌利王割截身體. 我於爾時. 無我相無人相無衆生相無壽者相. 何以故. 我於往昔節節支解時. 若有我相人相衆生相壽者相. 應生瞋恨.

"왜 그런가? 수보리야! 내가 옛날 가리왕에게 신체가 찢겨졌을 때에, 나에게는 아상·인상·중생상·수자상이 없었다. 왜 그런가? 내가 옛날에 마디마디 사지를 해체당할 때, 만약 아상·인상·중생상·수자상이 조금이라도 있었다면, 응당 성내고 한스러운 마음을 내었을 것이다."

01 가리왕歌利王의 일은 본겁에 있었다. 즉 현겁賢劫이다. 세존은 주겁住劫 중의 제9 감겁減劫에 세상에 출현하셨다. 그때의 사람들의 수명은 보통 100세에서 7, 80에 이르렀다. 손가락으로 지금에 이르는 것을 헤아려 보면 지금 장차 3022년이다. 그러므로 지금의 수명은 70이 최고가 된다. 40, 50이 보통이다. 이것이 종이 위에 알려진 보통 보는 바의 것이다. 족히 부처님의 말씀을 따져

보면 헛된 것은 아니다. 세간에 100세를 넘는 자는 지극히 희소하다. 이는 반드시 특별한 선한 인이 있어야 바야흐로 능히 이에 이르는데 이것은 예외로 한다.

02 이때에 태어난 것은 오직 대중을 인도하여 함께 불법으로 돌아가는 데 있다. 계를 지키고 복을 닦아 좋은 인(善因)을 심으면 반드시 선과善果를 얻는다.

03 부처님께서는 일체는 오직 마음으로 만들어졌다고 했다. 또 일체법은 환상이 아님이 없다고 말했다. 그러므로 수명과 세상일이 정해진 수가 있으나 실은 즉 정해져 있기도 하고 정해지지 않기도 하여 일은 사람에게 있을 뿐이다. 다시 마땅히 널리 대비심을 발하여 일심으로 염불하여 정토에 태어나기를 구해 일개 구경을 얻어야 한다. 즉 세간·출세간법은 다 일개의 판별하는 법이 있다. 부처님의 은혜를 보답하는 것이 이에 있고, 일체의 괴로움을 구하는 것도 이에 있고, 보리의 원을 만족시키는 것도 또한 이에 있다.

04 가리왕의 일은 강미농의 『금강경 강의』 권3 110쪽(강미농의 『금강경 강의』 559~560쪽, 양관 옮김, 담앤북스)을 보라. 이 왕은 즉 교진여憍陳如 존자의 전신이다.

05 아我·인人 등 상이 없기 때문에 바야흐로 능히 인욕상에 집착하지 않았고, 면전에 경계가 현전하더라도 안심부동하여 능히 그 신체를 베어 버리는 일을 당하여서도 이 느닷없는 욕됨을 참았다. 이 느닷없는 욕됨을 인욕한 것은 타인이 그것을 보고 그렇게 말한 것이 아니다. 보살이 그때에 만약 그러한 일이 없었다면 이른바 욕됨과 욕되지 않음, 참음과 참지 않음도 없었을 것이다. 이것이 인욕이 인욕이 아닌 것이다. 그러므로 안으로 능히 참는 것을 보지 않아 아상我相이 없다. 밖으로 욕된 바를 보지 않아 인상人相이 없다. 아울러 신체를 베는 일 또한 보지 않았기에 중생상이 없고 수자상이 없다.

06 반야의 바른 지혜가 현전한즉 일진법계를 통달한다. 일진법계 중에 어찌 아·

인·중생, 부처, 생과 사 등의 상대되는 상이 있으리오. 사상四相이 다 없으면 만 가지 생각이 다 고요하다. 무엇을 이른바 욕되다고 하며 무엇을 이른바 참는다고 하겠는가? 이렇게 앎으로 일체 행문이 반야에 의지하지 않아 능히 성취하지 못함을 알 수 있다.

07 모든 수행인이 반야에 의지하지 않으면 걸림이 없을 수 없어 능히 자재를 얻지 못하고 능히 피안에 이르지 못한다.

08 세간의 사람은 능히 사람 사람들이 이와 같이 성취하지 못한다. 다만 능히 인·아 분별의 견해만 조금 조금 경감하면 투쟁 또한 반드시 감소된다. 세계가 그 자리에서 태평해지고 편안히 머물고 즐겁게 일할 것이다. 그런 까닭으로 반야는 부처님 가르침의 참된 정신으로 위없는 법보이니 가히 잠깐이라도 여의지 말아야 할 것이다.

09 반드시 인·아 등 분별의 상을 여의고 그 마음으로 하여금 일념도 생하지 않고 안주부동하게 해야 한다. 그런 후에 은혜와 원한을 얻음이 평등해지고 대자비의 선정을 성취한다. 그런 후에 비록 극대의 역경계 악연을 만나더라도 진한瞋恨을 내지 않게 된다. 성내고 원망함이 터럭만큼도 없게 된 연후에 널리 중생을 제도하고 보리의 원이 원만해진다.

10 인욕은 쉽지 않다. 오래오래 반야를 수학하여 대공삼매를 얻지 아니하면 바로 홀연히 극대한 역경계의 악연을 만나 성내는 마음이 조금 움직이면 앞의 공을 다 버리게 된다.

11 보살이 회복되기를 발원함에 곧 회복되어 옛날과 같음을 얻는 까닭에 세 뜻이 있다. 첫째, 부처님의 가피인 까닭이다. 둘째, 대자비인 까닭이다. 셋째, 마음이 청정한 까닭이다. 관조하면 공행功行이 깊고 진해져 일심청정一心淸淨할 것이다. 이때에는 자비와 원력의 힘이 위대하여 비할 바가 없다. 원顯이 있으므로 이루어질 것이다. 이를 일러 제불의 가피로써 또한 가능하고 이를 일

러 오직 마음이 나타난 바라서 또한 가능하다고 말한다.

12 성냄과 원한은 수행인이 크게 꺼려야 할 것이다. 어느 때에 있고, 어떤 경계를 만나고, 어떤 법을 닦고를 막론하고 다 끊고 끊어 가히 성내지 말아야 한다.

13 세상일은 몽환 아님이 없는데 뜻과 같고 뜻과 같지 못한 것을 구태여 참으로 인식할 필요가 있겠는가? 이를 알지 못하고 오히려 어떻게 깨달을 수 있겠는가? 그러므로 성내는 마음을 한 번 일으키면 보리의 종자가 곧 완전히 소멸된다.

14 부처님이 말씀하시기를, "보리심을 망실하고 모든 선善을 닦으면 마구니가 섭수해 지닌 바가 된다."고 하였다. 보현보살이 설하기를, "보살의 과실은 성내는 마음보다 심한 것이 없다. 앞에 쌓은 바의 공덕이 비록 많아서 삼림과 같더라도 성냄의 불이 만약 생기면 일제히 타서 다해 버린다."고 했다. 가히 두렵지 않은가!

15 성내고 원한을 내는 것은 사상四相이 있음으로 말미암은 것이다. 반야의 올바른 지혜는 그 상에 집착하는 어리석음에 대하여 약이 되고, 탐貪·진瞋을 이로 말미암아 가히 제거할 수 없다.

16 세간의 만사는 상대적인 것이 아님이 없다. 상대로 인하여 지극히 쉽게 분별하고 계교함을 내어 일으킨다. 이것은 탐·진이 있는 까닭이다. 만약 능히 서로 대하는 가운데, 사물의 소실消失·증장增長과 가득 차고 텅 빈 도리를 간파해 내야 한다. 이 소식으로 변화를 통달할 수 있으며, 이렇게 일체 세간의 일을 관리한다면 그가 세간의 성인이라는 것을 승복하지 않을 수 없다.

17 불법은 즉 피차 상형相形(相對)으로 있지 않음이 없음을 간파해야 한다. 일체가 텅 비어 환幻이어서 실다움이 없기에 유有는 곧 유가 아니다. 그러나 텅 비고 환이나 나타남이 없는 것이 아니기에 유가 아니면서 유이다. 그러므로 이미 그 밖을 초월하여 구애되는 바가 되지 않는다. 그런 까닭에 다시 그 가운

데를 수순하여 그 일을 폐하지 않는다. 그 밖을 초월했다는 것은 집착하지 않는 것이다. 대지大智이다. 그 가운데를 수순하는 것은 무너뜨리지 않는 것이다. 대비이다.

18 불교를 배우는 사람이 능히 보아 이에 미치는 자는 도안을 열었다고 말한다. 이때에는 급히 그 도심을 길러 마땅히 마음을 허공과 같이 하여 티끌 경계 밖으로 초월해야 한다. 반드시 공空과 법공法空을 생한 이후에 마음을 비워야 한다. 다시 이때에 일구一句로 만덕萬德을 넓히는 이름을 제기하여 일심으로 염해야 한다. 다만 아미타불을 염하고 부처님 외에는 망념이 없어야 한다. 위로 시방 여래와 아래로 법계 중생이 시시각각 서로 통할 것이다.

19 이 마음과 부처님과 중생은 다름도 없고 상도 없다. 『대승무량수경大乘無量壽』·『금강반야경』을 다독하여 훈습하여 길러내야 한다. 즉 도안을 더욱 열고 도심을 견고히 해야 한다. 이것이 반야와 정토를 함께 닦는 법이다.

20 이 법은 일진법계로 더불어 상응하고 실상으로 더불어 상응하고, 공과 유에 집착하지 않고, 성性과 상相이 원융 상응하여 제일의공第一義空으로 상응하고 마음이 깨끗하면 국토가 깨끗하다는 뜻으로 더불어 또한 다시 상응한다. 절대 수승의 인因을 닦아야 가히 절대 수승한 과果를 증득할 수 있다.

21 미혹한 길에서 벗어나 정토에 태어나고자 하는 자는 반드시 아와 법을 쌍으로 비워야 한다. 아상我相에 집착하고 혹 법상法相에 집착하고를 막론하고 조금이라도 분별계교分別計較가 있으면 곧 이는 티끌 경계에 머물러 마음을 내는 것이다. 마음이 티끌에 물듦이 있는데 어찌 청정을 얻겠는가? 마음을 능히 깨끗이 하지 못하면 정토에 태어나지 못한다.

22 『화엄경』에 "하나가 즉 일체이고, 일체가 즉 하나이다."라고 했고, 본경에 말하기를, "정해진 법이 없다."고 했다. 그러므로 가히 집착하지 말아야 한다. 보시가 육바라밀을 통섭하는 것과 같다. 인욕도 또한 육바라밀을 통섭한다.

인忍은 이름하여 계戒가 된다. 그 상해를 입힌 것과 맺어 온 세상의 인연을 들어보면 이는 보시이다. 성냄과 원한을 내지 않는 것은 선정이다. 다겁에 이를 닦는 것은 정진精進이다. 아·인 등의 상이 없는 것은 반야이다. 그것을 모든 바라밀에 미루어 보면 개개의 바라밀이 다 그러하다. 이러한 연고로 사람의 하나의 수행과 일체의 수행이 다 원만하다.

23 마땅히 알라. 지계·정진·선정 세 바라밀은 보시·인욕 두 바라밀을 여의면 곧 성취하기 어렵다. 만약 능히 버리지 못하고 능히 인욕하지 못하면 수행에 큰 장애가 된다. 그러므로 보시·인욕 두 바라밀은 실로 일체 행문行門의 주요한 것이다. 이것이 본경에 다만 보시와 인욕을 들어 말한 까닭이다. 이 두 바라밀로 능히 상을 여의면 나머지 행문은 자연히 집착하지 않게 된다.

24 반야를 배우는 자는 우선 사捨를 배워야 한다. 계를 지키는 것은 곧 일체의 물든 인연을 버리고 여태까지의 악습을 버리는 것이다. 복을 닦는 것은 곧 응당히 회사하는 것이다. 먼저 이 버리는 행을 배워 집착을 보내고 아我를 깨뜨려야 한다. 이에 능히 반야 종자를 증장하게 된다. 이것이 이 장구에 능히 신심을 내어 이것으로 실다움을 삼으라는 까닭이다. 이것이 즉 진실한 지혜이다.

25 만약 반야·보시·지계·인욕·선정에 낱낱이 게으르지 않고 물러나지 않으면 이것이 정진이 된다. 법에 따라 얻고 따라 버려서 절대로 상에 집착하지 않고 스스로 만족할 줄을 알아야 할 것이다. 법과 법이 원융하게 서로 포섭하는 까닭에 이르기를, "하나는 곧 일체이고, 일체는 곧 하나"라고 말했는데 하나가 이지러지는 데 맡기면 다 불가능하여 다 원만하지 못하다.

26 일체 수행의 문에서 보시와 인욕 두 바라밀이 진실로 중요하다. 보시는 더욱 더 중요한 것 중에서 중요하다. 사捨가 능히 집착을 보내고 아를 깨뜨려서 즉 최고로 능히 업장을 소멸하기 때문이다. 최고로 능히 반야의 바른 지혜를

드러내기 때문이다.

27 법과 비법을 취하지 않으면 곧 일체법을 버리는 것이다. 버려서 완전히 없어
진즉 여여하고 부동이다. 인忍을 얻는다. 마땅히 이와 같이 알고 이와 같이
배워야 한다.

85. 다생의 일을 이끌어 옴

須菩提. 又念過去. 於五百世作忍辱仙人. 於爾所世. 無我相無人相無
衆生相無壽者相.

"수보리야! 또 생각하건대 내가 과거 오백세에 인욕선인이 되었을 때, 그러한 세
계에 있으면서 아상·인상·중생상·수자상이 전혀 없었다."

01 선인은 일체 수행인을 통틀어 가리키는 말이다. 고역에는 부처님을 금선金仙
이라고 했다.

02 세존이 보살도를 행할 때에 신명身命을 보시하기를 셀 수 없이 했는데 어찌 오
백세에 그치겠는가? 지금 말한 오백세에 인욕선인을 지었다는 것은 그 뜻이
많은 생, 많은 세상에 신명身命을 보시하되 다 무사한 바를 행하여 그 마음이
안인하여 흔들리지 않았음을 밝히는 데 있다. 그러므로 "그러한 세계에 있으
면서 아상 등이 없었다."고 말한 것이다.

03 관문觀門의 반야와 행문의 보시는 인욕과 함께 도를 배우는 중요한 문이다.

04 중생이 중생이 되는 것은 탐·진·치 삼독三毒이 있음으로 인한 것이다. 반야
는 어리석음을 다스리고 보시는 탐욕을 다스리고 인욕은 성냄을 다스린다.
오직 삼독의 병의 근원이 매우 깊어 거듭거듭 보시를 닦지 않으면 탐욕을 어

떻게 능히 깨뜨리리오. 오래오래 인욕을 닦지 않으면 성냄을 어찌 능히 제거하리오. 그러나 만약 정미롭게 반야를 닦아 삼공三空의 지혜를 구족하여 그 상에 집착하여 분별하는 어리석음을 제거하지 아니하면 즉 보시와 인욕 또한 끝내 능히 이루지 못할 것이다. 나머지 바라밀도 또한 유명무실해질 것이다.

05 상에 집착하면 곧 이 삼독이다. 고로 마땅히 상을 여의고 보시와 인욕으로써 그것을 뽑아버려야 한다. 수행인이 마땅히 먼저 힘써야 할 바임을 알아야 할 것이다.

06 만약 마음에 상을 취하면 즉 아·인·중생·수자에 집착하게 된다. 마음에 분별이 있으면 곧 이 무명이고 곧 평등한 일진법계를 어기는 것이다. 그러므로 보리심을 발한 자는 응당히 머무는 바가 없어야 한다.

86. 법을 설하는 진실한 뜻을 열어 밝힘.
앞의 글을 총결함. 머무름 없는 발심의 결론을 이룸.
결론을 표함

是故須菩提. 菩薩應離一切相. 發阿耨多羅三藐三菩提心.

"이런 연고로 수보리야! 보살은 마땅히 일체의 상을 여의고 아뇩다라삼먁삼보리심을 발해야 하나니,"

01 앞에서 이르기를, "일체 상을 여읜즉 제불이라 이름한다."고 말했는데 이는 과위果位를 증득함을 잡아 설한 것이다. "일체 상을 여의고 육바라밀을 닦으라."라는 것은 이는 수행의 인因을 잡아 설한 것이다. 이 구절의 경문은 즉 그 뜻을 이어서 결론하여 응당히 일체 상을 여의고 마음을 발하라는 것이다. 이

에 본원本源에 도착해야 한다고 설하는 것이다. 과위果位, 수행의 공, 인因의 마음을 막론하고 상을 여읜즉 처음과 끝이 하나로 꿰어진다. 즉 반야는 시종을 관철하는 법문이다. 상을 여의는 것이 범부를 변화시켜 성인을 이루게 하는 경로이다. 마땅히 훤하게 밝혀야 한다.

02 무변 중생을 제도하여 무여열반에 들게 한다는 것은 보리심을 발한 것이다. 실로 중생이 멸도를 얻은 자가 없다는 것은 응당히 일체 상을 여읜 것이다.

87. 해석을 이룸

不應住色生心. 不應住聲香味觸法生心. 應生無所住心.

"응당히 색에도 머무르지 말고 마음을 낼 것이며, 응당히 성·향·미·촉·법에도 머무르지 말고 마음을 낼 것이며, 응당히 머무는 바 없이 마음을 내야 하느니라."

01 이 구절은 위 글의 응당히 일체 상을 여의어야 한다는 것을 해석한 것이다. 평등자비의 깨달음의 마음을 일으켰으므로 마음이 생겨 일어날 때에 곧 마땅히 색·성·향 등등의 상대적인 티끌 경계를 벗어나서 응당히 머물러 집착하지 말아야 한다. 즉 일체 상을 다 여의어야 한다. 다만 상대적 티끌 경계에 하나도 머무는 바 없는 마음을 내어 일으킨 것이 이 보리심이다.

02 마음을 낼 때가 즉 이 머무름 없을 때이고 머무름 없을 때가 즉 이 마음을 낼 때이다. 이와 같은즉 유가 즉 공이고 공이 유로 공과 유가 동시同時이다. 재재처처가 하나도 중간(中) 아님이 없다. 이른바 원만한 중간은 곧 아와 법이 쌍으로 공하고 사구四句를 다 보내어 무상의 극에 이르러 바야흐로 일체 상

을 여의고 무상보리심을 발한다.

03 마땅히 청정심淸淨心은 이 본성本性으로 이른바 본래면목本來面目이 이것이다. 이것은 시방 법계에 함께 갖추어진 것이므로 또 이름이 일진법계一眞法界이다.

04 만약 상을 여읨을 일분 얻으면 즉 청정심이 곧 일분 나타난다. 최초로 여의어 일분을 얻을 때가 이름이 초주보살初住菩薩이다. 또 이름이 정정취正定聚이다. (정정正定은 머무름의 뜻이다. 취聚는 무리의 뜻이다.) 그가 이미 성인의 과위에 있는 무리에 들어갔음을 말한 것이다. 영원히 무상보리에서 물러나지 않으므로 이름이 정정취이다. 이 지위에 이르러야 바야흐로 믿음의 성취됐다고 칭한다. 이로 말미암아 41위를 겪어 다하여 최후 일분 무명을 끊으면 청정심이 원만히 현전한다. 이 이름이 묘각妙覺이며 또한 부처라고 칭한다. 가히 초심으로 말미암아 깨달음에 이르는 것의 공행은 오직 하나의 상을 여의는 것일 뿐임을 볼 수 있다.

05 경을 받아 지닐 때에 반드시 부처님이 설한 바의 뜻을 가지고 철저하게 이해한다. 그런 후에 능히 일을 겪으며 마음을 단련해야 한다. 더욱 응당히 행주좌와行住坐臥할 때에, 가사를 입고 밥을 빌 때에, 손님을 맞이하고 배웅할 때에, 일상으로 일을 할 때에, 시시처처時時處處에 항상 이해한 바의 뜻을 가지고 정신 수양하는 가운데 두어서 넉넉히 놀면서 젖어들듯이 읊어서 끊어짐이 없게 해야 한다. 장차 힘써 경의 뜻과 더불어 이 마음이 융합해서 한 조각을 이루어야 한다. 이것이 곧 훈습薰習이고 곧 관조觀照이다. 반드시 고요히 앉아서 관조하기를 요하지는 않는다. 이와 같이 공부해 나가면 곧 무명無明이 점점 감소하고 점점 엷어지게 되고 곧 보리가 증장되어 집착을 보내고 아我를 깨뜨릴 것이다. 이것이 최고로 친절하고 유효한 수행방법이다. 조금도 힘을 소비하고 일을 소비하지 않고서 능히 큰 수용을 얻을 것이다.

06 영가永嘉 대사가 이르기를, "딱 맞게 마음을 쓸 때에는, 딱 맞게 무심으로 마

음을 써라. 무심으로 딱 맞게 쓰면 항상 써도 딱 맞게 없을 것이다(恰恰用心時, 恰恰無心用. 無心恰恰用, 常用恰恰無)."라고 했다. 제1구는 마음을 내는 것이고 유有이고 비춤이다. 제2구는 머무름 없음이고 공空이고 막음이다. 합해서 그것을 관하면 곧 머무는 바 없이 그 마음을 내는 것이다. 또한 공과 유가 서로 즉하는 것이고 막음과 비춤이 동시이다. 제3구는 머무는 바 없이 마음을 내는 것이다. 제4구는 즉 마음을 냄에 머무름 없음이다. 3·4 두 구를 합해서 그것을 관하면 즉 막고, 비추고, 공空·유有와 무주無住와 생심生心을 다 가히 설할 수 없고, 또 딱 맞게 머무는 바 없이 마음을 내는 것이다.

07 머무름 없이 마음을 내는 것은 즉 청정심을 내는 것이다. 청정심을 내는 것은 즉 실상을 내는 것이다.

08 종합하면 머무는 바 없이 마음을 내는 이것은 일체 상을 여의는 참된 표현이다. 이른바 원만하게 여의는 것이 이것이다. 원리圓離는 하나까지도 마침내 공한 것을 말한다. 또한 즉 이에 이무애理無礙, 사무애事無礙, 이사무애理事無礙, 사사무애事事無礙이다.

88. 반대로 나타냄

若心有住. 則爲非住.

"만약 마음에 머무름이 있으면 곧 머무름이 아닌 것이다."

01 본래 한 물건도 없는데 머무르면 곧 물건이 있는 것이다. 머무름이 있으면 혹 업고惑業苦가 있다. 머무름은 즉 삼계육도의 근원이다. 그러므로 일체에 다 응당 머무르지 말아야 한다. 이 한 부의 경전은 천 가지 말과 만 가지 언어를 한

가지 말로써 포괄해 왔는데 머무름이 없어야 된다는 것이다.

02 "응당히 색에 머물지 말고 마음을 내고, 응당히 성·향·미·촉·법에 머물지 말고 마음을 내라."라고 했다. 실로 깊은 뜻을 갖추고 있다. 티끌 세상 중생의 환경으로 인하여 이 여섯을 여의지 못한다. 티끌 경계에 머물러 마음을 내는 것은 비롯함이 없는 때로부터 습習을 쌓아 왔기 때문이다. 생을 깨달아 알고 죽음을 벗어나고자 하면 반드시 티끌 경계를 등지고 깨달음에 합하여 결정코 지어서 일체에 머무르지 않는 데 도달하기를 요한다. 이른바 머물지 말라는 것은 집착하지 말라고 말한 것이지 그 법을 행하지 말라고 하는 것은 아니다.

03 행行의 방편이다. 세간법으로 말하면 무릇 만나는 것은 스스로 응당히 온 힘을 다해야 인과가 그릇되지 않는다. 어떠한 곤란과 어려움을 막론하고 결정코 피로하고 원망하는 마음을 일으키지 말아야 한다. 어떠한 성과를 쌓아 왔는가를 막론하고 가히 공로가 있다고 자처하는 생각을 두지 말아야 한다. 불행하게 실패하면 또한 결정코 그것으로 인하여 번뇌하고 근심하고 개탄하며 분개하고 증오하지 말아야 한다. 모름지기 이 층을 지어 도달하면 바야흐로 능히 도달하여 일事이 오면 곧 응하고 일事이 가면 도리어 잊어서 상에 집착하지 않는 것과 더불어 상응할 것이다.

04 출세간법으로써 말하면 수행하여 얼마나 오래하고, 얼마나 좋고, 얼마나 완비했는가를 논하지 않기를 요한다. 결정코 스스로 옳다고 하지 않으며 결정코 스스로 만족하지 않아야 한다. 이와 같으면 능히 무사無事를 행하는 데 도달할 것이다.

05 무아無我의 이치로 아의 법을 깨뜨리는 데는 오직 불전에 설하는 것이 최고로 정밀하고 최고로 상세하다. 마땅히 대승경론을 많이 읽고 많이 외워 깊이 관하고 뚜렷하게 관해서 깊이 이해하고 뚜렷하게 이해해야 한다. 저『원각경』·

『능엄경』·『능가경』·『지장경』·『정토5경』등은 다 응당 많이 읽어야 한다. 『화엄경』·『법화경』은 만약 능히 다 읽지 못하면 혹 한 종만 읽고, 만약 능히 전부를 읽지 않으면 혹 몇 품만 읽어도 가하다.

06 독경讀經은 마땅히 지성으로 공경히 읽어 유유히 읊고 읽는 데 젖어들게 하여야 한다. 그 가운데 요긴한 구절은 때때로 마음 가운데 존속하게 해서 자기 마음과 더불어 명합해서 하나가 되게 하는 이것이 최고로 묘한 관문이다. 더욱 모름지기 행하고 지님으로써 그것을 도와야 한다. 계를 지키고 복을 닦으며 부지런히 참회하고 삼보를 예경하고 가피를 구해야 한다. 나의 숙세의 장애(夙障)를 소멸하고 나의 정견을 열어야 한다.

07 중생을 널리 제도하겠다는 대원大願을 발했으면 독경 염불하여 미타 본원의 가피의 힘에 의지하여 그 가려진 것을 제거하고 해解와 행行을 아울러 닦아서 오래오래 하여 게으르지 않기를 요한다. 즉 장애가 점점 가벼워지고 마음이 점점 비워진다. 지혜가 열리고 관이 뚜렷해져 아·법 두 가지 집착도 점점 변화하여 점점 제거된다. 법과 비법에 또한 점점 집착하지 않게 된다. 이른바 물이 흐르는 곳에 도랑이 생긴다는 것이다. 의외로 그러하고 그러한 자가 있다.

08 보살은 널리 중생을 제도하고자 하여 세세생생에 생을 버리지 않고 티끌 경계를 버리지 않는다. 이러한 까닭으로 반드시 육진六塵에 머무르지 않고 마음을 낸 이후에 일체 상을 여의어야 한다. 상을 여읜 이후에 성이 나타난다. 성性이 나타난 이후에 능히 도량을 움직이지 않고 몸을 진찰에 나타내어 그 상구하화上求下化의 보리의 본원을 원만히 한다.

09 대심大心을 발하고 대행大行을 닦는 것이 또한 어렵지 않겠는가? 비록 그러하나 수승한 방편이 있으면 어렵고 어렵지 않다. 방편은 어떠한가? 염불하여 서방에 태어나기를 구하는 것이 이것이다.

10 염불하여 서방에 태어나기를 구하는 법문은 바로 대도심大道心을 발한 자를

위하여 설했고 겸하여 나머지 중생을 위해서임을 마땅히 알아야 한다. 『대승기신론』에 말하기를, "만약 어떤 사람이 서방 극락세계의 아미타불을 오로지 염불하여 닦은 바의 선근을 회향하여, 부처님 세계에 태어나기를 바라면 곧 태어나 언제나 부처님을 뵙게 된다. 끝내 물러날 일이 없다. 만약 저 부처님 진여법신을 관하고 늘 부지런히 닦고 익히면 필경에 태어남을 얻어 정정에 머물 수 있기 때문이다."라고 했다. 왕생은 비단 믿음의 뿌리가 성취될 뿐만 아니라 또 이미 나누어 법신을 증득하고 많은 세계에 몸을 나누어 널리 중생을 제도한다.

11 우리들이 만약 상을 여의고 더불어 염불을 함께 닦으면 우러러 본사 및 접인 도사接引導師, 시방제불의 호념의 힘을 입어 한 번 옮기고 한 번 당김에 순풍에 돛을 단 듯한데 속히 피안에 오르지 못하겠는가?

12 관조 공부를 시작하는 방법에서 만약 힘을 얻지 못하면 곧 염불하여 마음 가운데에 부처님이 있게 되면 이것이 진실한 공부이다.

13 마음을 움직이고 생각을 일으킬 때 부처님의 한 구절 명호를 이끌어 일으켜서 염불과 염念이 물과 젖처럼 잘 융합되게 하고, 허공 법계와 더불어 하나의 대광명의 바다를 이루게 해야 한다. 다만 이와 같이 쏜살같이 바로 염하되 마음이 조금이라도 혼미하고 어지러우면 곧 분발하여 그것을 녹여 포섭해야 한다.

14 항상 마음이 허공과 같이 법계에 두루 하여 티끌 경계 밖으로 초출하게 해야 한다는 것은 성체가 본래 이와 같은 까닭이며 항상 이 관觀을 지어 마음을 텅 비게 한즉 염불 시 곧 쉽게 힘을 얻을 것이다.

15 염은 곧 이 부처님이다. 부처님 외에 무념이다. 아我와 더불어 미타彌陀가 본래 시방제불, 찰나찰나에 위를 구하고 찰나찰나에 아래를 교화하였다. 가는 곳마다 당할 자가 없을 정도로 지극 정성으로 염했다.

16 범부는 물든 염이 쉬지 않음으로 인하여 부득이하게 염불의 깨끗한 염을 빌려서 그 티끌에 머무는 물든 염을 대치하였다. 염불의 염은 비록 진여의 본체는 아니나 도리어 진여眞如의 묘용妙用으로 향해 나아간다. 왜 그런가? 진여는 이 청정심이고 부처님을 염하는 것도 이 청정념淸淨念이라서 동시에 청정하여 상응을 얻기 때문이다. 염불의 염은 찰나찰나에 그치지 않아 능히 무념無念에 이르므로 수승한 방편이라고 말한다.

17 극락세계도 또한 환상이나 불가불 왕생하기를 구하고 원해야 한다. 깨끗한 환(淨幻)이어서 물든 환(染幻)과는 같지 않다. 청정한 국토는 본래 청정한 마음이 환하게 나타남을 말미암은 까닭이다. 정토淨土와 정심淨心은 본래 둘이 아님을 마땅히 알아야 할 것이다.

18 범부위凡夫位에 있어서 응당히 물든 것을 버리고 깨끗한 곳으로 달려 나가야 하는 까닭이다. 마땅히 알라. 정토에 태어난 후에는 즉 타방의 모든 부처님께 공양하고 널리 온 세계 중생을 제도해야 하는데 어찌 일찍이 정토의 상이 있겠는가? 아미타 부처님을 친근히 하여 믿음의 뿌리를 성취하는 이것이 정토에 태어나기를 구하는 중요한 원인이다.

19 보살도를 행하면 응당히 장엄묘상莊嚴妙相의 청정토를 일으켜 나타내어 어리석고 미혹하여 상에 집착하는 괴로움의 중생을 구제한다. 지금 생을 구하는 것은 바로 무생을 속히 증득하는 것이어서 무변정토無邊淨土가 일어나 나타남을 얻는다.

20 마음이 깨끗하면 국토가 깨끗하다는 것은 유에 집착하지 않는 것이다. 미타의 접인接引을 구하는 것은 공에 집착하지 않는 것이다. 이것이 즉 진실로 이변에 집착하지 않는 수행이다.

21 일심을 지어 장애가 없음을 아는 까닭이다. 성性과 상相은 본래 원융하다. 물든 환도 오히려 장애가 없는데 깨끗한 환이 어찌 다시 장애가 있겠는가? 일체

법이 마음이 나타난 것이고 식이 변한 것임을 알아야 한다. 즉 집착하지 않고 무너지지 않아 성과 상이 원융하여 일체가 걸림이 없다.

22 이를 알면 정토와 반야가 태어나기를 구하고 상을 여읜다고 말한 것이 말이 비록 다르나 뜻은 다름이 없다. 이를 버리고서 취하지 않는다면 어찌 자기 인생을 그르치는 것이 아니겠는가?

23 마땅히 알라. 응당히 머무르지 않고 머무는 바 없는 것은 다만 그 병을 제거하는 것이지 그 법을 제거하는 것이 아니다. 즉 색·성·향·미·촉·법은 부처님께 공양하고 중생을 제도하며 내지 이 색신色身을 공양하는 데 이르러 다 능히 폐하지도 않고 쓰지도 않는다. 만약 능히 집착하지 않는데 무슨 장애가 있겠는가? 마땅히 이와 같이 알아야 한다.

24 염불은 마음을 내는 것이다. 상을 여의는 것은 머무는 바가 없는 것이다. 이 마음이 비록 텅 비고 비었으나 도리어 한 구절의 부처님 명호를 끌어와 일으키는 것이 바로 머무는 바 없는 마음을 내는 것이다. 묘하기가 이보다 묘함이 없다! 정토에 태어나기를 구하는 것은 원래 무생無生을 증득하는 것이 된다. 상을 여의고 정토를 구하는 것은 같은 수행이다.

25 해解와 행行의 방편은 마땅히 동시에 아울러 나아가야 한다는 것이다. 만약 해의 일면으로 그 방편을 얻으면 가히 지혜를 증장하고 도심을 기를 수 있다. 행의 일면으로 그 방편을 얻으면 즉 희로애락이 혹 주인공에 영향을 미치지 못한다. 또한 괴로움을 펼치고 조바심을 내어 스스로 옳고 스스로 만족하지 못한다. 그렇지 않으면 정념을 반드시 이끌어 일으키지 못한다. 천만으로 소홀히 하지 말아야 한다.

26 평상시 마음을 일으키고 생각을 움직일 때에 수행해야 한다. 다시 모름지기 경계와 인연을 상대해 만날 때에 공부하고 일을 겪으면서 마음을 단련해야 한다. 복을 닦고 지혜를 닦는 것은 중생과 더불어 인연을 맺는 대자대비로

스스로 깨닫고 타인을 깨닫게 하여 평등하여 둘이 아닌 것이다. 다만 지혜만 닦고 복을 닦지 않아 여전히 아상을 제거하지 못하면 제불이 반드시 호념하지 않을 것이다.

89. 머무름 없는 보시의 결론을 이룸. 불응不應을 결론 냄

是故佛說菩薩心不應住色布施.

"이런 까닭으로 부처님께서 '보살은 응당히 마음을 색에 머물지 말고 보시하라' 고 설하시느니라."

01　보리심을 발한다는 것은 곧 육바라밀의 마음을 발하는 것이다. 응당히 육진 六塵에 머물지 말고 마음을 내라는 것은 바로 보시바라밀을 행하라는 것 이다.

02　하나라도 머무는 바가 있으면 이미 경계의 굴린 바가 되어 즉 보시 등의 공행 功行이 반드시 능히 원만하지 못하다. 그러므로 응당히 일체 상을 여의고 육 바라밀을 널리 수행하여 일체중생을 이익 되게 하여야 한다.

03　'불설佛說' 두 자는 또한 깊은 뜻이 있다. 부처님은 경험자라서 경험의 말을 한 것으로 이상理想과 같지는 않다.

04　장로가 물은 뜻은 하나로 안주하는 그 마음의 방법을 얻는 데 있다. 일체에 머무름이 없는 것은 바로 마음을 편안히 하는 묘한 방편인 까닭이다. 일체에 머무르지 않으면 일체 상을 여읜 것이다. 일체 상을 여의면 경계의 굴림이 되 지 않는다. 그 마음이 편안히 머물러 움직이지 않게 된다.

05 반드시 일체에 머무르지 않게 된 이후에 안주하는 바를 얻는다는 것을 마땅히 알아야 한다. 반드시 시종 머무름이 없게 된 이후에 법신이 항상 머무르게 된다. 또한 아울러 법신 또한 응당히 머무르지 않는 연고로 열반에도 머무르지 않는다고 말했다. 이에 무여열반無餘涅槃에 들어가는 것이다.

06 선종의 2조 혜가 스님은 안심安心의 법을 물었다. 초조初祖가 말하기를, "마음을 가져오면 그대를 편안하게 해주겠다." 말하기를, "마음을 찾아도 찾을 수 없습니다." 초조가 말하기를, "그대의 마음을 안심하게 해주어 마쳤다."고 했다. 이는 본경의 문답의 뜻과 더불어 바로 같다. 알려고 해도 알지 못할 때가 즉 안심해 마친 것이다.

90. 응應의 결론을 이룸. 총체적으로 표함

須菩提. 菩薩爲利益一切衆生. 應如是布施.

"수보리야! 보살은 일체중생을 이익 되게 하기 위하여 응당 이와 같이 보시해야 하느니라."

01 보리심을 발하는 것은 무슨 일을 하기 위한 것인가? 일체중생을 이익 되게 하기 위함이다. 만약 보시하지 않으면 중생에게 무슨 이익을 주겠는가? 그러므로 "일체중생을 이익 되게 하기 위하여 응당 이와 같이 보시하라."라고 한 것이다.

02 이 가운데에는 능히 보시하는 자와 보시를 받는 자 등의 상을 여의고서 일체중생에게 보시하게 하였다. 복과 지혜를 쌍으로 닦아 더욱더 이익 되게 한 것이다. 다 일체의 제상諸相을 여의고 보살을 이루고 부처를 이루는 것을 알 수

있다. 이와 같이 보시하면 진실로 이익이 된다.

03 '보시'는 자기를 버리고 타인을 이익 되게 하는 행이다. 불법 중에 다만 보시하여 타인을 이익 되게 할 뿐만 아니라 일체 행문이 그 오직 하나의 종지로 다 타인을 이익 되게 한다.

04 본경의 주요한 뜻은 머무름이 없는 데 있다. 머무름이 없는 것의 주요한 뜻은 집착을 보내고 아我를 깨뜨리는 데 있다. 자기를 버리고 타인을 이익 되게 하는 것은 또 집착을 보내고 아를 깨뜨리는 날카로운 칼이고 날카로운 도끼이다. 그러므로 관혜觀慧는 곧 머무름 없음을 발휘한다. 행하여 지니는 것에 즉 홀로 보시를 들었다. 관觀과 행行 두 문이 상응해야 반드시 이루어진다.

05 타인을 제도함이 바로 스스로를 제도함이 되고 중생을 이익 되게 하는 것이 스스로를 이익 되게 하는 것이다. 불법의 묘용이 바로 이에 있다. 일체 불법의 이치는 다 응당히 이와 같이 이해해야 한다. 다만 일체에 머물지 말고, 그 마음이 인忍에 안주하고, 여여부동하면 곧 이로 인하여 성취된다고 가르치는 것과 같다. 다만 오온 색신을 간파하여 탐·진·치를 내려놓아야 한다. 색신은 도리어 이로 인하여 건강하고 안락해진다. 다만 출세법과 세법을 닦게 하여 또한 이로 인하여 날이 갈수록 이치로 다스려지게 하였다.

06 능히 믿는 사람은 다 보리심을 발하고 보살도를 행할 줄 안다. 상사(上)는 가히 범부를 변화시켜 성인을 이루고, 중사(中)는 또한 큰 인(大人)과 큰 지혜(大智)를 이루고, 하사(下)는 또한 이 착한 사람인 군자가 된다. 오제삼황五帝三皇의 번성도 이를 지나칠 수 없다.

07 믿지 않는 자는 다 세상을 싫어하게 된다. 믿는 자도 또한 오인하여 세법과 관계없는 것으로 여겨 부처님의 은혜를 저버리는 것이 이보다 심함이 없다. 이는 다 불법의 이치를 밝히지 못한 허물이다.

08 그러므로 대심을 발하여 불법을 크게 드날리고자 하는 자는 애초에 마땅히

이 뜻을 가지고 힘써 선설하고 철저하게 천명해야 한다. 대중으로 하여금 점점 분명함을 얻어 많이 불문에 들게 해야 한다. 즉 전 세계를 교화하여 대동국으로 만들고 온 세계를 교화하여 극락의 수도로 만드는 것도 또한 어렵지 않다. 더불어 함께 힘쓰기를 원한다.

91. 각각 밝힘

如來說一切諸相. 卽是非相. 又說一切衆生. 則非衆生.

"여래께서 설하시기를, '일체 제상은 즉 이 상이 아니고 또 일체중생은 즉 중생이 아니다.'라고 설하셨느니라."

01 '일체중생'과 '일체 제상'은 다 이 동체의 성性이 나타낸 바이다. 그러므로 유가 즉 공이고 공이 즉 유가 아님이 없다. 이 뜻은 전에 이미 여러 번 설했는데 이것이 반야의 중요한 뜻이다. 만약 철저하게 밝게 알지 못하면 일체 불법을 곧 밝게 알지 못한다. 있는 바 관문觀門과 행문行門의 갖가지 수행해 지니는 것도 곧 능히 힘을 얻지 못하는 까닭에 지금 다시 상세히 분석해서 그것을 설했다.

02 마땅히 알라. 일체법은 인연이 모일 때에 임시로 나타나 상이 있는 것이 아님이 없다. 인연이 모이면 즉 생하고 인연이 흩어지면 곧 멸한다. 바로 마땅히 모여서 나타나 있을 때에 다시 변화가 일어나서 항상함도 없고 정해진 것이 없다. 가히 아울러 견고한 결실이 아니고 실은 이 환상이 나타난 바의 임시 상임을 깨달을 수 있다. 이를 일러 '유有가 곧 공空'이라고 한다. 범부는 실다움을 오인하여 그를 따라 유전한다. 이것이 윤회의 원인이다.

03 일체법은 갖가지로 같지 않기 때문에 업력業力을 따라 다르다. (오직 식이 변하여 나타난 바이다.) 업력은 복잡하고 상을 나타냄도 또한 복잡하다. 업력이 순수하고 깨끗하면 나타나는 상도 또한 순수하고 깨끗하다. 추호도 차이가 없다. 이를 일러 공이 곧 유라고 한다. 범부로 이 이치를 밝히지 못한 자는 인과의 도리가 없다고 주장한다. 공의 상에 집착하여 하지 않는 바가 없어서 타락의 원인이 된다.

04 업業은 어느 곳을 좇아 일어나는가? 마음에 염이 있음으로써 일어난다. 염은 업과 더불어 시시각각으로 변동한다. 오직 함께 갖춘 신령스러운 성性은 즉 종래로 변하지 않고 달라지지 않아 실로 일체법의 주체가 된다. 체體가 있으면 반드시 용用이 있고 용이 있으면 반드시 상이 있다. 상이 비록 환유幻有로 있으나 종래 끊어지지 않는다. 그러므로 응당히 유에 집착하고 또 응당히 공에 집착한다.

05 이미 상은 업으로 말미암아 전하고 업은 마음이 짓는 것임을 알 수 있다. 즉 일념의 인因이 비록 미미하나 그 관계는 도리어 극히 크다. 학인은 응당 마음을 일으키고 생각이 움직일 때에 관조하는 공부를 지어야 한다.

06 응당히 상이 상이 아니고 생이 생이 아님을 알아야 한다. 이미 유에 집착하지 않고 공에도 집착하지 않는다. 이와 같이 공과 유를 쌍으로 여의고 육도만행을 닦아 능히 일체중생을 이익 되게 해야 한다.

07 이변을 쌍으로 여의는 인因을 닦아 적조寂照 동시의 과果를 증득한다. 이것이 구경의 이익이다. 대심을 발한 자는 이와 같이 공과 유를 쌍으로 여의고 보시를 행해야 한다. 보시는 공과 유를 쌍으로 여읜 묘한 법이다. 즉 나와 남이 다 상을 여의고 견성하여 염을 끊고 체를 증득하여 함께 성품의 바다로 돌아가는 것이다. 그 이익이 커서 불가사의하다.

08 일체중생과 일체 제상은 여러 가지의 뜻이 있다. 개괄하면 넷이 된다.

첫째, '상相'은 모습과 형상, 즉 상상相狀이다. 생生의 류에 상이 있는 것을 말한다. 비단 바깥의 형상을 가리킬 뿐만 아니라 겸하여 내심의 상황도 가리킨 것이다. 가지가지의 생의 종류는 색과 마음의 모습이 차별되어 하나가 아닌 까닭에 가지가지라고 말했다. 이와 같은 일체 제상은 속안俗眼으로 그것을 보면 완연히 유를 나타내고, 도안道眼으로 그것을 관찰하면 오온이 변현되는 것을 제한 외에 실로 가히 얻을 것이 없다. 경에 말하기를, "그 자리가 즉 공이고 생은 생이 없다."고 했다. 그러므로 "일체의 모든 상은 즉 상이 아니다(一切諸相, 即是非相)."라고 말한 것이다. 이는 생공生空의 뜻을 밝힌 것이다. 오온의 본 몸은 또한 많은 인연이 화합한 것으로 본래 실다운 것이 아니고 (지금 사람들이 말하는 분자·원자·전자·미립자·파동 등이 이것이다.) 당체는 즉 공이다. 그러므로 말하기를, "일체중생이 즉 중생이 아니다(一切衆生, 則非衆生)."라고 한 것이다. 이는 법공法空의 뜻을 밝힌 것이다. 생공生空은 아집을 깨뜨리는 까닭으로 아상을 여의는 것이 분명하다. 법공은 법집을 깨뜨린 까닭으로 법상을 여의는 것이 분명하다. 생공生空·법공法空·공공空空 이것이 삼공三空이 된다. 이 삼공의 바른 지혜를 갖춘 것을 이름하여 금강반야라고 한다.

09 중생·비중생을 통달한즉 중생의 성性이 본래 공적한 것이 부처와 같음을 알 수 있다. 그러므로 널리 일체를 제도하여 무여열반에 들게 하기를 서원하여 중생을 제도하기 어렵다는 상이 없다. 또 중생을 제도해 다하고 또한 중생이 제도를 얻었다는 생각도 없다. 왜 그런가? 중衆은 본래 중이 없고 생生은 본래 생이 없는 까닭이다. 이와 같아야 바야흐로 일체중생을 이익 되게 하기 위하여 마음을 발한 보살이다.

10 둘째, '중생이 중생이 아니라'는 뜻은 '모든 상이 모든 상이 아니라'는 뜻을 증명한다. 일체중생의 오온 색신이 다 이 사대의 취합한 바이며 업력이 집착하

여 지니는 바이다. 청정심 중에는 다 이 물건이 없다.

11 셋째, '상相'은 아상, 인상人相, 중생상衆生相, 수자상壽者相이다. 사상四相은 하나가 아니므로 '제상諸相'이라고 했다. 신상身相, 법상法相, 비법상非法相에 취착하고를 막론하고 다 아·인·중생에 집착하므로 '일체一切'라고 했다. 그러므로 경의 처음에 말하기를, "보살은 법에 응당히 머무는 바 없이 보시를 행하라."라고 했다.

12 넷째, '제상諸相'은 보시하는 사람, 베풀어진 물건을 말한다. '일체'는 사람은 이 오온의 화합이고 사물은 즉 종류가 많은 것이다. 시자施者·시물施物·수자受者를 막론하고 인연 취합이 아님이 없이 이 환유幻有를 나타내는 까닭에 다 '비非'라고 말했다. 이를 일러 '삼륜의 체가 공하다(三輪體空)'고 한다. '윤輪'은 이 셋이 더욱더 이익 되게 하기 위하여 휴식하지 않는 것을 비유한 것이다. 체가 공한 데는 두 뜻이 있다. 이 셋은 다 이 환유이고 당체가 즉 공이다. 이 셋의 상의 체가 환유나 성性의 체는 공적함을 말한다. 만약 당체가 즉 공이면 능히 상에 집착하지 않음을 밝힌 것이다. 만약 성의 체가 공적하면 마땅히 성性으로 회귀함을 밝힌 것이다. 그것을 종합하면 비록 보시하나 머무르지 않고 비록 머무르지 않으나 항상 보시하는 것이다. 이것이 보시바라밀布施波羅蜜이 된다.

13 항상 정념正念을 지어 경책으로 삼아야 한다. 응당히 항상 있는바 상이 공과 유 동시라는 생각을 지어야 한다. 중생은 이 권속이라는 생각을 지어야 한다. 만법동체라는 생각을 지어야 한다. 중생은 본래 이 부처라는 생각을 지어야 한다. 만약 관혜觀慧가 있으나 실행하지 않으면 즉 헛된 이야기이다. 만약 다만 실행만 있고 관혜가 없으면 눈먼 닦음과 같다.

92. 바로 진실을 밝힘. 진실을 설명함

須菩提. 如來是眞語者. 實語者. 如語者. 不誑語者. 不異語者.

"수보리야! 여래는 참된 말만 하는 사람이며, 실상의 말만 하는 사람이며, 진여의 말만 하는 사람이며, 속이는 말을 하지 않는 사람이며, 다른 말을 하지 않는 사람이니라."

01 이는 위에 설한 바 머무름 없는 발심과 머무름 없는 보시 등의 모든 뜻을 밝혀 친히 증득함으로 말미암아 진실로 허망하지 않은 것임을 알아 믿음을 권한 것이다. '진眞'은 진여眞如라 말하고 '실實'은 실상實相이라 말한다. 부처님이 말로 설한 바가 낱낱이 다 진여실상眞如實相을 좇아 그 가운데 유출된 것임을 밝히고 있다. 그러므로 '진어자眞語者, 실어자實語者'라고 말했다. '여如'라는 것은 차별 없이 무아임을 밝힌 것이다. 무상·무아·공·적·평등의 이치를 증득해야 한다.

02 상相은 비록 체가 아니나 체의 용이고 용은 체를 여의지 않았다. 체가 비록 상이 아니나 체는 반드시 용을 일으켜 용은 상이 없는 것도 아니다. '즉비則非'라고 설하고 또 '시명是名'이라고 설하고, '응당히 머무는 바 없이 그 마음을 내라'고 설하고, '응당히 머무는 바 없는 마음을 내야 한다'고 설하는 이와 같은 등등은 쌍으로 막고 쌍으로 비추며 쌍으로 어둡고 쌍으로 의존하는 말이다. 다 '실어자實語者'이다. '불광어不誑語'는 부처님이 중생을 속이지 않는 것이다. '불이어不異語'는 비록 갖가지로 승乘을 설하나 다 일불승一佛乘이 됨이다. '여어如語'는 친히 증득한 바와 같이 설하는 것이다. 그러므로 다섯 말 중에 여어가 주가 된다.

03 응당히 진어眞語·실어實語는 다 친히 이와 같이 증득했음을 알아야 한다. 절

대로 전해들은 말이 아닌데 어찌 속임이 있겠는가? 말에 천차가 있으나 이치
는 하나로 돌아가는데 어찌 다름이 있겠는가? 간절히 믿음을 권하고 노파심
으로 거듭 충고하건대 지극히 정성을 다해야 할 것이다.

93. 법의 진실을 밝힘

須菩提. 如來所得法. 此法無實無虛.

"수보리야! 여래의 얻은바 법은, 이 법은 실도 없고 허도 없느니라."

01 이것은 여래가 증득한 바로 깊어서 끝이 없이 만상萬象을 싸안는다. 얻은바
법은 이 성性을 가리켜 말한 것이다. 마치 '여래如來'라 칭한 것은 무실무허無實
無虛의 성을 증득했다고 말하는 것과 같다.

02 '여래'는 성덕性德을 칭한 것이다. 무실무허는 이 성덕의 모양이다. '무실無實'
은 이른바 생멸이 멸해 다하고 범부의 정情이 공함이다. 지혜도 없고 얻음도
없는 성인의 앎도 또한 공하다. '무허無虛'는 이른바 적멸이 현전하는 체가 나
타난 것이다. 능히 일체 고苦를 제거하는 작용이 나타난 것이다. 본질적으로
그것을 말하면 무실무허는 마치 적조동시寂照同時와 같다고 말할 수 있다. 적
寂은 즉 무실이고 조照는 즉 헛된 것이 아니다. 마음이 청정하여 실다움이 없
고 실상을 내어서 헛됨이 없다.

03 범부의 망심을 잡아 말해도 또한 다시 무실무허이다. 마음을 찾아도 찾을 수
없기 때문에 무실이다. 일념에 십법계를 갖추었으므로 무허이다. 이로 말미
암아 가히 범성凡聖이 동체임을 알 수 있다.

04 경 전부의 주요한 뜻은 '응당히 머무는 바 없다'는 데 있다. 세존께서 이를 말

한 뜻은 무실의 관觀으로써 무허의 과果를 성취하게 한 것이다. 무실을 관한다는 것은 즉 최후에 이른바 일체법을 꿈과 같고 허깨비와 같다고 관하는 것이다. 항상 이 관을 지으면 정에 집착함을 저절로 보내게 된다. 이것이 일체 범부의 정을 깨뜨리는 총체적인 관(總觀)이고 중요한 관(要觀)이다. 절대로 가히 잠깐도 여의지 말아야 할 것이다.

05 '무실무허'에 최고로 요긴한 뜻이 세 가지가 있다. 첫째, 이는 성덕을 형용한 것이다. 둘째, 성덕을 어떻게 얻는가를 형용한 것이다. 셋째, 이때 어떻게 성덕을 닦는가를 형용한 것이다. 이理·사事·성性·수修·인因·과果를 죄다 다하지 아니함이 없다. 그러므로 이 한마디 말은 다만 본경에 설한바 도리를 가지고 갖추어 묶어 남김이 없다. 아울러 소승·대승의 불법을 가지고 일제히 갖추어 묶고도 남김이 없다. 그러므로 말하기를, "일체 현성은 다 무위법으로써 차별이 있다."고 했다.

06 다만 이뿐만 아니라 일체 범부의 심상心相과 일체 세간의 법상法相과 일체의 인과법상因果法相을 또한 갖추어 묶어 남김없이 다하지 않음이 없다. 이것은 바로 『법화경』에 이른바 "이와 같은 모양(如是相), 이와 같은 성품(如是性), 이러한 바탕(如是體), 이와 같은 힘(力), 이와 같은 작용(作), 이와 같은 인因, 이와 같은 연緣, 이와 같은 과果, 이와 같은 보報, 이와 같은 본말구경本末究竟"이 이것이다. 이를 일러 제법실상이라고 한다. 그러므로 이 한마디 말은 진실로 대승의 법인法印이다.

94. 거듭 비유로써 밝힘.
법에 머무는 허물을 비유함

須菩提. 若菩薩心住於法而行布施. 如人入暗. 則無所見.

"수보리야! 만약 보살이 마음을 법에 머물러 보시를 행한다면 마치 사람이 어두운 방에 들어가 보는 바가 없는 것과 같다."

01 이 구절의 경문은 실다움에 집착하면 보시의 공덕도 텅 빈다는 것을 밝혔다. 바로 무실무허의 반대 면을 밝혔다. 법은 일체법을 말하는데, 경계(境)와 행行과 과果를 벗어나지 않는다. 경境은 경계, 즉 오온·육근六根·육진六塵 등이다. 행은 수행, 즉 육바라밀 등이다. 과는 과위果位로 즉 주住·행行·향向·지地 내지 무상보리無上菩提이다. 또한 겸하여 과보果報로, 가령 복덕福德·상호相好·신통神通·묘용妙用 등이다.

02 육바라밀을 행하면서 스스로 능히 행함으로 삼으면 이는 행에 머무르는 것이다. 만약 명예 등의 상이 있으면 곧 이는 경계에 머무는 것이다. 마음에 하나의 얻은 바 있음을 두면 곧 이는 과에 머무르는 것이다. 마음이 어떤 종류에 머무는 것을 막론하고 다 법에 머무는 것이 된다.

03 '어둡다는 것'은 하나도 보이는 바가 없어 인하여 무명無明 중에 있는 것이다. 영가 대사가 이르기를, "상에 머물러 보시하여 하늘에 태어나는 복은 내생이 뜻과 같지 않음을 불러온다."고 했다.

04 공을 관함을 알지 못하면 반드시 경계를 따라 굴리게 된다. 하늘에 태어난 후에 결정코 타락한다. '어둠에 들어간다(入闇)'는 것은 견성하지 못한 것을 비유한 것이다. 사람이 도안道眼을 열지 못하고 무명을 깨뜨리지 못한 것을 비유한 것이다. 비록 대승을 배워 보시를 행하나 이미 눈먼 수행이다. 반드시

무거운 장애를 낼 것이다.

05 불교를 배우는 자가 만약 도안을 밝히지 못하면 곳곳에서 세상의 정情과 속
견俗見에 섞여 있는 형세임을 마땅히 알아야 할 것이다. 어찌 다만 육바라밀
수행만 하기 어려울 것인가? 또 반드시 아만我慢을 증장하고 탐貪·진瞋을 다
투어 일으켜 반대로 불법을 가지고 혼란스럽게 행하여 이것도 아니고 저것도
아님을 얻어 사람들에게 의심과 비방을 받게 될 것이다. 바로 불법의 도리를
하나도 보지 못하는데 어찌 능히 견성하지 못하는 데 그치겠는가? 법에 집착
하여 실다움으로 삼는 허물이 이와 같다. 우리들은 마땅히 그것을 통절하게
경계해야 한다.

95. 머무름이 없는 공을 비유함

若菩薩心不住法而行布施. 如人有目. 日光明照. 見種種色.
"만약 보살이 마음을 법에 머물지 않고 보시를 행한다면 마치 사람이 눈이 있어
서 햇빛이 밝게 비추면 갖가지 색을 보는 것과 같으니라."

01 만약 능히 '마음이 법에 머무르지 않으면(心不住法)'(無實) 또 보시를 행할 것을
권한다. (無虛) 그 사람의 도안은 명철하여 공과 유를 쌍으로 여의게 된다. 참
으로 능히 문자반야에 의지하여 관조반야를 일으키는 것이다. 즉 부처님의
광명이 빛나는 중에 노닐게 되어 여실공如實空·여실불공如實不空을 사무쳐 보
고 체體·상相·용用 삼대三大의 성性을 구족한다. 그 공덕은 불가사의하다.

02 법에 머물러 보시하면 오히려 또 사람이 어둠에 들어가는 것과 같다. 그러나
즉 근根과 진塵 등의 경계에 머물러 집착하여 보시를 행하지 않는 자는 마땅

히 어떤 경계에 들어가겠는가? 진실로 상상을 견딜 수 없다.

96. 결론을 이룸

須菩提. 當來之世. 若有善男子. 善女人. 能於此經受持讀誦. 則爲如
來以佛智慧. 悉知是人. 悉見是人. 皆得成就無量無邊功德.

"수보리야! 앞으로 올 세상에 만약 어떤 선남자 선여인이 능히 이 경을 수지독
송하면 곧 여래가 부처님의 지혜로 이 사람을 다 알고, 이 사람을 다 보아서 모
두 무량무변의 공덕을 성취케 하리라."

01   '당래當來'는 통틀어 불멸후를 가리키는 것으로 뜻은 꾸준히 이 경을 널리 드
     날려 단절하지 않게 하면 이익이 다함이 없다는 데 있다.

02   '수受'는 뜻을 받아들이는 것으로 즉 이해이고 사혜思慧이다. '지持'는 여법하
     게 행하는 것으로 수혜修慧이다. 또 집지執持이다. 마음에 새겨 잃어버리지 않
     는 것이다. 독송은 이 문혜聞慧이다.

03   먼저 '수지受持'라고 말한 것은 이미 원만한 해를 열었으므로 믿음은 원만한
     믿음이 되고 지님도 원만한 지님이 된다. 이 사람이 깊이 부처님의 뜻에 계합
     하여 부처님의 가피를 입는 것을 말한다. 이 사람의 공덕은 오직 부처님이 증
     득한 지혜이다.

04   만약 사람이 능히 이 경을 수지독송하면 그 무명은 즉 진여의 훈습을 받게 되
     고, 그 지견은 즉 부처님 지혜의 훈습을 받게 된다. 이는 다 불여래의 가피를
     입고 다 '무량무변 공덕을 성취한다(成就無量無邊功德).'

05   '다 얻었다(皆得)'고 하는 것은 승속, 남녀를 막론하고 무릇 능히 이 경을 수지

독송하면 이와 같이 성취하지 않음이 없음을 말한 것이다. 즉 뜻은 밝히지 못했으나 다만 능히 독송만 하더라도 또한 반드시 그것을 얻는다. 왜 그런가? 진실한 신심을 갖추고 있어 지극 정성으로 독송하기 때문이다. 먼저 이해하지 못하면 후에 반드시 이해를 열어야 한다.

06 '공덕功德'은 자기를 제도하고 타인을 제도하여 부처님의 종자를 이어 융성하게 하는 것을 가리킨다. 이와 같은 공덕을 성취하여 다 보살을 이루고 내지 성불한다고 밝힌 것이다. 총체적으로 사람들에게 이 경을 수지독송함으로써 이 심성을 깨달아 온전한 성에 수행을 일으키고 온전한 수행으로 성을 증득하기를 권할 뿐이다.

제15 지경공덕분持經功德分

須菩提. 若有善男子. 善女人. 初日分以恒河沙等身布施. 中日分復以
恒河沙等身布施. 後日分亦以恒河沙等身布施. 如是無量百千萬億劫.
以身布施. 若復有人. 聞此經典. 信心不逆. 其福勝彼. 何況書寫受持
讀誦. 爲人解說.

須菩提. 以要言之. 是經有不可思議. 不可稱量. 無邊功德. 如來爲發
大乘者說. 爲發最上乘者說.

若有人能受持讀誦. 廣爲人說. 如來悉知是人. 悉見是人. 皆成就不可
量. 不可稱. 無有邊. 不可思議功德. 如是人等. 則爲荷擔如來阿耨多
羅三藐三菩提.

何以故. 須菩提. 若樂小法者. 著我見人見衆生見壽者見. 則於此經.
不能聽受讀誦. 爲人解說.

須菩提. 在在處處. 若有此經. 一切世間天人阿修羅. 所應供養. 當知
此處. 則爲是塔. 皆應恭敬. 作禮圍繞. 以諸華香而散其處.

"수보리야! 만약 선남자 선여인이 하루를 셋으로 나누어 아침에 항하의 모래
수와 같이 많은 몸으로써 보시하고, 낮에도 항하의 모래 수와 같은 많은 몸으
로써 보시하고, 저녁에도 또한 항하의 모래 수와 같이 많은 몸으로써 보시해, 이
와 같이 한량없는 백천만억 겁을 몸으로써 보시하더라도 만약 다시 어떤 사람
이 이 경을 듣고서 믿는 마음을 거스르지 않으면 그 복이 저보다 수승할 것이
다. 어찌 하물며 이 경을 쓰고 베끼고 받아 지니고 독송하면서 다른 사람을 위
해 해설하는 것이겠는가?

수보리야! 요점으로써 그것을 말하면 이 경은 가히 생각할 수도 없고, 헤아릴 수도 없는 가없는 공덕이 있느니라. 여래는 대승을 발하는 사람을 위해 설하며, 최상승을 발하는 사람을 위해 설하느니라.

만약 어떤 사람이 능히 금강경을 수지독송하여 널리 모든 사람을 위해 설법하면, 여래는 이 사람을 다 알고 이 사람을 다 보아서, 헤아릴 수도 없고 칭량할 수도 없고, 가없고 생각할 수도 없는 공덕을 성취하리니, 이와 같은 사람들은 즉 여래의 아뇩다라삼먁삼보리를 짊어지는 사람이니라.

왜 그런가? 수보리야! 만약 작은 법을 좋아하는 사람은 아견·인견·중생견·수자견에 집착하기 때문에 즉 이 경전을 능히 듣고 받아 지녀 독송하며 다른 사람을 위해 설하지 못할 것이다.

수보리야! 어느 곳이든 만약 이 경이 있으면, 모든 세간의 천·인·아수라가 응당히 공양을 올릴 것이니, 마땅히 알라. 이곳은 곧 탑이 있는 것과 같아서 모두 공경의 예를 지어 빙 둘러 돌 것이며, 여러 가지 꽃과 향을 그 곳에 흩어 공양하리라."

97. 경의 공덕을 지극히 나타냄. 복을 내는 것을 잡아 나타냄. 비유를 세움

須菩提.若有善男子. 善女人. 初日分以恒河沙等身布施. 中日分復以恒河沙等身布施. 後日分亦以恒河沙等身布施. 如是無量百千萬億劫. 以身布施.

"수보리야! 만약 선남자 선여인이 하루를 셋으로 나누어 아침에 항하의 모래 수와 같이 많은 몸으로써 보시하고, 낮에도 항하의 모래 수와 같은 많은 몸으

로써 보시하고, 저녁에도 또한 항하의 모래 수와 같이 많은 몸으로써 보시해,
이와 같이 한량없는 백천만억 겁을 몸으로써 보시하더라도"

01 '경의 공功을 나타내는 것'은 즉 반야의 바른 지혜를 나타낸 것이다. 이 지혜
는 부처님의 지혜이다. 이른바 무상정등정각無上正等正覺이다. 우리 세존께서
겁을 겪어온 이래로 중생을 위하여 부지런히 힘써서 닦아 증득해 얻은 바 무
실무허의 법이다. 지금 이 법을 가지고 있는 대로 다 내놓아 이 경을 이루었
다. 견성하지 못한 자를 위하여 정확한 방안을 보인 것이다. 중생을 인도하
여 피안에 이르게 하는 방침을 가리켰다. 친히 몸소 경험한 것을 사람에게 알
림으로써 따르게 하기 위한 까닭이다.

02 이 경은 부처님과 부처님이 집안 대대로 전해온 법보이다. 세존께서 누누이
집안의 보배를 전하고자 함으로 인하여 누누이 일체중생이 다 이 경의 이익이
크게 부사의함을 알게 되었다. 바로 이른바 자성삼보自性三寶를 열어 상주삼
보常住三寶를 이루게 되었다.

03 능히 삼보三寶를 주지한다는 것은 극히 최저의 한도에 나아가 그것을 말하면
또한 족히 선심을 계발하여 세상의 운세를 돌이키는 것이다. 이 경의 최대 종
지宗旨이다.

04 경의 공功을 나타내는 중에 먼저 능히 수승한 복을 냄을 나타내었다. 하루를
삼시三時로 나누어서 가히 헤아릴 수 없는 신명으로 보시하는 것을 비유하여
말하였다. 지나온 시간이 장구함이 지극하고 보시의 무거움이 지극하고 행원
이 지극한 이것이 보살의 수행의 문이다. 복덕이 커서 가히 수로써 헤아릴 수
없지만 이 경을 듣고 신심을 내는 데 미치지 못하는 것은 무엇 때문인가? 이
이치는 상세하지 않다.

98. 수승함을 나타냄. 복을 잡아 총체적으로 보임. 듣고 믿은즉 수승함

若復有人. 聞此經典. 信心不逆. 其福勝彼.

"만약 다시 어떤 사람이 이 경을 듣고서 믿는 마음을 거스르지 않으면 그 복이 저보다 수승할 것이다."

01 '불역不逆'은 어기지 않는다는 것이다. 이 경을 듣고 깊이 믿어 의지하여 행하지 않으면 안 된다. 낱낱이 여법하게 그것을 행하는 대심大心을 발기하는 것이 '신심을 거스르지 않는 것(信心不逆)'이다. 즉 결정코 행을 일으키는 신심을 발하는 것이다.

02 '그 복(其福)'은 바로 다음 글의 '여래를 짊어지고 마땅히 보리를 얻어 과보 또한 불가사의하다'는 것을 가리켜 말한 것이다. 그러므로 다른 복과 비교해 헤아릴 것이 아니다.

99. 지니고 설함은 더욱 수승함

何況書寫受持讀誦. 爲人解說.

"어찌 하물며 이 경을 쓰고 베끼고 받아 지니고 독송하면서 다른 사람을 위해 해설하는 것이겠는가?"

01 발심이 수승하면 바로 그로 인하여 결정코 행을 일으킨다. '하황何況'은 더욱 수승함을 나타낸 것이다.

02 '서사書寫'는 법을 널리 베풀기 위함이다. 오늘날 마음을 발해 이 경을 널리 드날려 유통하기 위하여, 이 경을 보시 공양하기 위하여 인경印經하고 녹음하고 영상으로 만들고 컴퓨터의 소프트웨어를 만들고 CD를 만드는 등등 그 공덕이 서사書寫하는 것과 동일하다.

03 '수지受持'는 즉 해解와 행을 아울러 나아가는 것이다. 행한 바 상을 여의고 보시 공양하고 일체중생을 이익 되게 하는 것을 벗어나지 않는다. '독송讀誦'은 수승한 해를 훈습하고 수승한 행을 증장한다. '다른 사람을 위해 해설해 주는 것(爲人解說)'은 법시를 행함으로써 중생을 이익 되게 하는 것이다. 이 경은 매우 깊어 발심하여 대중을 위하여 해부함에 오류가 없고 즐겨 설함에 장애가 없다. 듣는 자로 하여금 그 뜻을 밝혀서 믿어 이해하고 받아 지니는 마음을 열어 발하게 한다. 족히 진여를 증득하여야 이에 신심을 거스르지 않는다고 설한 것이다. 이 마음을 발할 때에 자비와 지혜, 행원을 낱낱이 구족하였으므로 능히 여래를 짊어질 수 있다.

04 만약 이 경에 대해 신심을 거스르지 않음을 할 수 없으면 스스로 능히 수지해설하고 널리 크게 드날리지 못한다. 즉 불법 구경의 뜻을 분명히 밝히지 못해서 부처님의 종자가 곧 단절의 염려가 있다. 이 중의 관계는 극히 중대하다. 즉 신심을 어기지 않는 사람에게 어찌 저 다만 오랜 겁 동안 고행만 아는 자가 능히 미칠 바이겠는가?

05 관행觀行 두 문이 비록 아울러 중하나 관혜觀慧가 주가 된다. 관혜는 종요로 이 실행 중에 있음을 볼 수 있다. 경의 곳곳에 보시와 더불어 머무름 없음을 아울러 설한 것이 즉 이 뜻이 분명하다.

06 위에 네 차례에 걸쳐 비교하여 경의 공덕을 나타내어 차차로 수승함을 더해 왔다. 처음(36절)에는 믿음을 내는 글 가운데에, 능히 신심을 내어 이것으로써 실다움을 삼는다는 것이다. 내지 일념이라도 깨끗한 믿음을 내는 자는 그

복이 일 대천세계大千世界로 보시한 것보다 수승하다. 그 부처님의 지혜로 발전해 가면 곧 부처님의 가업을 잇는다는 것을 밝혔다. 두 번째(54절)는 이해(解)를 여는 글의 처음이다. 세 번째(70절)는 이해를 여는 글의 중간이다. 지금 네 번째(97절)는 이치를 깊이 이해하고 및 스스로 법을 증득한 후에 설해져 있다. 이미 능히 신심을 거스르지 않으면 곧 반드시 오랜 기간의 고행을 행하지 않아도 되고 곧 내가 증득한 바와 같이 그것을 증득한 것임을 밝힌 것이다.

07 '신심을 거스르지 않으면' 낱낱이 여법하다. 이미 해혜解慧를 엶으로 말미암아 이와 같이 불가함이 아님을 안다. 그러므로 능히 그 마음을 단호하게 실행하여 어기지 않아야 바로 이른바 처음 마음을 발할 때에 곧 정각을 이룰 사람이라고 할 수 있을 것이다. (결정적으로 원하는 마음을 발하여 정토에 태어나기를 구하는 것과 같다.) 비록 오히려 범부이나 그 공덕은 이미 오랜 겁 동안 고행한 보살을 넘는다.

08 믿어서 신심청정을 얻으면 실상을 내고 믿어서 응당히 청정심을 낸다. 어찌 정념진여의 직심直心이 아니겠는가? 믿어서 일체중생을 이익 되게 하고 응당히 공과 유를 쌍으로 여의어 보시 등 육바라밀을 행해야 한다. 어찌 일체 모든 선행을 즐겨 모으는 심심深心과 중생의 고통을 뽑아 주는 대비심大悲心이 아니겠는가? 즉 믿는 마음을 어기지 않는 자는 원만히 삼심三心을 갖춘다.

09 이 경의 관행觀行은 지극한 원돈圓頓이다. 과연 깊이 그 뜻을 이해하고 신심을 어기지 않으면 그것은 원돈의 근기임에 의심이 없다. 원돈인은 이 하나의 지위(一位)가 일체의 지위(一切位)를 포섭하므로 능히 결정된 순서에 얽매여 그것을 논하지 않는 것을 말한다. 이미 불지佛知·불견佛見을 열었는데 어찌 다만 처음 신심信心을 발한 것이 능히 초주 보살이 발한 마음과 더불어 같겠는가? 또 가히 한 번에 초출하여 바로 들어가 선 땅에서 성불할 수 있을 것이다. 오직 본인이 처음과 끝에 어기지 않으면 젊어지고 일어나 와서 결정코 무상보리

를 얻을 것이다.

10   신심을 거스르지 않는다는 것 중에 이미 삼심三心이 갖추어져 있는데, 즉 이것이 삼취정계三聚淨戒를 구족한 것이다. '직심'이 곧 이 섭률의계攝律儀戒이다. '심심'이 곧 이 섭선법계攝善法戒이다. '대비심'이 곧 이 섭중생계攝衆生戒이다. 이로 말미암아 경의 처음에 "계를 지키고 복을 닦는 자는 이 장구에 능히 신심을 내어 이것으로써 실다움을 삼는다."고 말한 까닭이 그러함을 깨달을 수 있다. 이 경에 대해 신심을 어기지 않으려면 결정코 마땅히 계를 지키는 것을 좇아 복을 닦아 지어 일으켜야 한다.

11   직심은 단덕斷德으로 법신을 이룬다. 심심은 지덕智德으로 보신을 이룬다. 대비심은 은덕恩德으로 응당히 화신을 이룬다. 신심을 어기지 않으면 이와 같은 갖가지의 공덕을 성취하는데 그 복이 수승하여 불가사의하며 과보도 또한 불가사의하다.

100. 요점을 들어 각각 밝힘. 교의 뜻을 잡아 밝힘

須菩提. 以要言之. 是經有不可思議. 不可稱量. 無邊功德.

"수보리야! 요점으로써 그것을 말하면 이 경은 가히 생각할 수도 없고, 헤아릴 수도 없는 가없는 공덕이 있느니라."

01   '불가사의不可思議'는 법신을 가리킨 말로 곧 체이다 성체性體는 공적하여 명자상名字相을 여의었고 언설상言說相을 여의었고 심연상心緣相을 여의었다. 그러므로 반드시 상을 여의고 스스로 증득해야 한다. '불가칭량不可稱量'은 보신, 화신을 가리켜 한 말이다. 보신과 화신은 즉 이 상相과 용用이다.

02 '무변無邊'으로써 사事와 수修를 밝혔다. 무변은 사구四句를 여읜 뜻이다. '공 功'은 한 번 초출하여 바로 들어가는 것이다. '덕德'은 체와 용이 원만하게 드 러난 것을 말한다. 이 경의 가르친 뜻은 이理와 사를 쌍으로 융합하고, 성性 과 닦음(修)이 둘이 아니어서 능히 한 번 초출하여 바로 들어가는 수행의 공 으로써 체와 용을 원만히 드러내는 성덕을 성취하는 것이다. 이는 무변 공덕 을 가지고 스스로의 수행을 잡아 설했다. 만약 이타를 말한다면 곧 사람들 에게 체와 용, 무변의 삼신三身을 이루게 하여 중생을 이익 되게 하고 함께 보 리를 증득하게 함에 있다.

101. 연기를 잡아 밝힘

如來爲發大乘者說. 爲發最上乘者說.

"여래는 대승을 발하는 사람을 위해 설하며, 최상승을 발하는 사람을 위해 설 하느니라."

01 '대승을 발했다(發大乘)'는 것은 보살의 마음을 발한 것을 말한다. '최상승을 발했다(發最上乘)'는 것은 부처님의 종자를 이어 융성하게 하겠다는 마음을 발 한 것을 말한다.

02 여래는 이미 이와 같이 마음을 발한 자를 위하여 설했다. 즉 신심을 어기지 않고 가르침에 의지하여 받들어 행하는 사람의 그 발심을 가히 알 수 있다. 불 지견을 연 것을 알 수 있고, 부처님의 종자를 이어 융성하게 하기 위한 것도 또한 알 수 있다. 즉 발심이 수승하고 근기가 수승함이 된다.

102. 짊어짐을 잡아 밝힘. 바로 나타냄

若有人能受持讀誦. 廣爲人說. 如來悉知是人. 悉見是人. 皆成就不可
量. 不可稱. 無有邊. 不可思議功德. 如是人等. 則爲荷擔如來阿耨多
羅三藐三菩提.

"만약 어떤 사람이 능히 금강경을 수지독송하여 널리 모든 사람을 위해 설법하
면, 여래는 이 사람을 다 알고 이 사람을 다 보아서, 헤아릴 수도 없고 칭량할
수도 없고, 가없고 생각할 수도 없는 공덕을 성취하리니, 이와 같은 사람들은
즉 여래의 아뇩다라삼먁삼보리를 짊어지는 사람이니라."

01 초발심 수행의 범부의 복이 저 오랜 겁 동안 고행한 보살보다 수승하다는 것
은 부처님의 종자를 이어 융성하게 하겠다는 마음을 발함으로 인하여 부처
님의 종자를 이어 융성하게 하는 행을 닦는 까닭이다. '하담여래荷擔如來'란
바로 그 능히 부처님의 종자를 이어 융성하게 하는 것을 밝힌 것이다.

02 닦아 배움에는 필수적으로 가르침의 뜻에 명료해야 한다. 가르침의 뜻을 어
떻게 밝힐 수 있는가? 대승 경전을 많이 읽음으로써 그 마음을 넓히고 부지런
히 관행觀行을 닦아 장애를 소멸하고 항상 가피를 구하여 지혜를 열어야 한
다. 이와 같이 증상연훈습增上緣熏習의 힘으로 오래오래 하면 저절로 밝아진
다.

03 중생을 이익 되게 하는 것이 '공功'이고 보리를 장양함이 '덕德'이다. 즉 '무변공
덕無邊功德' 네 자는 총체적으로 이 경의 교의로 체를 증득하여 용을 일으키고,
무변법계에 두루 가득하고, 중생을 이익 되게 하고, 함께 보리를 증득하는 등
의 무량무변의 공덕이 있음을 밝혔다.

04 인행因行은 같고 인因의 마음이 같지 않으면 과보도 자연히 같지 않음을 모름

지기 알아야 한다. 온 세계에 몸을 나누어 널리 중생을 제도하고자 하면 가히 헤아릴 수 없는 화신化身이어야 한다. 마땅히 일체중생의 이익을 위하여 일체의 고를 뽑는 대비심을 발해야 함을 알 수 있다. 이와 같이 마음을 발하면 반드시 이와 같이 과를 증득한다.

05 복과 지혜의 장엄을 이루고 상호相好가 무변하고자 하면 가히 칭량할 수 없는 보신報身이어야 한다. 마땅히 널리 육도만행六度萬行을 닦아 즐겨 일체 선법의 수행을 모으는 심심深心을 발해야 한다.

06 초발심初發心 때에 오히려 염을 끊지 못한 것은 다만 생멸문生滅門 중에 있기 때문이다. 상에 집착하지 않고 상을 무너뜨리지 않고 널리 일체를 이익 되게 하는 육바라밀을 정진하여 부지런히 닦아야 한다. 또 비롯함이 없는 망상은 일을 겪고 마음을 단련하지 않으면 또한 결정코 능히 제거할 수 없다. 이것이 다 불교를 배우는 아주 긴요한 관건이다.

07 상에 머물러 보시 등 육바라밀을 행하면 한번 장애의 인연을 만나면 반드시 물러나는 마음에 이른다. 망상을 쉬지 못할 때에 염을 일으키면 곧 집착하게 됨을 마땅히 알아야 할 것이다. 사구四句 중에 반드시 일구一句에 집착한다. 고로 집착하지 않고자 하면 사구를 다 여의어야 모름지기 무념無念이 된다.

08 승과 속, 남과 여를 막론하고 다만 능히 신심을 어기지 않으면 이와 같이 성취하지 않음이 없을 것이다. 삼심을 가지런히 발해야 부처님의 종자를 이어 융성하게 할 수 있다. 곧 이것이 여래의 아뇩다라삼먁삼보리를 짊어지는 것이다.

09 '여래'는 성덕性德이 뚜렷이 밝은 사람이다. '무상보리'는 각왕覺王이 홀로 증득한 법이다. 이 둘을 짊어지는 것을 허락하는 것은 대개 부처의 지위를 이어 계승하는 사람이 되어 각왕覺王의 법을 감당하는 것을 허락하는 것이다. 즉 여래가 다 알고 다 본다는 것은 마치 상적광常寂光 중에 그것을 인가하고 허

락한다고 말하는 것과 같다.

103. 반대로 나타냄

何以故. 須菩提. 若樂小法者. 著我見人見眾生見壽者見. 則於此經.
不能聽受讀誦. 爲人解說.

"왜 그런가? 수보리야! 만약 작은 법을 좋아하는 사람은 아견·인견·중생견·
수자견에 집착하기 때문에 즉 이 경전을 능히 듣고 받아 지녀 독송하며 다른 사
람을 위해 설하지 못할 것이다."

01 '소법小法'은 소승법을 말한다. 겸하여 불요의법不了義法을 가리킨다. 바로 '위
    없이 깊은 경'의 반대 면이다. '작은 법을 좋아하는 것(樂小法)'은 또 이에 이 '경
    전을 듣고 신심을 어기지 않는 것'의 반대 면이다. 이는 반면反面을 빌려 정면
    正面의 뜻을 나타내었다.

02 마음에 만약 취함이 있으면 누가 그로 하여금 취하게 하는가? 타인이 아니고
    나(我)이다. 그러므로 법을 취하고 비법을 취하고를 막론하고 다 아我에 집착
    하는 것이 된다. 그것을 비교하면 범부의 아집我執에 거칠고 세밀한 다름이 있
    는 것에 지나지 않는다. 어찌 일찍이 나무와 뿌리를 깨끗하게 자른 적이 있었
    는가?

03 앞에서는 '아상'이라고 말하고 여기에서는 '아견我見'이라고 말했다. 견見에 집
    착하고 상相에 집착하고를 막론하고 집착하면 병을 이룬다. 그러나 능히 취
    하는 망견이 있음으로 인하여 취하는 바의 환상이 있다. 그러므로 견에 집착
    하는 것이 상에 집착하는 병의 뿌리이다. 이를 일러 다르다고 말한다. 이로

말미암아 그것을 관해 보면 다만 상만 보내면 공행功行은 오히려 얕음을 알 수 있다. 반드시 견을 보내어야 공행이 깊어진다. 망견을 제거하지 못하면 병의 뿌리가 아직 있다. 환상을 능히 깨끗이 제거하지 못한다.

04 이 경의 전·후에 밝힌 바는 다만 이 한 뜻이다. 전반은 또한 얕고 또한 깊으며 후반은 깊음이 있고 얕음이 없는 데 불과하다.

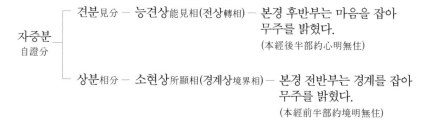

자증분
自證分 ┬ 견분見分 ─ 능견상能見相(전상轉相) ─ 본경 후반부는 마음을 잡아
　　　　　　　　　　　　　　　　　　　　무주를 밝혔다.
　　　　　　　　　　　　　　　(本經後半部約心明無住)
　　　　└ 상분相分 ─ 소현상所顯相(경계상境界相) ─ 본경 전반부는 경계를 잡아
　　　　　　　　　　　　　　　　　　　　무주를 밝혔다.
　　　　　　　　　　　　　　　(本經前半部約境明無住)

05 응당히 마음을 발했으면 경에 의지하여 실답게 수행해야 한다. 이 마음을 발할 때에 곧 여래의 무상보리를 짊어진 것이다. 이 경 가운데 설한 바는 성불의 정수이다.

06 대법大法에 계합해 들어감을 구하고자 하면 오직 듣고 받아서 독송하는 것이 있다. 대개 크게 원만한 이해를 여는 것은 진실로 쉽지 않다. 만약 항상 듣고 깊이 이해하는 자(상을 여의고 견을 여읨이 매우 깊은 자)의 해설로써 가히 작은 노력으로 많은 효과를 거둘 수 있다.

07 듣고 받아 훈습하는 힘을 얻고 독송 훈습의 힘을 더해야 한다. 장차는 부지불식간에 삼심을 가지런히 발생하게 한다. 비록 극히 둔한 근기라도 변화시켜 상근기의 뛰어난 지혜가 되게 한다. 경에 이르기를, "부처님의 종자는 인연을 좇아 일어난다."고 했다. 이 수승한 인연에 의지하는데 무슨 걱정이 있겠는가?

08 아견我見 등 허망한 상상相想을 제거하고자 하나, 이 일체에 머무름 없는 금강반야를 믿어 이해하고 받아 지니지 않으면 반드시 불가능하다. 일체 제불 및

제불의 무상정등정각법이 다 이 경을 좇아 나온 까닭이다.

104. 경의 수승함을 결론하여 나타냄

須菩提. 在在處處. 若有此經. 一切世間天人阿修羅. 所應供養. 當知
此處. 則爲是塔. 皆應恭敬. 作禮圍繞. 以諸華香而散其處.

"수보리야! 어느 곳이든 만약 이 경이 있으면, 모든 세간의 천·인·아수라가 응
당히 공양을 올릴 것이니, 마땅히 알라. 이곳은 곧 탑이 있는 것과 같아서 모두
공경의 예를 지어 빙 둘러 돌 것이며, 여러 가지 꽃과 향을 그 곳에 흩어 공양하
리라."

01 '재재처처在在處處'는 응당히 넓고 커서 일체 처에 두루하여 어느 곳에도 있지
    아니함이 없다는 뜻이 있다. '일체 세간'은 법계에 두루하고 미래가 다하도록
    일체 천룡팔부, 사생육도가 응당 공양할 바를 말한다. '공양'은 그 옹호함을
    표한 것이다. '소응所應'은 공양은 일체중생을 위해야 한다는 책임을 밝힌 것
    이다. 그러므로 일체중생은 다 응당히 힘을 다해 널리 드날려 재재처처에 다
    이 경이 있게 해야 한다.

02 '즉 이 탑이 된다(則爲是塔)'는 것은 경이 곧 이 탑이다. 앞에서 말한 "경전이 있
    는 곳에 부처님이 있고 존중하는 제자가 있다."는 것이다. 이곳은 앞에 비해
    뜻이 깊다. 이 경은 삼보 명맥의 빗장이 됨을 응당히 알아야 할 것이다. 이 경
    은 능히 삼덕三德을 이루고 삼신三身을 나타낸다.

03 공양에는 반드시 꽃과 향을 사용해야 한다. '꽃'은 장엄을 표하고 '향'은 청결
    을 표한다. 꽃은 과果의 인因이 되므로 그것을 '흩어서(散)' 복과 지혜를 쌓으

로 닦는 인을 심으면 복과 지혜를 장엄하는 과를 증득함을 표한 것이다. 또 향은 부처님의 사자가 되니 그것을 '흩어서' 삼업三業이 청정하여 감응이 도와 만남을 표한 것이다.

04 경이 있는 곳은 이와 같이 수승하다. 즉 신심信心을 어기지 않고 교에 의지하여 받들어 행하는 사람의 복덕이 수승함을 가히 알 수 있다.

05 경에 응당히 공양해야 한다. 즉 받아 지니고 독송하여 널리 사람을 위하여 설하는 자를 용천龍天이 옹호함을 알 수 있다.

06 『보현행원품普賢行願品』에 이르기를, "이 원顧을 외우는 자는 세간에서 행함에 장애가 없다. 마치 공중의 달이 구름의 가림을 걷어내는 것과 같다. 제불보살이 칭찬하는 바를 일체의 사람과 하늘 존재들이 다 응당히 예경해야 하며 일체중생이 다 응당히 공양해야 한다."고 했다. 이 두 경이 하나는 지혜를 표하고 하나는 자비를 표한다는 것을 마땅히 알아야 한다. 날마다 이 두 종류로써 항상 내야 하는 세금으로 삼아 복과 지혜를 쌍으로 닦고 자비와 지혜를 합일하면 공덕이 무량무변하다.

07 선도 대사善導大師가 이르기를, "여래가 세상에 출현하여 오직 미타본원의 바다를 설했다."고 했는데, 이것이 『불설대승무량수장엄청정평등각경佛說大乘無量壽莊嚴淸淨平等覺經』으로 실로 제불여래가 널리 법계의 일체의 죄 있고 괴로운 중생을 위하여 평등 성불하게 하는 제일의 법문이다. 더욱더 응당히 그것을 알아야 한다.

08 지금의 세상에서는 더욱 널리 넓히고 드날려서 어느 곳이나 다 이 경이 있게 해야 한다. 즉 어느 곳이나 다 삼보의 가피가 있고 천룡이 다 옹호한다. 즉 어느 곳이나 다 안녕을 얻는다.

09 수행자는 마땅히 대심大心을 발해야 한다. 나날이 어느 곳에서나 독송하여 재앙의 장애가 소멸되기를 구해야 한다. 어찌 다만 어느 곳에서나 가히 안녕

을 얻겠는가? 또한 어느 곳에서나 중생은 반드시 부지불식간에 신심信心을 일으켜야 한다. 이러한 등의 감응은 진실되어 헛되지 않다. 왜 그런가? 일진법계─眞法界이고 일체중생이 동체인 까닭이고 그윽이 훈습하는 힘이 지극히 큰 까닭이다.

10 이 경의 공덕이 수승하여 시방 삼보의 호지하는 바가 되고 일체 천룡이 공경하는 바인 까닭이다. 사람이 능히 이와 같이 그것을 닦으면 곧 이것이 자기를 버리고 타인을 이익 되게 하는 것이며 곧 이것이 이미 도안을 여는 것이다. 곧 이것이 일진법계를 관조하는 것이고, 곧 이것이 일체중생을 이익 되게 하는 상을 여읜 보시를 행하는 것이다. 곧 이것이 신심을 어기지 않고 가르침에 의지하여 받들어 행하는 것이다. 불가사의 공덕을 성취하는 것이고, 곧 여래를 짊어지는 것이다. 그 효력의 크고 작음과 빠르고 더딤은 온전히 그 사람의 관행의 힘이 어떠하냐에 따라 다름을 볼 수 있다. 대심을 발한 자는 그 자리에서 곧 일어나서 그것을 행해야 한다.

復次. 須菩提. 善男子. 善女人. 受持讀誦此經. 若爲人輕賤. 是人先世
罪業. 應墮惡道. 以今世人輕賤故. 先世罪業則爲消滅. 當得阿耨多羅
三藐三菩提.

須菩提. 我念過去無量阿僧祇劫. 於然燈佛前. 得値八百四千萬億那
由他諸佛. 悉皆供養承事. 無空過者.

若復有人. 於後末世. 能受持讀誦此經. 所得功德. 於我所供養諸佛功
德. 百分不及一. 千萬億分. 乃至算數譬喻所不能及.

須菩提. 若善男子. 善女人. 於後末世. 有受持讀誦此經. 所得功德. 我
若具說者. 或有人聞. 心則狂亂. 狐疑不信.

須菩提. 當知是經義不可思議. 果報亦不可思議.

"다시 또 수보리야! 선남자 선여인이 이 경전을 수지 독송하는데도 만약 다른
사람에게 가벼이 여김과 천히 여김을 당한다면, 이 사람은 선세의 죄업으로 응
당 악도에 떨어질 것이지만, 금세의 사람들에게 가벼이 여김과 천히 여김을 당하
므로 선세 죄업이 곧 소멸되어 마땅히 아뇩다라삼먁삼보리를 얻으리라.

수보리야! 내가 생각하건대 연등 부처님을 만나기 전 과거의 셀 수 없는 많은
겁 동안에도 팔백사천만억의 모든 부처님을 만나 다 공양 올리고 받들어 모시
는 일에 헛되이 지나친 적이 없느니라.

만약 다시 어떤 사람이 후말세에 능히 이 경을 수지독송하여 얻는바 공덕을
비교한다면, 내가 모든 부처님을 공양한 공덕이라도 그것의 백 분의 일에도 미
치지 못하며, 천만억 분의 일 내지 셀 수 없을 만큼의 비유로도 미치지 못할 것
이니라.

수보리야! 만약 선남자 선여인이 후말세에 이 경을 수지 독송하는 자가 있어 얻는바 공덕을 내가 만약 갖추어 설한다면 혹 어떤 사람은 마음에 광란이 일어 나서 의심을 내고 믿지 않을지도 모른다.

수보리야! 이 경은 뜻도 불가사의하고, 과보도 또한 불가사의함을 마땅히 알 아야 할 것이니라."

105. 죄를 멸함을 잡아 나타냄. 가볍게 여기는 인을 표함

復次. 須菩提. 善男子. 善女人. 受持讀誦此經. 若爲人輕賤. 是人先世 罪業. 應墮惡道.

"다시 또 수보리야! 선남자 선여인이 이 경전을 수지 독송하는데도 만약 다른 사람에게 가벼이 여김과 천히 여김을 당한다면, 이 사람은 선세의 죄업으로 응 당 악도에 떨어질 것이지만,"

01 가르침의 뜻이 수승함으로 인하여 능히 선세의 죄업을 멸하고 무상보리를 얻 는다. 보리를 증득하고자 하면 먼저 숙세의 업장을 제거해야 복덕이 바야흐 로 원만해질 것이다.

02 '다른 사람에게 가벼이 여김과 천히 여김을 당함(爲人輕賤)'은 비방 받고 굴욕 을 당하는 등과 같다. 넓게 그것을 말하면 무릇 곤란하고 어긋나는 일 등이 다 이것이다. '이 사람은 선세죄업으로 응당 악도에 떨어짐(是人先世罪業應墮惡 道)'은 사람들의 경천을 입는 까닭을 밝힌 것이다.

03 무릇 사람이 업을 지음에 선과 악을 막론하고 다 이 익숙한 것을 먼저 이끌어

온다. 전생에 악업을 지었지만 금생에 악도에 떨어지지 않은 자는, 모든 후생을 기다려야 하는 것이다. 그것은 전생에 지은 선업이 있음으로 인하여 그 과보가 먼저 성숙되었기 때문이다. 혹은 다생多生으로 지은 선과善果의 남은 복이 아직 다하지 않았고 또한 그 악업 과보의 시절인연이 아직 도래하지 않았기 때문이다. 그런 까닭으로 금생에 아직 악도에 떨어지지 않은 것이다.

04 인이 있으면 반드시 과가 있다. 만약 달리 수승한 인을 짓지 않고도 속히 수승한 과를 증득하는 것은 정업定業의 과보인데 어찌 능히 면하겠는가! 이른바 선과 악은 끝내 응보가 있는데 다만 일찍 오고 늦게 오는 차이가 있는 것이다. 고덕이 이르기를, "모든 것을 가져갈 수 없고 오직 업이 있어 몸을 따른다."고 했다. 이는 만사는 다 공空이고 오직 인과가 있을 뿐이다. 이로 말미암아 그것을 관해 보면 사람이 태어나 세상에 무슨 재미가 있겠는가?

05 업을 짓는 것은 업장業障이다. 악도에 떨어지는 것은 보장報障이다. 죄업을 가히 짓지 말아야 함을 모르는 것은 혹장惑障이다. 비록 크게 넉넉하고 크게 귀하나 하늘에 태어남에 이르러 결국 일개 '고苦' 자를 면하기 어렵다. 범부는 이 셋이 다 허망 망상임을 알지 못한다. 미혹한 데 집착하여 깨닫지 못하고, 그 도를 보는 것과 도를 닦는 것과 도를 증득하는 것을 장애한다. 그러므로 이를 일러 장애라고 한다.

06 불교를 배우는 것은 오직 하나의 종지이니, 장애를 제거하는 데 있다. 일체 불법을 한마디 말로써 포괄하여 말하면 세 가지 장애를 제거하는 것이다.

07 이 구절의 경문은 업력의 불가사의함을 밝혔다. 이 경을 받아 지니고 독송하면 일체 세간·천·인·아수라가 응당히 공양하는 바가 된다. 지금 오랜 업인 까닭에 반대로 사람들의 가벼이 여김을 입는 것이다. 업장의 힘이 큰 것이다.

08 번뇌를 일으키면 업業을 지어 고苦를 초래하는 근본이 된다. 번뇌를 멸하면 업의 고가 따라서 멸한다. 세 가지 장애를 이미 제거하면 곧 삼덕三德이 원만

해지고 삼신三身이 원만히 나타난다. 이 경은 즉 번뇌를 끊고 장애를 제거하여 구경에 도달하게 하는 요점이다.

106. 죄를 멸해 얻는 복을 밝힘

以今世人輕賤故. 先世罪業則爲消滅. 當得阿耨多羅三藐三菩提.

"금세의 사람들에게 가벼이 여김과 천히 여김을 당하므로 선세 죄업이 곧 소멸되어 마땅히 아뇩다라삼먁삼보리를 얻으리라."

01 이 과는 바로 경의 공功이 불가사의함을 밝혔다. '금세의 사람들에게 가벼이 여김과 천히 여김을 당하므로 선세 죄업이 곧 소멸된다' 함은 불경佛經에서 항상 설하는 선악 두 업은 각각 인과가 있어 각각 아울러 존재하고 능히 상쇄할 수 없다는 것을 마땅히 알아야 할 것이다. 그러므로 백천 겁이 지나도 그 업은 없어지지 않는다. 그러므로 오직 힘을 다해 악의 종자를 소멸하는 하나의 법이 있을 뿐임을 어찌하겠는가?

02 만약 최상승最上乘 요의了義의 가르침에 의지하여 수승한 인을 닦으면 수승한 과가 정해진다. 저 아미타불을 염하여 정토에 태어나기를 구하는 것과 같다. 곧 숙세의 있는바 악의 종자와 뿌리와 잎 및 장차 이룰 것과 이루지 못한 과를 가지고 베어 끊고 깎아 제거해야 한다. 어찌 선과善果를 먼저 성숙시키고 악과惡果를 이루지 못하게 하는 데 그치겠는가!

03 닦은 바가 아상도 없고 법상도 없고 또한 비법상非法相도 없는 공부이다. 즉 능히 지은 바의 마음이 이미 공하면 지은 바의 업도 저절로 멸한다. 이른바 '죄는 마음을 좇아 일어나기 때문에 마음을 가지고 참회해야 하고 마음이 만

약 공할 때에 죄도 또한 없어진다'는 것이 이것이다.

04 '당득當得' 이 두 자는 이미 세존이 친히 허락함을 입은 것으로 즉 이 수기이다.

05 '이 경을 수지독송하고(受持讀誦此經)' '사람의 가볍고 천함을 당한다(爲人輕賤)'
고 했다. 그 중에 함유하는 뜻을 설하여 다할 수 없다. 다시 간략히 다섯 가
지의 뜻을 든다.

첫째, 인과가 가히 두려움을 알아 악업을 짓지 않게 한 것이다. 다행히 금강
반야의 힘에 의지하면 타락을 면하고 오히려 어려움을 온전히 면한다.

둘째, 위에서 공경을 설하는 것을 듣는 자로 가히 상에 집착하지 않게 한 것
이다. 상에 집착하면 여의치 않은 일을 만나게 되어 반드시 퇴굴심을 낸다.

셋째, 어긋나는 일을 만나는 자로 하여금 상에 집착하지 않게 한 것이다. 응
당히 죄를 멸하는 관觀을 지어야 한다.

넷째, 일체중생은 숙업이 어찌 한량이 있겠는가? 극히 무거운 과보를 이 경의
힘이 또한 소멸한다.

다섯째, 인과를 변하게 하는 것은 지극히 복잡함을 알게 한 것이다. 응당히
그 구경을 관해야 한다. 겨우 목전을 보아 얕게 봄으로 회의를 품지 말아야
한다.

06 이 구절의 글 가운데에 암시하여 학인에게 경계한 것이 셋이다.

첫째, 금세에 경천輕賤을 받는 것은 선세 중죄의 소치이다. 무릇 이 일을 만난
자는 응당히 두려워하는 마음과 순순히 받는 마음을 내야 한다.

둘째, 경천을 받는 자가 만약 이 경을 수지독송하면 숙세의 업을 소멸할 수
있다. 응당히 금강반야에 귀의하는 마음을 내어 응당히 나를 경천하는 자에
상대하여 선지식이라는 마음을 내어야 한다.

셋째, 사람들이 경천한즉 응당히 떨어질 실마리이다. 일체 학인은 응당히 부
지런히 참회를 구하는 마음을 내어야 한다. 마땅히 보리를 얻는다고 말한 것

은 오히려 얻지 못하면 응당히 용맹 정진하는 마음을 내어야 한다는 것이다.

07 이 경은 바로 참회의 묘문妙門이다. 『법화경』에 이르기를, "만약 참회하고자 하는 사람은 단정히 앉아서 실상을 염하라. 중죄는 서리나 눈과 같아서 지혜의 태양이 능히 녹여 없앤다."라고 했다. 이 경의 체는 즉 실상實相이다. 상을 여의고 염을 여읜 것이 바로 이 실상을 관하는 것이다. 또한 바로 번뇌를 제거하는 것이고, 업을 소멸시키고, 과보를 변화시키는 무상묘법無上妙法이다. 이는 즉 이참理懺이다.

08 『보현행원품』에 이르기를, "보살이 만약 능히 중생을 수순하면 즉 제불에 수순 공양하는 것이다. 만약 중생을 존중하고 받들면 곧 여래를 존중하여 받드는 것이 된다. 만약 중생에게 환희를 내게 하는 자는 일체 여래를 환희하게 하는 것이다."라고 했다. 그러므로 육바라밀을 행한즉 사참事懺이다.

09 만약 다만 독송만 하고 수지하지 않고 다만 먼 인因만 심으면 큰 효과를 거둘 수 없다. 다만 복만 증장하면 지혜를 열 수 없다. 다만 가벼운 업만 소멸하면 중죄를 소멸할 수 없다.

10 불교를 배우는 자가 만약 이 경을 좇아 들어오지 않으면 비록 고행을 무수한 겁을 하더라도 다만 보살을 이룰 뿐 성불하지 못한다.

107. 부처님께 공양함을 잡아 나타냄. 부처님께 공양함을 밝힘

須菩提. 我念過去無量阿僧祇劫. 於然燈佛前. 得值八百四千萬億那由他諸佛. 悉皆供養承事. 無空過者.

"수보리야! 내가 생각하건대 연등 부처님을 만나기 전 과거의 셀 수 없는 많은 겁 동안에도 팔백사천만억의 모든 부처님을 만나 다 공양 올리고 받들어 모시는 일에 헛되이 지나친 적이 없느니라."

01 신위信位로 말미암아 초주에서 성불하는 데까지 겪는 시간은 혹 빠르고 느림이 있다. 온전히 그 사람의 근기의 뛰어남과 공행의 근면과 나태가 같지 않음을 볼 수 있다. 어찌 가히 구속되지 않겠는가?

02 공양은 간단하게 그것을 말하면 즉 음식, 의복, 와구臥具, 탕약의 사사四事로 공양하는 것이다. 자세히 그것을 말하면 『화엄경』에 설한 바의 사공양事供養·법공양法供養과 같다.

03 '승사承事'는 좌우에서 받드는 것이다. '실개悉皆'는 바로 다 헛되이 지나침이 없었다는 것을 가리켜 한 말이다. 오랜 시간 동안 부처님께 부지런히 공양했다고 갖추어 말하는 것은 이 경을 수지하는 것에 미치지 못함을 나타내기 위한 방안이다.

108. 경을 지님을 나타냄

若復有人. 於後末世. 能受持讀誦此經. 所得功德. 於我所供養諸佛功德. 百分不及一. 千萬億分. 乃至算數譬喩所不能及.

"만약 다시 어떤 사람이 후말세에 능히 이 경을 수지 독송하여 얻는바 공덕을 비교한다면, 내가 모든 부처님을 공양한 공덕이라도 그것의 백 분의 일에도 미치지 못하며, 천만억 분의 일 내지 셀 수 없을 만큼의 비유로도 미치지 못할 것이니라."

01 '후말세에(於後末世)'는 바로 말법에 해당한다. 지금의 세상을 가리킨다. 말세

중생이 이 경을 수지독송하는 공덕과 내가 부처님께 공양한 공덕을 비교하면 나는 즉 저로 더불어 서로 비교함을 감당할 수 없다. 산수算數와 비유譬喻로 능히 미치지 못한다.

02 경을 지니는 자도 근기의 뛰어나고 둔함과 공행의 깊고 얕음으로 인하여 갖 가지로 같지 않다. 그러므로 비교가 미치지 못하는 정도로 드디어 이와 같이 높고 낮음이 같지 않다.

03 이것은 다섯 번째에 경의 공功을 비교하여 나타낸 것으로 이는 죄업을 소멸하 고 마땅히 보리를 얻은 후에 설해져 있다. 뜻으로 말하면, "이 경을 수지 독 송하는 것은 곧 장애를 제거하고 수기를 얻는 것인데, 어찌 내가 옛날에 수기 를 받기 전 무수겁을 지나고 수없는 부처님을 만나서 다만 공양하고 받들어 섬기는 것이 능히 미치지 못하는 바를 알았겠는가?"라고 할 수 있다.

04 공양하고 받들어 섬긴 것이 미치지 못한다는 것은 바로 이 경을 받아 지니는 것임을 지적하여 가리킨 것이다. 경 가운데의 의취義趣로써 불지견佛知見을 열 고 불지견을 보여 준 것이다. 과연 능히 받아 지니면 곧 불지견을 깨달아 불 지견에 들어간다. 그런 까닭으로 무수한 칠보로 보시한 것과 몸과 목숨으로 보시한 것과 다겁토록 부처님을 공양한 것이 다 능히 미치지 못하는 이치가 이에 있다.

05 말세 중생은 투쟁이 견고하여 업이 무겁고 복이 가벼우며 장애가 깊고 지혜가 얕다. 그렇지만 오히려 받아 지니고 독송하는 사람이 있다. 즉 정법正法과 상 법像法의 시대에 그 사람이 많이 있음을 가히 알 수 있다. 특별히 말세를 들어 서 가히 중생을 가벼이 보지 말 것을 보인 것이다. 이는 섭수攝受의 평등이다.

06 이 경은 최고로 업장을 잘 제거하니 말세 중생은 불가불 이 경을 받들어 지녀 야 할 것이다. 이 경이 삼보三寶의 명맥命脈이기 때문에 현전하는 중생과 말세 일체중생에게 권하여 힘써 널리 전해 미래제未來際가 다하도록 단절함이 없게

해야 한다. 부족함이 매우 길다.

109. 경의 공덕의 결론을 이룸.
갖추어 설하기 어려움을 밝힘

須菩提. 若善男子. 善女人. 於後末世. 有受持讀誦此經. 所得功德. 我
若具說者. 或有人聞. 心則狂亂. 狐疑不信.

"수보리야! 만약 선남자 선여인이 후말세에 이 경을 수지 독송하는 자가 있어
얻는바 공덕을 내가 만약 갖추어 설한다면 혹 어떤 사람은 마음에 광란이 일어
나서 의심을 내고 믿지 않을지도 모른다."

01   이는 앞의 다섯 차례에 걸쳐 공덕을 비교하여 나타낸 것의 결론을 맺는 것이
     다. '광란狂亂'·'호의狐疑'는 모두 학인들에게 베푼 훈계이다.

02   '광란狂亂'은 망령되게 반야를 이야기하여 진실한 뜻을 이해하지 못하는 것을
     가리킨 것이다. 대중의 마음을 혹란하는 까닭에 말하기를 "마음이 즉 미쳐
     서 어지럽다(心則狂亂)."고 하였다. '호의狐疑'는 반신반의한다는 뜻이다. 또
     한 진실한 뜻을 이해하지 못함으로 말미암아 능히 결정된 신심을 일으키지
     못한다.

03   세존의 이 말씀은 수행인은 이 일은 본래 설하는 바가 미치지 않는 것이어서
     오직 증득해야 바야흐로 알 수 있음을 알아야 한다고 경계한 것이다. 모름지
     기 일체에 집착하지 않으면서 참된 수행을 오래도록 하면 바야흐로 능히 상
     응하고 가히 미쳐버리지 않을 것이다. 공功이 이르면 곧 능히 스스로 아는 것
     을 의심할 필요가 없다.

110. 부사의함을 밝힘

須菩提. 當知是經義不可思議. 果報亦不可思議.

"수보리야! 이 경은 뜻도 불가사의하고, 과보도 또한 불가사의함을 마땅히 알아야 할 것이니라."

01 '당지當知' 양 구는 바로 미치고 의심하는 자를 훈계하는 말이다. '과보果報'는 즉 얻은바 공덕을 가리킨다. 즉 앞의 글에 이른바 '여래를 짊어지는 것' 및 마땅히 '보리를 얻는 것'이 이것이다. 경의 뜻은 오로지 일체 제상을 여의면 바야흐로 능히 성품을 증득함을 밝힌 것이다. 분분히 여의면 곧 분분히 증득한다. 다 응당히 명자名字 · 언설言說 · 심연心緣의 모든 상은 미세하고 촘촘하게 계합해 들어가야 한다. 허상을 다 보내면 깨끗한 덕이 저절로 나타난다.

02 세존의 뜻으로 만약 말하면, 앞에서 이른바 '법은 즉 법이 아닌 것'은 무엇인가? 마땅히 알라. '이 경의 뜻이 불가사의한(是經義不可思議)' 까닭이다. 앞에서 이른바 '부처가 즉 부처가 아니라는 것'은 무엇인가? 마땅히 알라. '과보도 또한 불가사의한(果報亦不可思議)' 까닭이다.

03 종합하면, 이 경의 뜻은 오로지 정情에 집착함을 보내고 공적空寂의 성性을 증득하는 데 있다. 과보는 즉 가히 인연으로 염하는 성性이 아닌 것을 증득하는 것이다. 모름지기 언어도단言語道斷 · 심행처멸心行處滅이 되어야 바야흐로 조금의 상응을 허락한다. 마음으로 행하는 곳이 멸한 것은 불가사의하다. 언어의 길이 끊어진다는 것도 불가사의하다. 이를 일러 "이 경의 뜻이 불가사의하고 과보도 또한 불가사의하다."고 한 것이다.

04 만약 언어도단 · 심행처멸의 불가사의를 향하는 가운데 관조하여 계합해 들어감을 알지 못하면 곧 경의 뜻으로 더불어 서로 배반하는데 어찌 과보를 가

히 증득하겠는가?

05 '불가사의不可思議'는 세 가지 뜻이 있다.

첫째, 언어의 길이 끊어지고 마음이 행할 곳이 멸한 것이다. 경의 뜻에 밝힌 바도 이를 밝힌 것이다. 과보를 얻는 것도 이를 얻는 것이다. 이것이 본뜻이다.

둘째, '이 경에 불가사의 공덕이 있다'는 구절을 비추어 보면 아울러 분명하게 풀어 밝힐 수 있다. 지극히 경의 공을 나타낸 한 구절을 빌려서 정리했다.

셋째, 이 경의 공덕 및 경을 지니는 자의 공덕을 나타낸 것이다. 더 위가 없고 동등할 것이 없으며 범부의 생각으로 능히 엿볼 수 있는 것이 아니며 언어로 능히 말할 수 있는 바가 아니다.

金剛經 講義 節要

금강경 강의 절요 권4

본경 전후의 두 큰 단락이 같지 않은 곳을 설명한다.

01 전반부경 : 경계를 잡아 무주無住를 밝힘으로써 반야의 올바른 지혜를 드러냄.

(1) 장차 대심大心을 발할 수행자를 위하여 설함. 어떻게 발심하고 대중을 제
도하며 번뇌를 항복받고 번뇌를 끊는가를 가르침.

(2) 거친 집착을 보냄. 경계의 반연 위에서 분별심을 내어서 드디어 머물러 집
착하는 병에 이르는 것을 보냄. 하여금 상相을 여의게 함.

(3) 그 상을 여의고 집착하는 바를 보내게 함.

(4) 일체 상을 여의어야 바야흐로 보리심이 되는 것을 설함. 중생을 이익 되
게 하는 보살은 아我와 법法에 집착하여 머무르는 병을 텅 비우게 함. 이
변에 집착하지 않음.

(5) 일체가 다 비非임을 밝힘으로써 반야의 바른 지혜가 홀로 참되다는 것을
나타냄.

02 후반부경 : 마음을 잡아 무주無住를 밝힘으로써 반야 이치의 체體를 나타냄.

(1) 이미 대심을 발한 수행자를 위하여 설함. 마음을 발하고서 말하기를 나
는 능히 발하고(能發) 능히 제도하고(能度), 능히 항복받으며(能伏) 능히 끊
는다(能斷)는 등으로 분별하며 아에 집착하는 것을 여전히 보내 제거함.

(2) 미세한 집착을 보냄. 즉 마음을 일으키고 생각을 움직일 때에 곧 응당히
집착하지 말아야 함. 하여금 염念을 여의게 함.

(3) 그 염을 여의고 능히 집착하는 주체인 능집能執을 보냄.

(4) 보리를 내는 법이 있지 않고 보살이라 이름할 법도 있지 않으니 이로써 일
체법이 다 이 불법 등이라고 설함. 아我·법法에 머물러 집착하는 병을 텅
비우게 함. 이변에 집착하지 말라는 것 또한 집착하지 말라고 함.

(5) 일체가 다 시是임을 밝히고 반야 이체理體의 일여함을 밝힘. 이것이 만법

의 본체인 고로 일체법이 실상 아님이 없음.

03   최후에 그것을 결론해 말하기를, "상을 취하지 않고 진리와 같이 움직임이 없
      다."라고 했다. 전체 경의 뜻이 다 이 속에 있음.

04   또 다시 앞에서는 일체가 다 비非임을 밝혀 하여금 불변의 체를 관하게 함. 뒤
      에서는 일체가 다 시是임을 밝혀 인연을 따르는 용을 관하게 함. 뒤는 비록 인
      연을 따르나 불변임.

05   위의 모든 설을 종합하면 전체 경을 관할 수 있음. 전체 경의 뜻을 마음의 눈
      가운데서 확실하게 앎.

爾時須菩提白佛言. 世尊. 善男子. 善女人. 發阿耨多羅三藐三菩提心.
云何應住. 云何降伏其心.

佛告須菩提. 善男子. 善女人. 發阿耨多羅三藐三菩提者. 當生如是心.
我應滅度一切衆生. 滅度一切衆生已. 而無有一衆生實滅度者.

何以故. 若菩薩有我相人相衆生相壽者相. 則非菩薩. 所以者何. 須菩
提. 實無有法發阿耨多羅三藐三菩提者. 須菩提. 於意云何. 如來於然
燈佛所. 有法得阿耨多羅三藐三菩提不.

不也. 世尊. 如我解佛所說義. 佛於然燈佛所. 無有法得阿耨多羅三藐
三菩提.

佛言. 如是如是. 須菩提. 實無有法如來得阿耨多羅三藐三菩提. 須菩
提. 若有法如來得阿耨多羅三藐三菩提. 然燈佛則不與我授記. 汝於
來世. 當得作佛. 號釋迦牟尼.

以實無有法得阿耨多羅三藐三菩提. 是故然燈佛與我授記. 作是言.
汝於來世. 當得作佛. 號釋迦牟尼. 何以故. 如來者. 即諸法如義. 若有
人言. 如來得阿耨多羅三藐三菩提. 須菩提. 實無有法. 佛得阿耨多羅
三藐三菩提. 須菩提. 如來所得阿耨多羅三藐三菩提. 於是中無實無
虛. 是故如來說一切法皆是佛法. 須菩提. 所言一切法者. 即非一切法.
是故名一切法. 須菩提. 譬如人身長大.

須菩提言. 世尊. 如來說人身長大. 則爲非大身. 是名大身.

須菩提. 菩薩亦如是. 若作是言. 我當滅度無量衆生. 則不名菩薩. 何

以故. 須菩提. 無有法名爲菩薩. 是故佛說一切法無我無人無衆生無
壽者.

須菩提. 若菩薩作是言. 我當莊嚴佛土. 是不名菩薩. 何以故. 如來說
莊嚴佛土者. 卽非莊嚴. 是名莊嚴. 須菩提. 若菩薩通達無我法者. 如
來說名. 眞是菩薩.

이때에 수보리가 부처님께 사뢰었다. "세존이시여! 선남자 선여인이 아뇩다
라삼먁삼보리심을 발하여 어떻게 응당히 머무르며, 어떻게 그 마음을 항복받아
야 하겠습니까?"

부처님께서 수보리에게 말씀하셨다. "선남자 선여인이 아뇩다라삼먁삼보리
를 발한 자는 마땅히 이와 같은 마음을 내어야 한다. 즉 '나는 응당히 일체중생
을 멸도하리라' 하는 마음을 내어야 하며, 일체중생을 멸도해 마치고는 한 중생
도 제도했다는 생각이 없어야 하니라.

왜 그런가? 만약 보살이 아상·인상·중생상·수자상이 있다면 곧 보살이 아
니기 때문이니라. 그 까닭이 무엇인가? 수보리야! 실로 아뇩다라삼먁삼보리심
을 발할 어떤 법도 없기 때문이니라. 수보리야! 그대의 생각은 어떠한가? 여래
가 연등 부처님 처소에서 법이 있어 아뇩다라삼먁삼보리를 얻었는가?"

"그렇지 않습니다. 세존이시여! 제가 부처님께서 말씀하신 뜻을 헤아려 보건
대, 부처님께서는 연등 부처님의 처소에서 어떤 특정한 법으로 아뇩다라삼먁삼
보리를 얻은 바가 없습니다."

부처님께서 말씀하셨다. "이와 같고 이와 같도다. 수보리야! 실로 어떤 법이
있어 여래가 아뇩다라삼먁삼보리를 얻은 것이 아니니라. 수보리야! 만약 어떤
법이 있어 여래가 아뇩다라삼먁삼보리를 얻었다면 연등불이 나에게 수기를 주
면서 '그대가 내세에 마땅히 부처가 되어 이름을 석가모니라 하리라.'라고 하지
않았을 것이니라.

실로 어떤 법으로 아뇩다라삼먁삼보리를 얻은 바가 없었기 때문에 연등불이 나에게 수기를 주면서 말씀하시기를 '그대는 내세에 마땅히 부처가 되어 이름을 석가모니라 하리라.'라고 말씀하신 것이다. 왜 그런가? '여래'라는 것은 곧 모든 법이 진여라는 뜻이기 때문이니라. 만약 어떤 사람이 '여래가 아뇩다라삼먁삼보리를 얻었다'고 말해도, 수보리야! 실제의 이치에서는 어떤 법이 있어 부처가 아뇩다라삼먁삼보리를 얻은 것이 아니니라. 수보리야! 여래가 얻은 바 아뇩다라삼먁삼보리는 그 가운데에 실다움도 없고 헛됨도 없느니라. 이런 까닭으로 여래는 일체법이 모두 불법이라고 설하는 것이니라. 수보리야! 말한바 일체법은 곧 일체법이 아니니, 이런 연고로 일체법이라고 이름 붙였을 따름이니라. 수보리야! 비유하건대 사람의 몸이 장대한 것과 같으니라."

수보리가 말하였다. "세존이시여! 여래께서 사람의 몸이 장대하다고 말씀하신 것은 곧 큰 몸이 아니고 이 이름이 '큰 몸'일 뿐입니다."

"수보리야! 보살도 또한 이와 같아서 만약 이 말을 하되 '내가 마땅히 무량한 중생을 멸도했다'고 한다면 즉 보살이라 이름할 수 없느니라. 왜냐하면, 수보리야! 어떤 법도 보살이라 이름할 수 없기 때문이니라. 이런 까닭으로 부처님께서 아도 없고 인도 없고 중생도 없고 수자도 없다고 설하셨느니라.

수보리야! 만약 보살이 '내가 마땅히 불국토를 장엄한다'고 말한다면 보살이라 이름 붙일 수가 없다. 왜 그런가? 여래가 불국토를 장엄한다고 설하는 것은, 즉 장엄이 아니고 이 이름이 장엄일 뿐이니라. 수보리야! 만약 보살이 무아법을 통달한 자는 여래가 이름하여 참된 보살이라고 할 것이니라."

111. 마음을 잡아 머무름 없음을 밝힘으로써
　　　반야의 이체를 나타냄.
　　　깊이 머무름 없음을 관함으로써 나아가 닦음.
　　　마음을 발하나 법이 없음. 거듭 청함

爾時須菩提白佛言. 世尊. 善男子. 善女人. 發阿耨多羅三藐三菩提心.
云何應住. 云何降伏其心.

이때에 수보리가 부처님께 사뢰었다. "세존이시여! 선남자 선여인이 아뇩다라
삼먁삼보리심을 발하여 어떻게 응당히 머무르며, 어떻게 그 마음을 항복받아야
하겠습니까?"

01　이 구절의 경문은 따로 일어난 것같이 보이나 실은 긴밀하게 앞글을 밟아 왔
　　다. 장로가 물은 뜻은 아·법 두 가지 집착은 이미 보리심을 발한 때에 동시
　　에 구생俱生한다고 설한다. '항복(降)'은 즉 마음을 발한 것이 아니며 '머무름
　　(住)'은 즉 아·법에 집착하는 것이다. 이는 바로 수행인은 응당히 마음을 일
　　으키고 생각을 움직이는 때를 향하여 공부해야 함을 지시한 것이다. 장로는
　　대자비로 중생을 대신하여 근본 방편을 개시해 주기를 거듭 청한 것이다.

02　앞에서는 '응당히 어떻게 머물러야 하는가(應云何住)?' 하고 말했는데, 이는 보
　　리심에 응당히 어떻게 안주해야 하는가를 물은 것이다. 지금은 "어떻게 응당
　　히 머물러야 하는가(云何應住)?" 하고 말하니, 이는 보리심에 어떻게 홀로 응당
　　히 머물러 있어야 하는가를 물은 것이다. 만약 이 법에 머무르지 않는다면 무
　　엇을 일러 이 마음을 발했다고 하는가? 머무름이 이미 불가능하고 항복 또한
　　얻지 못하는데 장차 이를 어찌해야 될 것인가?

03　앞에서는 이르기를 "응당히 일체 상을 여의고 보리심을 발하라."라고 했다.

일체 상은 포함하는 것이 매우 넓다. 보리심을 발한 상도 마땅히 또한 이 안에 있다. 어째서 이미 이르기를, "응당히 일체 상을 여읜다."고 하고, 또 이르기를 "보리심을 발한다."고 하는가?

04 장로의 이 질문은 또 간곡하게 현전現前과 미래(當來)의 일체 끈끈하게 막혀서 변화하지 않는 자를 위하여 개시해 주기를 청한 것이다.

112. 가르침을 보임

佛告須菩提. 善男子. 善女人. 發阿耨多羅三藐三菩提者. 當生如是心. 我應滅度一切衆生. 滅度一切衆生已. 而無有一衆生實滅度者.

부처님께서 수보리에게 말씀하셨다. "선남자 선여인이 아뇩다라삼먁삼보리를 발한 자는 마땅히 이와 같은 마음을 내어야 한다. 즉 '나는 응당히 일체중생을 멸도하리라' 하는 마음을 내어야 하며, 일체중생을 멸도해 마치고는 한 중생도 제도했다는 생각이 없어야 하니라."

01 이는 바로 마음을 일으키고 생각을 움직일 때 상을 여의는 방편을 개시하고 가르쳐 인도한 것이다.

02 '여시如是'는 다음의 삼구三句를 가리킨다. 본래 있는 것을 나타내는 것을 '생生'이라 말하고 본래 없는 것을 나타내는 것을 '발發'이라고 말한다. 중생은 본래 동체이다. 일체중생을 멸도한다는 것은 응당히 그 해야 할 바를 다하는 것이다. 만약 내가 마땅히 이 마음을 발한다고 한다면 불쌍히 여겨 베푼다는 뜻이 되며 곧 상에 집착하는 것이다. 그러므로 '마땅히 발한다(當發)'고 하지 않고 '마땅히 낸다(當生)'고 말한 것이 이것이다.

03 하나의 '응應' 자를 설한 것은 보리에 집착함을 보내고 법집을 파하는 것이다. 하나의 '마땅히 생함當生'을 설한 것은 발심에 집착함을 보내고 아집을 파하는 것이다.

04 무상정등각無上正等覺을 발한 자는 먼저 중생을 제도하여 깨닫게 해야 응당 그 책임을 다한 것이다. 또한 이 책임은 능히 다할 수 없다. 다한다는 것은 또한 다하지 못함과 동등하다. 마땅히 이와 같은 마음을 내면 능히 제도하는 자도 없고 능히 제도 받는 바도 없고, 분별도 없으며 이른바 보리라 말할 것도 없고, 이른바 제도라 말할 것도 없으며 아울러 이른바 발심한다고 말할 것도 없다. 청정각심淸淨覺心으로 더불어 상응하기를 바랄 뿐이다.

05 본경을 천연히 신해수증信解修證의 4부분으로 나누었다. 그렇지만 차제에 얽매이지 말아야 한다. 비록 넷으로 나누었으나 가히 구획으로 넷이 되는 것이 아니라는 것을 배우는 자는 응당히 이 뜻을 체득해 알아야 한다.

113. 묻고 해석함

何以故. 若菩薩有我相人相衆生相壽者相. 則非菩薩.

"왜 그런가? 만약 보살이 아상·인상·중생상·수자상이 있다면 곧 보살이 아니기 때문이니라."

01 아我·인人·중생·수자의 사상四相은 비록 앞과 같으나 뜻이 매우 세밀하다. 대개 이미 일체에 집착하지 않으면 다만 위로 구하고 아래를 제도하는 지극히 미세한 분별에 집착한다.

02 만약 미세한 분별로 깨끗하지 못하면 아상의 병의 뿌리가 거듭 있는 것이

다. 비록 '보살'이라 말하나 이름은 실다움에 버금가지 않는다. 경책의 의미가 깊다.

114. 결론을 이룸

所以者何. 須菩提. 實無有法發阿耨多羅三藐三菩提者.

"그 까닭이 무엇인가? 수보리야! 실로 아뇩다라삼먁삼보리심을 발할 어떤 법도 없기 때문이니라."

01   이 구절은 두 가지 뜻이 있다. 두 가지 방식으로 읽을 수 있다.

첫째, '법法' 자에서 구를 끊는다. 뜻은 정각을 발한 자에게 실로 법이 없는 것을 말한다. 무상정등각은 즉 이 구경청정究竟淸淨이다. 청정각淸淨覺 중에 하나의 티끌에도 물들지 않은 것을 보리라 이름하고 실로 분별심이 없다. 그러므로 반드시 실로 법이 없는 것이니 이름이 무상정등각이라는 것이다.

둘째, '무無' 자에서 구를 끊는다. 뜻은 법이 있어 무상정등각을 발하나 실은 이와 같은 일의 이치는 없다는 것을 말한다.

02   발하나 발함이 없는 것이 참되게 발하는 것이다. 항복은 그 중에 있다. 마땅히 이와 같은 마음을 내면 곧 이 머무름 없으면서 머무는 것임을 모름지기 알아야 할 것이다. '응당히 일체중생을 멸도한다'는 삼구三句는 그 마음을 항복받는다는 뜻이다.

03   또 삼사三事는 다만 이 하나의 일(一事)이다. 항복은 원래 항복받지 않는 항복이다. 발심은 즉 발함 없이 발하는 것이다. 이것이 다 아我를 파하고 집착을 보내는 미묘한 방법이다. 마음을 다해 이해해야 바야흐로 잘 공부하는 것이

된다.

115. 과를 들어 인을 밝힘. 상세히 밝힘.
과를 밝힘. 얻음 없이 얻음을 밝힘. 물음

須菩提. 於意云何. 如來於然燈佛所. 有法得阿耨多羅三藐三菩提不.

"수보리야! 그대의 생각은 어떠한가? 여래가 연등 부처님 처소에서 법이 있어
아뇩다라삼먁삼보리를 얻었는가?"

01 이는 옛날 일을 끌어와 증명한 것이다. 그때에 여래는 무생법인無生法忍을 증
    득하여 지위가 팔지八地에 올랐다.

02 세존께서 앞의 설을 듣고 마음을 발하여 법이 없으면 어떻게 과果를 얻는가?
    하고 의심하는 것을 방비한 것이다. 그러므로 과를 들어 그것을 증명했다.

03 만약 과를 얻은 자가 얻음이 없으면서 얻는 것을 안다면 마음을 발한 자는
    응당히 발함이 없이 발해야 한다.

04 이 일은 앞과 뒤 양쪽에서 그것을 이끌어 왔으나 내포된 의미는 같지 않으니
    세 가지가 있다.
    첫째, 앞에서 묻기를, "법에 얻은 바가 있는가?" 했는데 답하기를, "법에 실로
    얻은 바가 없다."고 했다. 뜻은 거듭된 '득得' 자에 있다. 이 가운데 곧 거듭
    '법法' 자가 있다. 법 없이 보리를 얻음으로써 앞의 글의 법 없이 보리를 발한
    다는 뜻을 증명해 밝힌 것이다.
    둘째, 앞의 질문 중에 '법法' 자는 무생법인을 가리킨다. 여기에서의 법法 자는
    즉 아뇩다라삼먁삼보리阿耨多羅三藐三菩提를 가리킨다. 마음이 법에 머무르지

않음으로 인한 까닭에 지금은 원만히 구경究竟의 과법果法을 증득하여 여래를 이룬 것이다. 이와 같은 인因, 이와 같은 과果이다. 터럭만큼도 차이가 없다.

셋째, 앞의 질문에 "법에 얻은 바가 있는가?" 하는 것은 또한 과果를 들어 인因을 밝힌 것이다. 그러나 법法 자는 이미 무생법無生法을 가리키므로 다만 팔지과八地果를 들어 발심한 인을 밝혔다. 여기에서의 법은 무상보리無上菩提를 가리키므로 응당히 양중인과兩重因果로써 그것을 해석해야 뜻이 바야흐로 원만해진다.

05 하나로 '여래'라고 설한 것은 응당히 법에 머물지 말아야 한다는 뜻을 함유하고 있다. 여래는 이 성덕性德을 칭한 것이다. 깨달음의 성性은 원명한데 어찌 법진法塵이 있겠는가? 부처님 때에 이와 같은 성품을 옛날의 8지에 있을 때에 지었으니 그 마음에는 법진 또한 없었음을 가히 알 수 있다.

116. 답하고 해석함

不也. 世尊. 如我解佛所說義. 佛於然燈佛所. 無有法得阿耨多羅三藐三菩提.

"그렇지 않습니다. 세존이시여! 제가 부처님께서 말씀하신 뜻을 헤아려 보건대, 부처님께서는 연등 부처님의 처소에서 어떤 특정한 법으로 아뇩다라삼먁삼보리를 얻은 바가 없습니다."

01 '불야不也'는 활구이다. 무법無法도 아니고 유법有法도 아닌 것을 말한다. 저 때에 바로 장차 부처가 될 것이라는 수기를 입는다. 장래에 과법果法을 증득함을 허락하는 것을 칭한 것이다. 그러므로 법이 없는 것이 아니다. 그러나

저때에 실로 무생인無生忍을 증득함으로써 한 법도 생하지 않고 수기를 입는다. 그러므로 법이 있는 것은 아니다.

02 종합하면 마음에 법이 없음으로써 구한 이후에 얻을 수 있음을 나타내 밝힌 것이다. 만약 법에 머물러 구하면 곧 능히 얻지 못한다. 즉 응당히 법에 머물러 마음을 발하지 말아야 하는 뜻이 분명하다.

117. 인정을 이룸. 여래가 인정하고 허락함

佛言. 如是如是. 須菩提. 實無有法如來得阿耨多羅三藐三菩提.

부처님께서 말씀하셨다. "이와 같고 이와 같도다. 수보리야! 실로 어떤 법이 있어 여래가 아뇩다라삼먁삼보리를 얻은 것이 아니니라."

01 '여시如是'는 오류가 없는 것이다. 실로 어떤 법이 있어 아뇩보리를 얻은 것이 아니다. 각성이 뚜렷이 밝은 것이 이름이 아뇩다라삼먁삼보리가 된다. 만약 법진法塵이 있으면 곧 뚜렷이 밝은 것이 아니다.

02 '실무實無'는 연등 부처님 처소에 있을 때에 실로 법이 있어야 여래를 성취한다는 마음이 터럭만큼도 없었다는 것을 말한다.

03 실로 인因의 마음 가운데에 이 과법이 없는 이후에 여래를 이룬다. 비록 얻으나 실로 얻은 바가 없어야 바야흐로 성덕이 뚜렷이 드러난 여래가 된다는 것을 알게 하였다.

118. 반대로 그리고 바로 해석함. 반대로 해석함

須菩提. 若有法如來得阿耨多羅三藐三菩提. 然燈佛則不與我授記.
汝於來世. 當得作佛. 號釋迦牟尼.

"수보리야! 만약 어떤 법이 있어 여래가 아뇩다라삼먁삼보리를 얻었다면 연등
불이 나에게 수기를 주면서 '그대가 내세에 마땅히 부처가 되어 이름을 석가모
니라 하리라.'라고 하지 않았을 것이니라."

01 옛날의 수기는 실로 무생법을 증득함을 말미암은 것이다. 깨달음의 초심을
발한 보살이 만약 법이 있으면 수기하지 않고 법이 없기에 수기를 줌을 알 수
있다.

02 이 경을 받아 지니고 읽고 외우면 반드시 가르침과 같이 일체법에 머무름 없
이 머무르게 되어 신심을 어기지 않고 여래를 짊어지게 된다. 바야흐로 능히
복을 생하고 죄를 멸하여 마땅히 보리를 얻는다.

03 '삼보리三菩提' 이하의 뜻은, 저때에 아직 수기를 받기에 앞서 만약 마음이 무
상보리의 법에 머물러 여래를 이루고 무상보리를 얻고자 희망했다면 곧 능히
무생법인을 증득하지 못하고 아울러 수기 또한 받지 못했으리라는 것이다.
어찌 능히 여래를 이루겠는가?

119. 바로 해석함

以實無有法得阿耨多羅三藐三菩提. 是故然燈佛與我授記. 作是言.
汝於來世. 當得作佛. 號釋迦牟尼.

"실로 어떤 법으로 아뇩다라삼먁삼보리를 얻은 바가 없었기 때문에 연등불이
나에게 수기를 주면서 말씀하시기를 '그대는 내세에 마땅히 부처가 되어 이름
을 석가모니라 하리라.'라고 말씀하신 것이다."

01 실로 보리법에 머물러 집착하여 구하는 마음이 없는 것을 말한다. 바른 인因
의 마음에 법이 있지 않기에 무생無生을 증득하고 수기를 입었음을 밝힌 것
이다.

02 보리에 가히 머무를 수 없다. 응당히 머무르지 말아야 할 까닭이 바로 그러
함을 설명한 것이다. 상을 여의는 극치이고 또한 법성法性의 본연이다.

03 반드시 깊이 이해한 이후에 깊이 믿고, 해解가 원만한 이후에 수행이 원만해진
다. 그 증득해 들어감이 어렵지 않다. 해가 점점 열리면 정情에 집착하는 아견
이 곧 점점 소멸된다. 불교를 배움에 해혜解慧가 중요하게 있는 까닭이니 이
른바 관혜觀慧이다.

04 무상정등정각은 다른 것이 아니다. 즉 이 진여본성眞如本性이고 또한 이름이
자성청정심自性淸淨心이다. 만법의 종지가 되는 까닭으로 '무상無上'이라고 칭
한다. 일체중생이 같이 갖춘 바가 되므로 이름이 '정등正等'이다. 다만 중생이
분별집착 등 망념의 장애하는 바가 되는데, 만약 망상을 보내고 장애를 제거
하면 곧 이름이 '정각正覺'이다. 깨달음이 구경에 이르러야 성덕이 온전히 드러난
다. 부득이하게 억지로 이름하여 무상정등각을 얻었다고 말했을 뿐이다.

05 실은 즉 성性은 본래 구족하고 있는데 어찌 이른바 얻음이 있겠는가? 비록 얻
으나 반드시 무소득으로 돌아가는 까닭이다. 이 이치를 밝히면 곧 응당히 법
이 있다는 생각을 두지 않고 얻음이 있다는 생각을 두지 말아야 함을 알 수
있다.

06 성품의 빛을 원만히 비추고자 하면 모름지기 깨끗하여 티끌이 없게 해야 한

다. 하나의 법이 있으면 하나의 얻음이 있는 것은 의연히 분별 집착의 오랜 습관이어서 본성도 의연히 장애가 있다. 그러므로 다만 일체법에 응당히 머무르지 말아야 할 뿐만 아니라 보리법에도 또한 응당히 머무르지 말아야 한다.

07 모름지기 철저하게 깨달으면 근신根身과 기계器界의 일체 경계의 상이 다 허공 꽃, 물속의 달이다. 미혹하고 헤아려 집착하여 한갓 번뇌만 증장시킨다. 아울러 모름지기 계를 지키고(持戒) 복을 닦아(修福) 물든 염을 끊어야 하고 탐욕과 성냄을 제거해야 한다. 이와 같이 오래오래 관행觀行하면 정情으로 집착함이 점점 엷어지고 망상 또한 점점 적어진다.

08 무시이래 습기가 깊어서 비록 상이 다 허망함을 알기는 하나 반연을 쉬지 못한다. 반드시 염을 움직이는 곳에서 마음의 근원 위를 향해서 돌이켜 관해야 한다. 있는바 계를 지키고, 복을 닦고, 육바라밀·열 가지 원에 두루 더욱 정진하여 일을 겪으며 마음을 단련해야 한다. 만약 쳐서 염두念頭가 없어지면 일체의 분별 집착은 저절로 없다. 상의 유무는 다시 관계가 없다. 이것이 염을 여읨으로써 상을 여의는 구경이 된다.

09 오온, 육근과 산하대지 등 일체법은 다 오직 마음이 지은 바이다. 부처님이 일체법에 응당히 집착하지 말라는 것은 분별 집착하여 상에 집착하는 병을 보내는 것과 더불어 일체법을 아울러 상관하지 말라는 것이다. 곧『능엄경』에 설한 바 "다 이 묘하고 맑고 밝은 마음이고 청정하고 밝은 본성의 체이다."라고 한 것과 같다. 법과 법이 다 진실한 뜻이다.

10 『대승기신론』에 이르기를, "이 진여의 체는 버릴 만한 것이 없는데 일체의 법이 모두 다 참된 까닭이다. 또한 가히 세울 수 없다. 일체법이 다 동일한 진여인 까닭이다."라고 했다. 모름지기 아뇩다라삼먁삼보리는 즉 진여의 다른 이름임을 알아야 한다. 만약 이에 머무르면 상을 취하는 것이다. 취하는 바가 있으면 곧 세우는 바가 있다. 곧 일체법이 다 진여가 아니다.

11 '법과 법이 다 진여이다(法法皆如)'라는 일단의 경문은(120~125절) 전체 경 중에서 중요한 뜻이다. 또한 일체 대승 불법의 중요한 뜻이다. 향후에 설한 바는 이 뜻을 열어 발하고 이 뜻을 증득하지 아니함이 없다. 이것이 세존께서 친히 증득한 것을 가지고 있는 대로 다 털어내어 상세히 개시한 것이다. 중생으로 하여금 이로 말미암아 깨닫고 이로 말미암아 들어가게 한 것이다.

12 법과 법이 다 진여여서 만약 증득하여 도달하면 반드시 행해야 할 바가 있음을 알아야 할 것이다. 마치 무량겁을 재촉하여 일 찰나가 되게 하고, 일 찰나를 연장하여 무량겁이 되게 하는 것과 같다. 겨자씨(芥子) 안에 수미산을 들이고, 사바를 변화시켜 정토로 만듦으로써 이 사사무애事事無礙의 지위에 이르러야 바야흐로 이 말을 설함을 허락할 수 있다. 일체 학인이 오직 법과 법에 대해서 다 진여의 차원에서 관조하고 아견으로 두루 헤아려 정情에 집착하는 것을 다 보내고 증득해 들어감을 기약해야 이것이 가능하다.

13 법과 법이 다 그러하므로 곧 법과 법이 다 참이다. 『법화경』에 "이 법이 법의 자리에 머물러서 세간의 모양이 상주한다."고 했다. 그러므로 일체법이 다 청정본연淸淨本然하여 절대 조작이 없으므로 '무위無爲'이다. 일체 현성은 이를 닦아 이를 증득하지 아니함이 없다. 다만 공행功行의 깊고 얕음으로 인해 성인이 되고 현인이 되는 차별이 있다.

14 만약 '법과 법이 다 진여임'을 이해하고자 하면 아견으로 정情에 집착하는 병을 이미 모두 보내어 다해야 한다. 즉 상相을 보고 성性을 보면 모든 것이 다 도이므로 가능하지 않은 바가 없다. 그러므로 『최승왕경』, 『유마힐경』 등 경에 이르기를 "오온이 즉 이 법신法身이고, 생사가 즉 열반이고, 번뇌가 즉 보리이다."라고 했다. 다 법과 법이 다 진여인 뜻을 나타낸 것이다.

15 마음을 발해 스스로를 제도하고 타인을 제도함으로써 성품을 밝히고 부처를 보기를 기약하는 중요한 방법이 온전히 여기에 있다. 그 방법은 무엇인가?

이 경의 가르침에 의지하여 상을 여의는 것이 이것이다.

120. 법과 법이 다 진여임을 밝힘.
명호를 잡아 진여를 밝힘

何以故. 如來者. 即諸法如義.

"왜 그런가? '여래'라는 것은 곧 모든 법이 진여라는 뜻이기 때문이니라."

01 '여래'의 뜻은 일체법 차별의 허상을 여의고 일체법 일여—如의 진성眞性을 증득
하는 것이다. 제법 차별의 상이 있다고 보지 않는 것을 일러 '여如'라고 한다.
한 법도 홀로 다른 상이 있음을 보지 않는 것을 일러 '제법여諸法如'라고 한다.

02 '여如'는 무차별의 뜻이고 또한 다르지 않다는 뜻이다. 법성法性이 차이가 없
는 것을 말한다. 공적空寂한 까닭이다. '제법여의諸法如義'는 즉 법성공적法性空
寂의 뜻이다. 공적의 성性을 증득한 것을 '여래'라고 이름한다. 그러므로 말하
기를, "여래는 즉 제법여의(如來者, 即諸法如義)"라고 했다.

03 불佛을 대각大覺이라고 칭한즉 구경각究竟覺으로 이것은 같지도 않고 다르지
도 않은 법성이다. 그러므로 말하기를, "여래는 즉 제법여의"라고 했다.

04 그 중의 관건은 온전히 집착하고 집착하지 않는 것에서 볼 수 있다. 유에 집
착하지 않아야 제법이 일여—如임을 장애하지 않는다. 공에 집착하지 않아야
일여가 제법諸法을 장애하지 않는다. 제법에 집착하면 여如가 아니다. 여에 집
착하면 제법이 아니다. 그러므로 여래가 설한 법은 다 가히 취할 수 없으며
가히 설할 수 없다. 오직 증득해야 아는 연고이다.

05 닦아 배움에 응당히 일체의 모든 상을 여의고 육도만행을 닦아야 한다. 제상

을 여읜 자는 진리의 땅(實際理地)에서 하나의 티끌에도 물들지 않는 까닭이다. 만행을 닦는다는 것은 부처님의 일을 하는 문 가운데(佛事門中)에 한 법도 버리지 않는 까닭이다. 이와 같은 깨달음, 이와 같은 여읨, 이와 같은 닦음은 즉 법과 상응하고 성性과 상응하고 증득과 상응함을 얻는다.

06 종합하면 평등에 어두워 차별을 취하면 곧 마음이 법을 따라 구른다. 즉 비법非法도 또한 장애를 이룬다. 차별을 평등하게 보면 곧 법이 마음을 따라 구른다. 즉 법과 법이 진여 아님이 없는 것이다. 고덕이 이른바 손님을 맞이하고 객을 보내며 물을 긷고 땔나무하며 가고 마물고 앉고 누우며 하루 24시간 중에 모든 법상에서 집어 오는 이것은 한 폭의 일없는 도인이 즐거움을 행하는 좋은 그림이다.

07 천하는 본래 일이 없는데, 평범한 사람이 저절로 그것을 어지럽게 할 뿐임을 마땅히 알아야 한다. 집어 오면 곧 옳아서 자재로우니 어떠한가!

08 고덕이 말하기를, "깨닫지 못했을 때 산은 산이고, 물은 물인데, 깨달았을 때는 산이 산이 아니고 물이 물이 아니다."라고 했다. 산이 산이고 물이 물이라는 것은 다만 제법만 본 것이다. 산이 산이 아니고 물이 물이 아니라는 것은 오직 일여一如만을 본 것이다.

09 또 깨달음이 있어 후에 노래해서 이르기를, "청산은 도리어 옛 청산이로다."라고 했다. 대개 제법이 예전 그대로임을 말한다. 제법의 일여를 보면 즉 청산이 비록 옛 것이나 광경은 환하게 새롭다.

10 오직 부처님 여래만 성性이 일여함을 증득했다. 즉 진여의 시간을 다하여 오고, 진여가 끝이 없는 까닭에 와도 또한 끝이 없다. 진여는 움직임이 없는 까닭에 와도 또한 움직이지 않는다. 비록 이름하여 '래來'라고 하나 실은 즉 와도 오는 것이 없고, 오는 것 없이 오는 것이다. 여래라고 이름하는 것은 그 와도 오는 상이 없음을 밝힌 까닭에 '여如'라고 말하는 것을 마땅히 알아야 할

것이다. 그 '여如'가 여의 상이 없는 까닭에 말하기를 '래來'라고 했다.

121. 과덕을 잡아 진여를 밝힘. 무법을 밝힘

若有人言. 如來得阿耨多羅三藐三菩提. 須菩提. 實無有法. 佛得耨多
羅三藐三菩提.

"만약 어떤 사람이 '여래가 아뇩다라삼먁삼보리를 얻었다'고 말해도, 수보리
야! 실제의 이치에서는 어떤 법이 있어 부처가 아뇩다라삼먁삼보리를 얻은 것
이 아니니라."

01 혹자가 법이 있지 않을까 의심하면 자못 실로 법이 없음을 전혀 모르는 것이
    다. 다만 그 깨달음이 이미 구경이나 이름할 도리가 없어 부처님이 아뇩다라
    삼먁삼보리를 얻었다고 이름한 것뿐임을 밝힌 것이다. 만약 성덕性德을 잡아
    말하면 실로 제법일여諸法一如이다.

02 '불佛'이라고 말한 것은 바로 보리를 얻었다고 분명하게 칭한 것으로 뜻은 이
    미 무상정등각과 또한 곧 제법일여의 과를 증득했음을 밝히는 데 있다.

122. 일여를 밝힘

須菩提. 如來所得阿耨多羅三藐三菩提. 於是中無實無虛.

"수보리야! 여래가 얻은 바 아뇩다라삼먁삼보리는 그 가운데에 실다움도 없고
헛됨도 없느니라."

01 '여래가 얻은 바(如來所得)'는 오직 하나의 '무실무허無實無虛'로 즉 이 '제법여의' 이다.

02 여래가 얻은 법은 이 실상實相이다. 실상은 상도 없고 상이 아님도 없다. 상이 없는 것은 '무실無實'이다. 상이 아님도 없는 것은 '무허無虛'이다. 만약 구경으로 그것을 말하면 상과 상이 아닌 것은 다 없는 것이므로 말하기를 '무실무 허'라고 했다. 허와 실은 다 없어서 이에 진실의 법이 된다. 위 글은 진실을 증득해 이룸으로써 설한 것이다.

03 아뇩보리阿耨菩提는 즉 진여각성의 다른 이름이다. 여래는 즉 제법여의로 여래라고 칭한 것이니 이미 진여각성을 증득했음에 기인한다. 여래가 얻은 바 '무실'은 각성이 공적함을, '무허'는 각성이 원만하게 드러나는 연고임을 충분히 증명한다.

04 한 법도 생하지 않으면 실로 법이 있지 않으므로 무실이다. 법이 나타나지 않음이 없어서 제법일여이므로 무허이다.

05 '무실무허'는 즉 『기신론』의 여실공如實空의 뜻, 여실불공如實不空의 뜻이다. 여실如實은 즉 이 진여로 진여가 진실의 성체性體가 되므로 여실如實이라고 말한다. 여실공은 무실이다. 여실불공은 무허이다. 공이면서 불공하니 무실은 곧 다시 무허이다. 불공이면서 공하니 무허는 즉 다시 무실이다. 이것이 이 일체법 여여부동의 참된 체이다.

06 불공不空이 공으로 말미암아 왔기에 무허도 이 무실로 말미암았음을 가히 알 수 있다. 제법일여는 실實로 말미암아 법 없이 온 것이다.

07 무실은 가히 제법을 가리켜 한 말이다. 제법은 인연으로 생하므로 무실이다. 무허는 가히 '여如'를 가리켜 한 말이다. 진여불공인 까닭에 무허이다. '여래가 얻은 바'는 다만 제법여의를 증득했을 뿐이다.

08 무실무허는 공空과 유有가 일여하고 성덕性德이 본래 그러한 것이다. 여래가

이를 증득하여 이를 설했다. 중생으로 하여금 이를 깨닫고 이를 닦게 했다. 만약 일체법이 오직 실實이라고 관하면 범부이다. 만약 일체법이 모두 헛되다고 관하면 이승二乘이다. 즉 일체법은 실다움 중에 헛됨이 있고 헛됨 중에 실다움이 있다고 관하면 또한 방편보살이다. 부처님과 모든 대보살은 일체법이 무실무허로 이것이 전체적이라고 관했다. 무실은 즉 무허이고 무허는 즉 무실이다. 제법일여이고 공과 유가 동시이다.

09 불사문중佛事門中에 한 법도 세우지 않는 것이 무실이다. 한 법도 버리지 않는 것이 무허이다. 응당히 머무는 바 없는 것이 무실이다. 그 마음을 내는 것이 무허이다. 무실무허는 즉 이 제법실상이다. 응당히 이와 같이 배우고 이와 같이 닦아야 한다. 어떻게 닦아야 하는가? 머무는 바 없는 마음을 내어서 일체 상을 여의고 보시 등 육바라밀을 행하여 일체중생을 이익 되게 하는 것이 이것이다.

123. 제법을 잡아 진여를 밝힘. 일체법에 즉함을 밝힘

是故如來說一切法皆是佛法.

"이런 까닭으로 여래는 일체법이 모두 불법이라고 설하는 것이니라."

01 모든 법은 인연으로 생하여 무실이고 동일하게 여실하여 무허이다. 그런 까닭에 "여래는 일체법이 모두 불법이라고 설하였다(如來說一切法皆是佛法)." '제법여의'라는 말로 말미암아 '무실무허'는 출발했다. 즉 무실무허로써 일체법은 다 옳으며 제법일여를 증득해 이룬다는 것을 나타내 밝힌 것이다. 전전展轉하여 상을 내고 전전하여 상을 해석하고 상을 이루는 것은 실은 다 한 뜻을

밝힌 것으로 '응당히 머무는 바 없음'이 이것이다.

02 '여래설如來說' 세 자는 최고로 요긴하다. 성性을 잡아 설한 것이 분명하다. 상을 여의고 성을 관하면 즉 모든 것이 이·도이다. 『능엄경』에 이르기를, "오온五蘊, 육입六入, 내지 십팔계十八界는 다 여래장묘진여성如來藏妙眞如性이다."라고 했다. 또 고덕이 이르기를, "창밖의 국화꽃은 반야 아님이 없다. 뜰 앞의 푸른 대나무는 다 이 진여이다."라고 했다. 이를 일러 '일체법이 다 이 불법'이라고 말한 것이다.

03 세법과 출세법은 다 이 인연으로 생했다. 그 다르지 않은 성을 관하면 불변의 체로 즉 일체가 다 옳은 것이다. 그렇지 않고 법에 머물러 발심하고 법에 머물러 수행하면 곧 불법佛法 또한 불법이 아닌데 어찌 하물며 일체법이겠는가?

04 자세히 그것을 말하면 무릇 세간법을 행할 때에 자비로 근본을 삼아야 한다. 다 타인을 이익 되게 하기 위하여 자기의 이익을 두지 말아야 한다. 낱낱이 불법으로 더불어 어긋남이 있지 않으면 세간법이 즉 불법이다. 만약 불법을 행하면서 명예와 이익을 공경하는 마음이 있게 되면 곧 불법은 또한 세법을 이룬다.

124. 일체상을 여읨을 밝힘

須菩提. 所言一切法者. 即非一切法. 是故名一切法.

"수보리야! 말한바 일체법은 곧 일체법이 아니니, 이런 연고로 일체법이라고 이름 붙였을 따름이니라."

01 '일체법一切法'이 '즉비卽非'임을 알면 상에 집착하지 않는다. 즉 이 불법은 일체법이 아닌 것이다. 가명 환상임을 알아서 성性으로 돌아가면 비록 이름이 일체법이나 다 불법佛法이다.

02 '즉비卽非, 시명是名'을 합해서 그것을 말하면 무실무허無實無虛이고 공과 유가 동시의 뜻임을 밝힌 것이다. 세존은 이를 설하여 수행인으로 하여금 행주좌와 24시간 중에 경계를 대하고 인연을 따라 다 응당히 이와 같은 관을 짓게 한 것이다. 즉 처처가 다 도량이고 일마다 보리를 증장한다.

03 청정각성清淨覺性은 이미 헛되지 않고 또한 실법도 없다. 바로 즐거이 일체법을 빌려 일을 겪고 마음을 단련하여 모든 상을 다 비워야 한다. 또 구태여 일체법 밖에서 따로 보리를 찾을 필요는 없다. 『반야심경』에 이르기를, "제법이 공한 상은 생함도 없고 멸함도 없으며, 더러움도 없고 깨끗함도 없으며, 늘어남도 없고 감소함도 없다."고 했다. 어찌 무상보리가 완연히 시야에 들어온 것이 아니겠는가?

04 불법은 가정에서 일상적인 밥을 먹는 것과 같아서 스스로 응당히 배부르게 먹으면 마땅히 소화시키는 것을 중시해야 한다. 능히 성성적적하게 항상 깨어 있어 즉하지도 않고 여의지도 않아야 한다. 즉 때를 따르고 지地를 따라 다 가히 진실로 수용함을 얻을 것이다.

05 부처님께서 설한 법은, 설한 이치가 곧 일(事)을 포섭하고 있고, 성품이 곧 닦음(修)을 섭수하고 있다. 여기 이 하나의 큰 단락은 다 스스로 깨닫는 성스러운 지혜를 설하여 학인으로 하여금 이에 의지하여 관조觀照를 일으키게 한 것이다. 모름지기 상을 여의고 염을 여의어야 바야흐로 계합해 들어갈 수 있다.

125. 보신을 잡아 진여를 밝힘

須菩提. 譬如人身長大. 須菩提言. 世尊. 如來說人身長大. 則爲非大身. 是名大身.

"수보리야! 비유하건대 사람의 몸이 장대한 것과 같으니라." 수보리가 말하였다. "세존이시여! 여래께서 사람의 몸이 장대하다고 말씀하신 것은 곧 큰 몸이 아니고 이 이름이 '큰 몸'일 뿐입니다."

01 몸이 수미산과 같으므로 '장대長大'라고 말했다. 부처님의 보신報身을 가리켜 말한 것이다. '여래설如來說'은 바로 보신과 법신法身이 일여함을 밝힌 것이다.

02 앞에서 명호名號를 잡고, 과덕果德을 잡고, 제법을 잡아 진여를 밝힌 것은 다 법으로 설한 것이다. 여기서 보신을 잡아 진여를 밝히니, 이는 비유로 설한 것이다. 법으로 설함을 듣고 분명히 이해하지 못할까 두려워하여 비유로 인하여 분명히 이해함을 얻게 하였다.

03 법신에는 두 가지 뜻이 있다. 첫째, 법신은 즉 이 청정자성淸淨自性으로 이름하여 자성법신自性法身이다. 이는 즉 부처님과 더불어 중생이 함께 갖춘 바이다. 이른바 동체의 성性이다. 중생을 잡아 말하면 또 이름이 장애 있는 진여이고 또 이름이 얽혀 있는 법신이다. 둘째, 일체 제불은 오랜 겁을 부지런히 수행하여 복과 지혜를 장엄하고 자성이 원만하게 나타나게 했다. 이 이름이 장애를 벗어난 법신이고 또한 이름이 장애를 벗어난 진여이고 또 이름이 과보를 얻은 법신이다.

04 성性을 잡아 말하면 법신은 상이 아니어서 장長·단短·대大·소小의 수량에 떨어지지 않으므로 '즉 큰 몸이 아니라(則非大身)'고 말한 것이다. 상을 잡아 말한즉 이름이 보신인 까닭에 말하기를 '이 이름이 큰 몸(是名大身)'이라고 했

다. 족히 보신과 법신은 같지도 않고 다르지도 않음을 볼 수 있다.

05 일체 장애를 여의고, 깨끗한 덕을 만족한 것을 일러 '자수용보신自受用報身'이라고 말한다. 인을 닦아 과를 증득하여 스스로 제도하여 이미 마친 것을 말한다. 즉 장애를 벗어난 과보로 법신을 얻는다.

06 일체에 두루한 경계에 광명이 두루 비추는 것을 일러 '타수용보신他受用報身'이라고 말한다. 법신은 과보로 얻은 상으로 나타나 원래 타인을 이롭게 한다. 가히 자보自報와 타보他報 또한 같지도 않고 다르지도 않다.

07 일체법은 본래 이 진여자성眞如自性이 인연을 따라 나타난 바이다. 만약 모든 법의 상에 집착하지 않으면 모든 법을 볼 때에 곧 모든 법의 성性을 본다. 비유하자면 보신 또한 장애를 벗어난 법신이 나타난 상인 것과 같다. 보신의 상에 집착하지 않으면 곧 법신의 성품을 보아 둘이 서로 장애되지 않는다.

08 보신이 비록 상호 광명이나 자성청정을 장애하지 못한다. 또 자성청정으로 인한 까닭으로 상호 광명이 있다. 그것을 일체법에 미루어 상이 비록 하나가 아니고 성은 즉 다르지 않다. 그러므로 일체법이 다 이 불법佛法이다.

09 이 보신의 과를 얻으나 오히려 몸이 아니고 이 이름이라고 말한 것은 부처님은 이 몸의 상에 머무르지 않기 때문이다. 그러므로 보살이 인因을 닦을 때에 응당히 머무는 바가 없이 육바라밀의 마음을 내어야 한다.

126. 인을 밝힘. 바로 법집을 보냄. 중생을 제도함을 잡아 보냄. 보냄을 표함

須菩提. 菩薩亦如是. 若作是言. 我當滅度無量眾生. 則不名菩薩.

"수보리야! 보살도 또한 이와 같아서 만약 이 말을 하되 '내가 마땅히 무량한 중생을 멸도했다'고 한다면 즉 보살이라 이름할 수 없느니라.”

01 '여시如是'는 앞의 '법과 법이 다 진여'라는 일 대단을 가리켜 부처님이 보살의 준칙으로 삼게 한 것을 말한다. 초심初心보살도 또한 응당히 이와 같이 법과 법이 다 진여인 뜻을 체득해 알아 법에 머무름이 없어야 한다.

02 '여如'는 제법일여이다. '시是'는 일체가 다 옳다는 것이다. 합해서 그것을 관하면 곧 무실무허無實無虛이다. 일체 제법은 실다움이 없다. 다 일여라 헛됨이 없다. 허와 실이 다 없으므로 인因이 이와 같으면 반드시 과果도 이와 같다.

03 보살이 중생을 제도하고 국토를 장엄하는 것은 상을 여의고 육바라밀을 행하는 것이다. 널리 육바라밀을 닦아 하나의 법도 폐하지 말아야 한다. 육바라밀의 상에 집착하지 않고 하나의 법에도 집착하지 말아야 한다. 폐하지도 않고 집착하지도 않아야 바야흐로 보살의 자격이 있다. 만약 법을 취하고, 상에 머무르며, 분별 집착하면 '보살이라 이름할 수 없다.'

04 모름지기 미세하고 빽빽하게 관조하고 미세하고 빽빽하게 헤아려 증험해야 한다. 층층이 세밀하게 들어가서 보내고 또 보내야 한다. 바로 이 마음으로 일념도 생하지 않게 하고 깨끗하여 한 점의 티끌도 없게 해야 한다. 무량을 멸도하고도 마치 그 일이 없는 것과 같아야 한다. 일여의 뜻으로 상응하기를 바란다.

05 중생을 제도하는 것은 응당히 다해야 할 책임으로, 이 책임을 끝내 능히 다할 수 없다. 또한 응당히 제도함도 제도하지 못함과 같음을 알아야 하니 이른바 한 중생도 실로 제도된 바가 없다는 것이다. 만약 스스로 능히 이 책임을 다하여 제도되는 바가 많다고 여긴다면 이는 교만하여 눈에 뵈는 게 없는 것인데 어찌 보살이라 하겠는가?

06 세존께서 이를 말씀하신 것은 대비심을 발한 자로 하여금 응당히 염念을 여읜 위에 공부를 더해야 한다는 것이다. 망념을 쉬지 않으면 진심을 영원히 장애한다. 자비가 있고 지혜가 없는데 어찌 능히 타인을 제도하겠는가? 인·아의 분별의 견이 아직도 있으면 보살이라 이름할 수 없다.

127. 물어 해석함. 무법을 해석함

何以故. 須菩提. 無有法名爲菩薩.

"왜냐하면, 수보리야! 어떤 법도 보살이라 이름할 수 없기 때문이니라."

01 이 중에는 '보살이라 이름 붙일 수 없는(不名菩薩)' 까닭을 밝혔다. 그 마음에 능히 제도하는 자라는 능도能度와 제도 받을 자라는 소도所度의 견이 있음으로 말미암아 곧 법을 취하고 곧 인·아 등의 상에 집착하니 범부이다. 그러므로 "어떤 법도 보살이라 이름 붙일 것이 없다."고 한 것으로 절대로 그것은 없다.

02 부처님은 일체법은 아·인·중생·수자가 없다고 설했다. 법이 있으면 곧 아·인·중생·수자에 집착하여 부처님의 말씀을 어기게 되니 이에 범부임을 밝힌 것이다.

03 보살이나 중생이 다 이 가명으로 오히려 능히 제도하는 보살이 없는데 어찌 제도 받는 중생이 있겠는가? 즉 응당히 중생을 제도하는 것에 취착하지 말아야 하는 것이 분명하다.

128. 무아를 해석함

是故佛說一切法無我無人無衆生無壽者.

"이런 까닭으로 부처님께서 아도 없고 인도 없고 중생도 없고 수자도 없다고 설하셨느니라."

01   중생의 견見은 분별 아님이 없다. 분별은 곧 능能과 소所의 상대됨이 있다. 능견을 잡아 말하면 곧 '아我'이고 소견을 잡아 말하면 곧 '인人'이다. 능소의 견의 차별이 때 지어 자라서 이것이 '중생衆生'이 된다. 능소의 견이 계속하여 끊어지지 않는 것이 '수자壽者'가 된다. 분별망상은 다분히 수數를 이기지 못하여 능소를 거두어들이고 비우는 것을 다하지 않음이 없다. 그것을 합하면 오직 하나의 아견我見이 있을 뿐이다.

02   이 '불설佛說' 구는 많은 뜻을 함유하고 있다. '설說' 자에서 구를 끊는다. 일체법 무아의 이치는 부처님이 설한 바가 되는 것을 말한다. '법法' 자에서 구를 끊는다. 부처님이 설한 일체법은 본래 아·인의 차별이 없다는 것을 말한다.

03   부처님이 설한 일체법은 사람들에게 상대되는 분별의 법상法相을 끊어 없어지게 하고, 평등일여의 법성法性을 깨닫게 하지 않음이 없다. 이 각성을 깨달으면 가히 보살이라고 이름한다. 만약 법상이 있으면 곧 아집我執이고 곧 상대를 이루고 곧 분별인데 무엇을 이름하여 각覺이라 하겠는가?

04   일체중생의 성性은 본래 동체이고 본래 너와 나의 상대되는 몫이다. 그러므로 중생을 설한즉 보살도 또한 중생이다. 보살을 설한즉 중생도 또한 보살이다. 중생이 본래 부처인데 하물며 보살이겠는가? 부처님이 일체법은 아·인·중생·수자가 없다고 설한 것은 듣는 자로 하여금 마땅히 동체의 성性을 관하게 한 것이다.

05 "만약 말하기를, 내가 마땅히 일체중생을 멸도했다."고 한다면 어찌 아견·인견·중생견이 아니겠는가?"이 견見은 하루에 제거하지 못하니 수자견이 아니겠는가? 분별이 이와 같고 집착이 이와 같아서 성性은 본래 동체이고 제법일여諸法一如의 뜻과는 완전히 격리되어 부처님의 설을 어기는 것이 나타나는데 오히려 보살이라고 자처하는 것은 아닌가?

06 아견·아집을 잊지 않은 나는 내가 되고 중생은 중생이 된다. 만나서 그 제도함을 받는 자는 반드시 스스로 자랑하고 스스로 기뻐할 것이다. 제도를 받지 못한 자는 반드시 경시하고 미워하고 싫어할 것이다. 다른 사람이 육바라밀을 행하는 것을 만난 자는 또 반드시 논쟁하고 질투할 것이다. 전전하여 정情에 집착하고 스스로 묶고 스스로 얽힐 것이다. 네가 스스로 또 다시 번뇌 악견惡見의 빽빽한 숲속을 향하여 달려 들어갈 것이다. 오히려 중생을 제도한다고 말하겠는가? 법이 있어 이름이 보살이라는 것은 단연코 이런 이치는 없는 까닭이다.

07 정각正覺을 발한 자는 반드시 부처님이 설한 일체법은 아·인·중생·수자가 없으므로 제법일여의 도리를 가지고 확실하게 체득해야 한다. 비록 널리 육바라밀을 수행하나 한 법도 집착하지 말아야 한다. 마음에 망념을 비워 무실無實이 되고 공功을 버려 무허無虛에 저촉되지 않기를 바랄 뿐이다.

129. 국토를 장엄함을 잡아 보냄. 보냄을 표함

須菩提. 若菩薩作是言. 我當莊嚴佛土. 是不名菩薩.

"수보리야! 만약 보살이 '내가 마땅히 불국토를 장엄한다'고 말한다면 보살이
라 이름 붙일 수가 없다."

01 　보살 발심은 오직 한결같이 중생을 이익 되게 하는 데 있을 뿐이다. 이 중에
　　설한 바의 병은 또한 중생을 제도하는 것으로 더불어 서로 같다. 병은 '말하
　　기를 내가 마땅히(作言我當)'라고 하는 데 있는 것이다.

02 　종합하면 '말을 짓는다는 것(作言)'은 곧 염을 움직이는 것이다. '내가 마땅히
　　(我當)'라는 것은 곧 견에 집착하는 것이다. 염을 일으키면 견에 집착함이 이와
　　같다. 온전히 이 범부의 정으로 어찌 보살이라 이름하겠는가?

130. 묻고 해석함

何以故. 如來說莊嚴佛土者. 即非莊嚴. 是名莊嚴.

"왜 그런가? 여래가 불국토를 장엄한다고 설하는 것은, 즉 장엄이 아니고 이 이
름이 장엄일 뿐이니라."

01 　제법이 일여하므로 응당히 조금도 분별 집착의 정견情見을 두지 말아야 한다.
　　'머무름 없이 마음을 낸다(無住生心)'는 것은 집착하지 않을 때에 도리어 폐하
　　지 않는 것이다. '마음을 내되 머무름이 없어야 한다(生心無住)'는 것은 폐하지
　　않을 때에 즉 집착하지 않는 것이다.

02 　앞에서는 보리심을 발한 자로 하여금 상相을 여의고 복과 지혜를 닦게 하였
　　다. 지금은 보살도를 행하는 자로 하여금 복과 지혜를 닦을 때에 복과 지혜
　　를 닦는다는 견見을 두지 않게 한 것이다. 전과 후의 깊고 얕음이 크게 구별

된다.

03 '부처(佛)'는 즉 이 마음이고 '국토(土)'는 즉 이 땅이고 '불토佛土'는 마치 심지心
地를 말하는 것과 같음을 모름지기 알아야 할 것이다. 이른바 '장엄莊嚴'이라
는 것은, 중생이 비롯함이 없는 때로부터 이 청정심이 일체 염법染法에 뒤엉켜
장애를 입어 왔다. 본래 공적空寂이라는 것은 온전히 어지러운 것이다. 본래
광명이라는 것은 온전히 어두운 것이다. 그러므로 광대한 원願을 발하여 그
양量을 넓히게 하였다. 육바라밀의 행을 닦음으로써 그 삿됨을 제거해야 한
다. 상相을 여의고 염念을 여의는 것은 갖고 있는 분별 집착 등 범부의 정情·
속견俗見을 통절히 쓸어버리고 세척하여 다시 그 본성의 덕이 미치게 해야 한
다. 뭐라고 이름 붙일 수 없어서 억지로 이름하여 장엄이라고 했다. 실은 이
른바 장엄도 없다.

04 비록 치연히 장엄하나 그 장엄을 잊어야 한다. 공적의 성性으로 더불어 상응
하기를 바란다. 이미 공하고 또 적정하면 광명이 저절로 나타난다. 불토를
장엄함이 이와 같고 이와 같다.

05 널리 중생을 제도하는 것은 대비大悲이다. 청정한 심지心地는 대지大智이다. 대
비대지는 이른바 무상보리이다. 그러나 수행자는 가히 하나의 대비대지의 염
念도 두지 말아야 한다. 조금이라도 염을 두면 곧 법에 집착하는 것으로 보
살이라고 이름할 수 없다.

131. 무아를 통달하게 함. 통달을 표시

須菩提. 若菩薩通達無我法者. 如來說名. 眞是菩薩.

"수보리야! 만약 보살이 무아법을 통달한 자는 여래가 이름하여 참된 보살이라

고 할 것이니라."

01 제법일여를 증득한 이것을 일러 '법무아法無我'라고 한다. 일여의 제법을 통달
한 이것을 일러 '무아법無我法'이라고 한다.

02 앞의 글에서(128절) "부처님이 설한 일체법이 무아(佛說一切法無我)"라는 것은 부
처님이 이미 무아의 이치를 증득함으로 인하여 무아의 지혜를 갖추고 능히 일
체법 중에 무아인 까닭에 '법무아法無我'라고 했다. 뒤의 귀결처(164절)에서 말
하기를, "일체법이 무아임을 알아 인욕을 이룬다(知一切法無我, 得成於忍)."는 것
은 일체법이 능히 무아임을 알 뿐만 아니라 무아에 편안히 인욕함을 밝힌 까
닭에 또 '법무아'라고 했다. 이곳에서는 본래 무아의 일체법을 통달하게 한
까닭에 '무아법'이라고 했다. 마치 분별의 망념을 제거하고 본래 무분별의 진
성을 보라는 말과 같다.

03 일체법이 다 이 무아이므로 일체가 다 무아법이다. 그러므로 '가사를 입고 발
우를 지니고 성에 들어 걸식함'으로부터 '본처로 돌아와 자리를 펴고 앉음'에
이르기까지 다 무아의 법을 표시하기 위한 까닭이다. 이것이 바로 제법일여
이고, 일체법이 모두 불법佛法의 기상氣象이다.

04 중생을 여의지 않으므로 '선호념善護念'이라고 말했다. 말없는 가르침을 행하
므로 '선부촉善付囑'이라고 말했다. 만약 잘 통달할 수 있다면 또 어찌 수고로
이 세존의 입을 열게 했겠는가? 만약에 통달하지 못하면 장차 다시 방편을 설
하여 통달하게 해야 한다. 즉 다음의 글에 "부처님 지견을 연다(開佛知見)."고
한 것이 이것이다. 이로 말미암아 그것을 말하면 부처님 지견을 열어 더욱더
무아의 묘법妙法이 옳다는 것을 말한 것이다.

05 비록 그러하더라도 법은 즉 법이 아니다. 만약 불지견을 개시함을 듣고 하나
의 지견이라도 두면 곧 또 법집을 이룬다. 또 이것은 아견이다. 어찌 불지견

이라고 하겠는가? 이 이치는 마땅히 의미심장하게 생각해 봐야 할 것이다.

06 중생은 일체법에 걸핏하면 장애를 내어서 능히 통달하지 못하고 인하여 치우친 집착을 내는 까닭이다. 치우친 집착은 즉 아견이다. 지금 부처님의 원만한 견을 열어 원만하게 곧 집착하지 않게 한 것이다. 부처님의 바른 앎을 열어 바르게 곧 치우치지 않게 한 것이다.

07 무아의 지혜를 열어 통하게 하고 무아의 이체理體에 통달해야 한다. 반드시 먼저 그 지견知見을 통달해야 한다. 견이 원만하지 않음이 없게 하고, 앎이 바르지 않음이 없게 하였다.

08 '무아법無我法'은 또한 가히 무아와 무법無法으로 나눌 수 있다. 그러나 인아·법아를 막론하고 모두 하나의 아집이다. 법아는 인아의 미세함이다. 법아가 없으면 인아가 저절로 없어지므로 나누어서 두 일로 그것을 설할 필요가 없다.

須菩提. 於意云何. 如來有肉眼不. 如是. 世尊. 如來有肉眼.

須菩提. 於意云何. 如來有天眼不. 如是. 世尊. 如來有天眼.

須菩提. 於意云何. 如來有慧眼不. 如是. 世尊. 如來有慧眼.

須菩提. 於意云何. 如來有法眼不. 如是. 世尊. 如來有法眼.

須菩提. 於意云何. 如來有佛眼不. 如是. 世尊. 如來有佛眼.

須菩提. 於意云何. 恒河中所有沙. 佛說是沙不. 如是. 世尊. 如來說是沙.

須菩提. 於意云何. 如一恒河中所有沙. 有如是等恒河. 是諸恒河所有沙數. 佛世界如是. 寧爲多不. 甚多. 世尊.

佛告須菩提. 爾所國土中. 所有衆生. 若干種心. 如來悉知. 何以故. 如來說諸心皆爲非心. 是名爲心. 所以者何. 須菩提. 過去心不可得. 現在心不可得. 未來心不可得.

"수보리야! 그대의 뜻은 어떠한가? 여래가 육안을 가지고 있다고 생각하는가?"

"그렇습니다. 세존이시여! 여래는 육안을 가지셨습니다."

"수보리야! 그대의 뜻은 어떠한가? 여래가 천안을 가졌다고 생각하는가?"

"그렇습니다. 세존이시여! 여래는 천안을 가지셨습니다."

"수보리야! 그대의 뜻은 어떠한가? 여래가 혜안을 가졌다고 생각하는가?"

"그렇습니다. 세존이시여! 여래는 혜안을 가지셨습니다."

"수보리야! 그대의 뜻은 어떠한가? 여래가 법안을 가졌다고 생각하는가?"

"그렇습니다. 세존이시여! 여래는 법안을 가지셨습니다."

"수보리야! 그대의 뜻은 어떠한가? 여래가 불안을 가졌다고 생각하는가?"

"그렇습니다. 세존이시여! 여래는 불안을 가지셨습니다."

"수보리야! 그대의 뜻은 어떠한가? 항하 가운데에 있는 모래와 같이, 이 모래에 대해 부처가 설한 적이 있는가?"

"그렇습니다. 세존이시여! 여래께서 이 모래에 대해 말씀하셨습니다."

"수보리야, 어떻게 생각하느냐. 저 한 항하에 있는바 모래 수와 같이 이렇게 많은 항하가 있고 이 모든 항하에 있는바 모래 수만큼의 불세계가 있다면 이는 얼마나 많겠느냐?"

"매우 많습니다. 세존이시여,"

부처님께서 수보리에게 말씀하셨다. "저 국토 가운데 있는바 중생의 가지가지 종류의 마음을 여래가 다 아느니라. 왜 그런가? 여래가 설한 모든 마음은 다 마음이 아니고 이 이름이 마음일 뿐이니라. 무슨 까닭인가? 수보리야! 과거의 마음도 얻지 못하고 현재의 마음도 얻지 못하며 미래의 마음도 얻지 못하는 것이기 때문이니라."

132. 불지견을 엶. 원만한 견을 밝힘.
같은 데 집착하지 않음을 밝힘

須菩提. 於意云何. 如來有肉眼不. 如是. 世尊. 如來有肉眼. 須菩提. 於意云何. 如來有天眼不. 如是. 世尊. 如來有天眼. 須菩提. 於意云何. 如來有慧眼不. 如是. 世尊. 如來有慧眼. 須菩提. 於意云何. 如來有法眼不. 如是. 世尊. 如來有法眼. 須菩提. 於意云何. 如來有佛眼不. 如是. 世尊. 如來有佛眼.

"수보리야! 그대의 뜻은 어떠한가? 여래가 육안을 가지고 있다고 생각하는가?" "그렇습니다. 세존이시여! 여래는 육안을 가지셨습니다." "수보리야! 그대의 뜻은 어떠한가? 여래가 천안을 가졌다고 생각하는가?" "그렇습니다. 세존이시여! 여래는 천안을 가지셨습니다." "수보리야! 그대의 뜻은 어떠한가? 여래가 혜안을 가졌다고 생각하는가?" "그렇습니다. 세존이시여! 여래는 혜안을 가지셨습니다." "수보리야! 그대의 뜻은 어떠한가? 여래가 법안을 가졌다고 생각하는가?" "그렇습니다. 세존이시여! 여래는 법안을 가지셨습니다." "수보리야! 그대의 뜻은 어떠한가? 여래가 불안을 가졌다고 생각하는가?" "그렇습니다. 세존이시여! 여래는 불안을 가지셨습니다."

01 이 '견見'은 안견眼見을 가리키는 것에 국한되지 않는다. 마치 견지見地를 말하는 것과 같다. 견은 다 이치의 지혜를 좇아 나오나 원래 이체異體가 아님을 알 수 있다. 다만 표현한 바가 있음을 잡아 말하여 '견'이라고 한다. 분명히 아는 안을 잡아 말하면 '지知'라고 한다.

02 범부가 '육안肉眼'으로 보는 바는 한계가 있어 번뇌의 장애 되는 바이기 때문이다. '천안天眼'은 업력의 과보로 말미암아 얻는 것이 있고, 선정의 힘으로 말미암아 닦아 얻는 것이 있다. 범부는 이 두 눈을 갖추었다. 만약 '혜안慧眼' 이상은 출세법을 닦지 아니하면 능히 얻지 못한다.

03 '혜안慧眼'은 근본지根本智로써 진공眞空의 이치를 비추어 보는 것이다. '법안法眼'은 후득지後得智로 차별의 일을 비추어 본다. 근본지를 얻은 후에 바야흐로 그것을 능히 얻는다.

04 '불안佛眼'은 지혜가 지극하지 않음이 없고, 비춤이 원만하지 아니함이 없다. 오직 부처님에게만 있다. 고덕이 이르기를, "앞의 넷이 부처님에게 있으면 모두 불안이다."라고 했다.

05 불안佛眼은 지혜가 비추는 것이다. 속제俗諦로써 말하면 항하사 세계의 빗방울 떨어지는 소리를 다 알고 다 본다는 것으로 다른 것은 가히 상상할 수 있

다. 그러므로 비롯함이 없는 때로부터 미래가 다할 때까지 허공에 두루하고, 법계를 다하고, 일체중생 내지 하나의 극미세 중생이 이에서 태어나고 저에서 죽는 것과 근성根性·족류族類와 및 마음을 일으키고 생각을 움직이는 것과 앞의 인因과 뒤의 과果의 천차만별의 극미세한 일의 모양을 다 알지 아니함이 없고 다 보지 아니함이 없다.

06 불성을 증득함은 지혜로써 인因을 삼고 선정으로써 연緣을 삼는다. 인을 친근히 하고 연이 성근 까닭에 선정이 많으나 지혜가 많은 데는 미치지 못한다. 정定과 혜慧가 균등하지 않은 까닭에 보살은 다만 점점 번뇌를 끊어 법공法空만 증득하고 나누어 불성을 본다. 오직 부처님과 더불어 부처님만이 정과 혜가 균등하여 분명하게 견성하여 마치 손바닥 가운데의 과일을 보는 것과 같다.

07 부처님께서 오안五眼을 설한 뜻은 오안으로써 부처님의 견이 원융함을 밝히는 데 있다. 견성이 뚜렷이 밝으면 뚜렷한 거울이 있어 호나라 사람이 오면 호나라 사람을 나타내고 한나라 사람이 오면 한나라 사람을 나타내는데 애초에 마음을 쓰지 않는 것과 같다. 바로 이른바 있지 않으면서 있고, 있으면서 있지 않은 것이다.

08 보살은 응당히 이와 같은 견을 열어서 이와 같은 무아법을 통달해야 한다. 어떻게 통달하는가? 오직 자기의 견해에 집착하지 않고 하나의 견에도 집착하지 않는 데 있다. 어떻게 능히 집착하지 않는가? 먼저 마땅히 원만한 이해를 크게 열어 견지를 철저하게 하기에 정에 집착함이 저절로 엷어진다. 즉 다시 힘써 습기를 제거하고 상을 여의고 염을 여의어서 제법일여를 증득하면 바야흐로 구경이 될 것이다.

09 경 가운데 무릇 설하기를 "뜻에 어떠한가?(於意云何)"라고 한 것은 다 이 견지를 물어보는 말이다. 무릇 '이 염을 짓는다(作是念)' '능히 이 염을 짓는가?(能作

是念否)’ ‘이 염을 짓지 마라(莫作是念)’ ‘그대는 이 염을 짓는다 말하지 말라(汝勿謂作是念)’고 한 것 등등은 다 그 견에 집착하는 것을 깨뜨리고 원만한 견을 열게 한 것이다.

133. 다른 데 집착하지 않음을 밝힘

須菩提. 於意云何. 恒河中所有沙. 佛說是沙不. 如是. 世尊. 如來說是沙.

“수보리야! 그대의 뜻은 어떠한가? 항하 가운데에 있는 모래와 같이, 이 모래에 대해 부처가 설한 적이 있는가?” “그렇습니다. 세존이시여! 여래께서 이 모래에 대해 말씀하셨습니다.”

01 ‘여래가 이 모래에 대해 말씀한 것(如來說是沙)’은 만약 상에 집착하지 아니하면 즉 상을 보고 성性을 봄을 말한 것이다. 구태여 이 모래 아닌 것을 설할 필요가 있었겠는가? 이는 바로 일체가 다 옳다는 것을 밝힘으로써 미세한 집착을 보내게 한 것이다.

02 불안佛眼은 일체법 차별의 사상事相을 꿰뚫어 본다. 항상 중생을 수순하며 따라 기뻐하는 공덕이다. 그러므로 세속에 이미 이 모래를 설했고 여래도 또한 속제俗諦를 따라서 모래를 설했다. 여래가 다른 견見에 집착하지 않음을 밝힌 것이다.

03 같지도 않고 다르지도 않은 뜻은 곧 법과 법이 다 진여로 이것이 바로 부처님이 증득한 바이고 얻은 바임을 마땅히 알아야 할 것이다. 즉 부처님의 원만한 견見이다. 비록 보나 봄을 세우지 않는 것이고 능히 일체법에 집착하지 않는

무아이고 능히 이와 같고 이와 같은 구경의 증득이다. 같고 다름에 집착하지 않아서 이것은 아견을 파해 제거하는 지혜의 칼이다.

04 아견을 제거하기 어려운 것은 두 가지의 이유를 벗어나지 않는다. 첫째, 견見의 이치를 밝히지 못한 것이다. 둘째, 스스로 옳음으로 삼는 것이다. '아我'를 파하고자 하면 애초에 마땅히 이치를 밝혀야 한다. 부처님의 원만한 견을 연다는 것은 그 이치를 철저하게 밝히는 것을 말한다. 먼저 '오안五眼'을 설함으로써 하나에 집착하지 말아야 함을 밝힌 것은 견見의 이치를 밝히지 못한 자를 위하여 설법한 것이다. 이어서 '항하의 모래'로써 다른 견見에 집착하지 말아야 함을 밝힌 것은 스스로 옳음을 삼는 자를 위하여 설법한 것이다.

05 지금 같고 다름에 다 집착하지 않게 했는데 장차 무엇을 좇아 견見을 안립하겠는가? 즉 아我도 또한 더불어 다 변화한다.

06 같지 않고 다르지도 않은 뜻은 반야의 강종綱宗이고 불법의 요령要領으로 가히 일체법을 관통한다. 이 경에 무아법無我法을 통달한 자는 먼저 이를 통달하게 하였다. 이 구절에 그것을 연즉 팔불八不, 십불十不, 십이불十二不, 십사불十四不이다. 상세히는 강미농의 『금강경 강의』 권4 38쪽(강미농의 『금강경 강의』, 809~810쪽, 양관 옮김, 담앤북스)을 참조하라.

07 『대지도론』에 이르기를, "생하지도 않고 또한 멸하지도 않으며, 항상하지도 않고 또한 단멸하지도 않으며, 같지도 않고 또한 다르지도 않으며, 오지도 않고 또한 나가지도 않는 인연으로 생한 법은 모든 희론을 멸한다."고 했다. 인연으로 생한 법은 마치 인과를 말하는 것과 같다. 일체법은 다 이 인과임을 말한다. 그러므로 일체법은 다 '팔불八不'의 뜻을 구족하고 있다.

08 부처님이 설한 법은 진제眞諦와 속제俗諦 이제를 벗어나지 않는다. 속제 법상法相은 비록 변화하여 항상함이 없으나 세속이 함께 보는 바가 되므로 이를 일러 속俗이라 한다. 진제 법성法性은 즉 항상하여 변하지 않으나 모든 법의

본체가 되므로 이를 일러 진眞이라 한다. 부처님이 설한 이제二諦는 다 팔불八不의 뜻을 씀으로써 그것을 설명한다.

09 '제諦'는 그 일의 이치가 확실히 헛되지 않음을 밝힌 것이다. 일체중생이 생사의 고취에 윤회하는 까닭은 고통의 세계가 가가 없기 때문이다. 다른 것이 없이 속제 팔불의 뜻에 미혹함으로 말미암은 까닭이다. 일체 성문聲聞 내지 방편의 보살이 변역생사變易生死가 있는 것은 무명이 다하지 못했기 때문이다. 다른 것이 없다. 진제 팔불의 뜻에 미혹함을 말미암은 까닭이다.

10 이 팔불八不의 진리에 대해 미혹함에 깊고 얕음이 있고 깨달음에 높고 낮음이 있다. 그러므로 육도六道의 어지러움과 삼승三乘의 차별이 있다. 부처님은 일대사인연一大事因緣을 위하여 세상에 출현하여 중생으로 하여금 두 종류의 생사를 깨닫게 하였다. 그러므로 가지가지의 법을 설하여 그것을 개시하여 깨달아 들어가게 하였다. 가지가지의 법은 진제와 속제, 이제二諦를 벗어나지 않으므로 이 이치(義理)는 일체 경론을 관통한다.

11 성과 상은 둘이 아니고 공과 유는 동시이다. 유가 즉 공인 까닭에 속제의 생멸이 있으나 임시로 생했다 임시로 멸하는 것이다. 공은 즉 유인 까닭에 진제의 불생불멸 또한 임시의 불생이고 임시의 불멸이다. 바로 좋은 상을 나타내고 인연을 따라 중생을 제도해야 한다.

12 부처님이 설한 것은 이 부처님의 경계임을 마땅히 알아야 한다. 이른바 제법실상은 오직 부처님과 더불어 부처님만이 바야흐로 능히 구경할 수 있다. 그런 까닭으로 화엄회상華嚴會上에서 선재동자가 53선지식을 참문하면서 매번 다 말하기를 "나는 오직 이 법문만 알고 나머지는 알지 못한다."고 한 것은 실제 말이지 겸손하게 한 말이 아니다. 이런 까닭으로 고덕인 지자智者·현수賢首 등 모든 대사도 평생 다만 몇 종류의 경론을 발양했을 뿐으로 대개의 학력이 다만 능히 이와 같다. 이것이 바로 고덕의 높은 점이고 참된 것이다. 후

학이 마땅히 이들의 걸어온 바를 배워야 할 것이다.

13 즉 돈오頓悟하여 부처님과 같아도 장애를 만약 다하지 않으면 아직 철저하게 깨닫지 못한 것이다. 이에 모름지기 상을 여의고 염을 여읜 곳을 향하여 참으로 참구하고 실답게 궁구한 이후에 능히 계합해 들어갈 수 있다.

14 같은 데도 집착하지 않고 다른 데도 집착하지 않는 것은 이 법인法印으로써 일체법을 향하여 미세하고 정밀하게 인증해야 한다. 이 법인으로써 스스로의 마음 위를 향하여 인증해야 한다. 마음이 일어나고 생각을 일으키기 전을 향하여 인증해야 한다. 이와 같아야 가히 통달을 기약할 수 있다. 이 견지로써 마음이 행하는 곳 및 제법諸法 위를 향하여 그 까닭이 그러함을 요달해 앎으로써 통달을 구하여 무아無我이게 해야 한다.

134. 바로 앎을 밝힘.
마음으로 행하여도 얻기 어려움을 밝힘.
비유로 대중이 분명히 알게 함. 비유를 이끌어 옴

須菩提. 於意云何. 如一恒河中所有沙. 有如是等恒河. 是諸恒河所有 沙數. 佛世界如是. 寧爲多不. 甚多. 世尊.

"수보리야, 어떻게 생각하느냐. 저 한 항하에 있는바 모래 수와 같이 이렇게 많은 항하가 있고 이 모든 항하에 있는바 모래 수만큼의 불세계가 있다면 이는 얼마나 많겠느냐?" "매우 많습니다. 세존이시여,"

01 '심행心行'은 마음의 행동으로 마음을 일으키고 생각을 움직이는 것이다. '제법諸法'은 외경外境을 말한다. 안으로의 마음과 밖으로의 경계를 잡아서 바로

앎을 밝힌 것은 뜻이 '경계가 없이 오직 식이고(無境唯識) 마음 밖에 법이 없다 (心外無法)'는 뜻을 알게 하고자 한 것이다.

02 마음 밖에 법이 없으므로 법과 법이 하나의 진여를 벗어나지 않는다. 다만 중생이 밖의 경계의 상에 미혹되고 안으로 심념心念이 어지러워져 능히 증득을 얻지 못한다. 이것이 반야가 상을 여의고 염을 여의어야 하는 까닭이다.

03 성품의 체가 공적하여 본래 염이 없다. 모든 법은 인연으로 생하여 본래 무생無生이고 당체가 즉 공空이다. 그러므로 심행心行 및 제법諸法이 같지 않다. 인연으로 생함은 얻기가 어려워 다르지 않다. 같지 않고 다르지 않음이 제법여의諸法如義이다. 이와 같이 아는 것을 바로 앎이라고 말한다. 이를 알면 응당히 염을 여의고 상을 여의는 까닭이 그러함을 알 수 있다. 상을 여의고 염을 여의는 것은 바로 무아인 까닭이다.

04 항하의 모래를 비유로 들어 말한 것은 뜻이 망심妄心 및 일체법을 층층이 끄집어내어 다하지 못하기 때문에 많음의 비유로 이끌어 와서 가히 수를 이길 수 없음을 나타낸 것이다. 망심의 법상法相은 환화와 같아서 임시로 있는 것이 아님이 없음을 나타내었다.

05 '어의운하於意云何'라고 설한 것은 그 견지를 탐색한 것이다. 불세계는 즉 대천세계를 말한다. 즉 한 부처님의 교화의 구역이다. 무량무수의 모래로 세계의 많음을 비유한 것을 다 빌려서 다음 문장에 중생심이 많은 것을 나타낸 것이다.

135. 다 앎

佛告須菩提. 爾所國土中. 所有衆生. 若干種心. 如來悉知.

부처님께서 수보리에게 말씀하셨다. "저 국토 가운데 있는바 중생의 가지가지
종류의 마음을 여래가 다 아느니라."

01 '이소爾所'는 앞 문장의 '무량'을 가리켜 말한 것이다. '국토'는 즉 세계이다. 이
른바 시방 찰토, 있는바 중생의 갖가지 차별, 종족의 종류, 색신, 크게는 천인
과 작게는 땅거미 개미에 이르기까지 그 마음을 다 알지 못함이 없는 것을 말
한다.

02 불세계 또한 깊은 뜻을 함유하고 있다. 세계를 유지하고 무너지지 않는 것은
진실로 중생 업력業力으로 말미암음을 마땅히 알아야 할 것이다. 그러나 부
처님 자비 위신력에 기대 그것을 포섭해 지니는 것은 아니다. 중생 업력의 더
럽고 탁함이 일찍이 어찌 참을 수 없는 상황을 이루는 것을 알지 못하겠는가!
일체중생이 다 부처님의 은혜를 입음을 스스로 알지 못한다. 이것은 마치 부
모가 어린 아이를 돌보는 것과 같다.

03 모든 대승 경전에 설한 바 범왕, 제석 내지 일월천자, 일체의 모든 신은 다 부
처님 전에 원願을 발해 중생을 호지護持하고 있다. 그러므로 세계의 집지執持
는 실로 부처님의 은혜 자비위신慈悲威神의 힘을 입은 것임을 알 수 있다.

04 세계 국토가 이미 많아 무량에 이르렀다. 그 중의 중생도 그 수가 많은데 어
찌 다시 설하겠는가? 하물며 중생심이겠는가? 참으로 이른바 불가설 불가설
이다.

05 이와 같이 층층이 번갈아가며 그것을 설한 까닭은 같지 않은 뜻을 나타내
었다. '여래가 다 안다는 것(如來悉知)'은 진여의 뜻으로써 그것을 안다는 것
이다.

136. 마음이 아님을 해석해 밝힘

何以故. 如來說諸心皆爲非心. 是名爲心.

"왜 그런가? 여래가 설한 모든 마음은 다 마음이 아니고 이 이름이 마음일 뿐이니라."

01 '제심諸心'은 (135절의) '약간종심若干種心'을 가리킨 말이다. '비심非心'은 성性을 잡아 말하면 가만히 진심眞心이 아닌 것을 가리킨 것이다. 진심은 즉 성性이다. '시명是名'은 상相을 잡아 말하면 가만히 이 망심을 가리킨 것이다.

02 '여래가 다 안다는 것(如來悉知)'은 여래는 이미 동체의 성性을 증득하여 곧 대원경지大圓鏡智를 이루었기에 일체중생의 마음을 일으키고 움직이는 것이 부처님의 마음의 거울 중에 분명하고 뚜렷한 까닭이다. 또 불심은 무념인 까닭에 생각의 움직임을 아는 것은 다 '비심非心'이다. 이것이 '실지悉知'의 까닭이다.

03 범부의 심념心念은 비록 귀신이라도 그것을 안다는 것을 모름지기 알아야 한다. 이른바 남을 속이려는 마음(機心)이 조금이라도 움직이면 벌써 귀신 등이 알아차린다. 만약 미세한 염이면 오직 보살, 나한 등이 능히 안다. 부처님은 즉 다 알지 못함이 없다.

04 신통에 집착하지 말아야 함을 마땅히 알아야 한다. 그것에 집착함이 가벼우면 뽐내어 해로움을 내고, 무거우면 곧 마구니에 집착하여 발광한다. 기특한 것을 자부하고 특이한 것을 좋아하는 것은 사람의 항상하는 생각이다. 만일 대중이 이러한 등의 일을 중시하면 이미 수행의 장애가 되기 충분하고 또 법문의 해가 될까 두렵다.

05 마땅히 삼명육통三明六通을 알아야 하는 것은 불교를 배우는 사람의 본분사本分事이기 때문이다. 다만 수행할 때에 의당히 이 일을 주의하지 않으면 마구

니의 길로 달려 들어갈까 두렵다. 무명이 다할 때에 신통은 저절로 얻게 된다. 그것을 얻은 후에 또한 문득 사람으로 더불어 알게 하지 않으면 안 된다. 기이한 자에게 빌린바 입의 후환이 매우 많을까 두렵다.

06 '강(河)'을 설한 것은 심념心念이 흐르고 움직이는 것을 비유한 것이다. '모래(沙)'를 설한 것은 심념의 많고 빽빽함을 비유한 까닭이다. 모래가 강이 된다고 설한 것은 심념이 비록 미미하나 집착함을 비유한 것이다. 강의 모래를 설하여 심념이 총總으로 말미암아 별別이 있음을 비유하였다. 강의 모래로 말미암아 세계·국토·중생에 이르는 것을 설하여 중생의 심념이 이미 유전하여 머무르지 않음을 비유하고, 다시 고집하여 변화하지 않으며, 이미 가늘어 비교할 수 없으며, 다시 치달림이 끝이 없으며 움직임에 맡겨 일어남이 있고, 베풀어 갖추고 이룸이 있다. '약간종심'이라 말한 까닭이다.

07 앞에서 설한 바와 같아서 무릇 양중兩重의 같지 않고 다르지 않음이 있다. 밖으로 산하대지와 안으로 오온색신五蘊色身의 사상事相이 같지 않은 데 이른다. 중생의 마음속에 나타난 바의 사물은 즉 다르지 않다. 또 다시 중생의 마음은 많아 종종에 이르러 같지 않다. 그리하여 "다 마음이 아니고(皆爲非心)" 곧 또 다르지 않다. 이는 모든 깨달음을 발한 자가 응당히 알아야 할 바이다.

08 종합해서 그것을 말하면 같지도 않고 다르지도 않은 모든 구(諸句)의 뜻은 이미 법과 법이 다 진여임을 나타내고 정해진 법이 없음을 나타낸 것이다. 수행인으로 하여금 마땅히 일체법 상에 융통성 있게 보아 활용하여 구속되고 집착함을 내지 않게 한 것이다. 그러므로 부처님이 때에 같음을 설하여 그 다르지 않음을 나타내었다. 때에 다름을 설하여 그 같지 않음을 나타내었다. 때에 같고 다름을 다 설하여 비록 같지 않으나 다르지 않고, 비록 같지 않으나 다르지 않음을 나타내었다. 때에 같고 다름이 다 아니어서 아울러 같지 않고

다르지도 않고, 또한 가히 설할 수 없음을 나타낸 것이다. 정情에 집착함을 보내면 일여를 증득하지 아니함이 없다.

09 종합하면 처처에 가히 집착하지 말며 세간과 출세법을 막론하고 다 응당히 관觀에 의지하고 뜻에 의지하여 행해야 한다.

137. 얻기 어려운 것을 결론지음

所以者何. 須菩提. 過去心不可得. 現在心不可得. 未來心不可得.

"무슨 까닭인가? 수보리야! 과거의 마음도 얻지 못하고 현재의 마음도 얻지 못하며 미래의 마음도 얻지 못하는 것이기 때문이니라."

01 '얻기 어렵다는 것(叵得)'은 즉 가히 얻지 못하는 것이다. 이는 '마음이 아니라(非心)'는 까닭이 그러함을 설한 것이다. 그러므로 그것을 일러 흐른다고 했다. 심념心念이 찰나도 멈추지 않는 연고로 천류遷流라고 한다. 그 천류로 인하여 '과거'·'현재'·'미래'가 있다.

02 실다움을 잡아 논하면 다만 과거·미래만 있고 아울러 현재는 없다. '불가득이라는 것(不可得者)'은 바로 그때가 즉 공임을 밝힌 것이다.

03 진심眞心은 항상 머물러 움직임이 없다. '마음이 아니라는 것(非心)'은 머무르지 않는 진심을 말한 것이다. 생멸심生滅心은 망妄이지 진眞이 아닌 까닭에 '그 이름이 마음이 될 뿐(是名爲心)'이라고 했다.

04 집착하는 것은 반드시 스스로 아我를 취하기 때문이다. 이 능히 취하는 일념이 세 때에 흘러가나 바로 그 자리가 즉 공임을 알지 못한다. 염念도 오히려 가히 얻을 수 없는데 어찌 능취能取가 있겠는가? 세 가지를 가히 얻을 수 없

다는 말은 참으로 송곳 같은 말이고 바로 아견으로 하여금 안립처安立處가 없게 하는 것이다.

05 『능엄경』에 말하기를, "일체중생이 시작 없는 옛날부터 나고 죽음을 계속한다. 다 항상한 참마음(常住眞心)의 청정하고 밝은 본성의 체(性淨明體)를 알지 못함으로 말미암은 것이다. 모든 망상을 사용하나 망상이 본래 진실하지 않기 때문에 윤회하게 된다."고 했다. 이 글은 도가 다하여 삼계에 윤회하는 참된 모습이다.

06 만약 마음이 상을 따라 움직이지 않으면 곧 일체 고가 제거된다. 이른바 생사를 깨달아 알고 윤회를 벗어나는 것은 마음을 깨달아 알고 마음을 벗어나는 데 있다. 수행인의 첫걸음은 곧 마땅히 이 이치를 분명히 아는 것이다.

07 분별 집착은 곧 허망한 것이다. 분별 집착하지 않는 것은 참된 것이다. 진심은 무념無念인데 염을 일으키면 즉 허망한 것이다. 이른바 닦아 증득하는 것은 다른 것이 없고 망상을 제거하는 것이 이것이다. 망상을 어떻게 제거하는가? 염을 여읜즉 분별 집착은 저절로 없어진다. 진심을 저절로 볼 수 있고 생사를 저절로 깨달아 알 수 있다.

08 일체중생이 망상을 오인하여 참된 것으로 삼는 까닭은 가히 얻지 못한다는 것을 알지 못함으로 말미암은 것이다. 이 생주이멸하고 찰나에 상속하는 것을 분별하지 못한다. 실로 가히 얻지 못하는데 그것에 집착하여 무엇을 할 것인가? 또 스스로 능히 집착하나 실제로는 가히 집착하는 것이 없어서 한갓 망상 업력만 증장할 뿐으로 참으로 어리석고 불쌍하다. 이 이치는 부처님이 그것을 알고 그것을 설하여 수행인으로 하여금 속히 깨닫게 한 것이다.

09 이 일은 범부가 되고 성인이 되는 관건이다. 본경에 비록 상을 여의고 염을 여의는 것을 아울러 설하나 실제로는 거듭 염을 여의게 하는 데로 돌아간다. 상을 여의는 것은 염을 여의는 방편이 되는 데 불과하다. 만약 염을 여의고 상

을 본즉 견성한다. 비록 인연을 따르고 상을 나타내어 널리 중생을 제도함에 조금도 장애가 없다.

10 '삼심三心'은 실로 가히 얻을 수 없고 바로 그때가 즉 공이다. 마땅히 가히 얻을 수 없는 곳을 향하여 관조觀照하여 계합해 들어가야 한다. 즉 맑고 고요하여 바로 그 자리가 곧 상주진심常住眞心이다. 바로 이른바 미친 마음을 쉬지 못하는 것이다. 쉬어 버리면 즉 보리라고 말한 것이 이것이다.

11 이 구절의 글은 양중兩重의 같지도 않고 다르지도 않은 것을 갖추었다. 과거심·현재심·미래심은 같지 않음이다. 다 얻을 수 없다는 이것은 다르지 않음이다. 또 다시 천류하는 마음과 더불어 항상 머무르는 마음은 같지 아니하다. 가히 얻을 수 없고 바로 그때가 공적한 줄 알면 즉 다르지 않다. 부처님께서 위곡委曲하게 이 네 가지로 중첩되게 설한 것은 관을 닦는 방편을 개시한 것이다.

12 같지 않음으로 말미암아 다르지 않음을 관하여 일념도 생하지 않으면 실상이 생하는 것이다. 같지 않음으로 말미암아 다르지 않은 데 들어가 분별 집착을 제거하면 또한 즉 무아이다. 일념도 생하지 않는 데 이르렀는데, 인아人我·법아法我가 오히려 다시 어찌 있겠는가? 참으로 무아의 묘법이다. 이는 부처님의 바른 지혜(佛正知)를 열고 부처님의 바른 깨달음을 여는 것이 된다.

13 다음의 '모든 법이 인연으로 생한다(諸法緣生)'는 큰 단락은 또한 다시 이와 같이 그것을 열고 그것을 깨달아야 한다. 하나는 '마음으로 행하는(心行)' 위를 향하여 깨달음을 여는 것이고, 하나는 '모든 법(諸法)' 위를 향하여 깨달음을 여는 것이다. 쌍방으로 아울러 나아간즉 마음과 경계가 다 없어지고 아我와 법法이 다 공해진다. 아상도 없고, 법상도 없고, 또한 비법상도 없어 일체 제상諸相을 여원즉 이름이 제불諸佛이다.

14 교문에서는 이름이 매우 많아 바로 깨끗하게 해당하는 것이 없고 선종에서

방棒과 할喝을 서로 교차하나 이를 뚜렷이 나타내어 분명한 것이 없다. 원컨
대 더불어 함께 노력하기를 원한다.

138. 모든 법은 인연으로 생함을 밝힘.
복보를 잡아 무성을 밝힘.
법보시를 잡아 체가 공함을 밝힘

01 이 하나의 큰 단락은 매우 많은 뜻을 함유하고 있다. 모름지기 먼저 설명하
고 글에 들어가야 바야흐로 쉽게 이해할 수 있다.

02 앞의 '마음으로 행하는(心行)' 한 단락은 내심을 잡아 뜻을 밝힌 것이고 여기
서 '제법諸法' 한 단락은 외경外境을 잡아 뜻을 밝힌 것이다. 제법은 많아 수를
셀 수 없는데 지금 복의 과보 및 법보시를 잡아 뜻을 밝힌즉 가히 일체법을
갖추어 포섭한다고 할 수 있을 것이다.

03 보시는 즉 육바라밀을 포섭하고 육바라밀은 만행을 포섭한다. 보시 중에는
'법보시'가 최고가 된다. 만약 법보시의 뜻이 분명하다면 육도만행을 다 가히
예로써 알 수 있다. 법보시는 바로 선행善行으로 선행의 뜻이 분명하다. 선행
이 아닌 일은 또한 가히 예로써 알 수 있다.

04 인연으로 생한 법이라는 것은 일체법이 생하는 것은 인연을 벗어나지 않음을
말한 것이다. 그러므로 법은 곧 인연으로 생한 결과이다. 일체법이 인과因果
를 벗어나지 않았다고 말하는 것과 다르지 않다. 그러므로 일체법을 포섭해
다한다.

05 인연으로 생한 법은 다만 상相만 있고 성性이 없다. 가히 일체법의 당체는 환
화幻化와 같고, 허공 중의 꽃과 같고, 수중의 달과 같아서 절대로 실물이 아

님을 알 수 있다. 그러므로 표제에 '체가 공함(體空)'이라고 말했다. 당체가 공임을 밝힌 것이다.

06 신상身相을 구족한 것은' 성性이 없는' 뜻을 나타낸 것이다. 법보시는 '체공體空'의 뜻을 나타낸 것이다. 이로 말미암아 가히 연생緣生을 설하는 것은 설하여 가히 얻을 수 없다는 것과 다름이 없음을 알 수 있다. 가히 얻을 수 없다고 설하는 것은 또한 연생을 설하는 것과 다름이 없다.

07 중생은 곳곳에 집착한다. 능집能執은 망상妄想 아님이 없다. 소집所執은 곧 이 제법諸法이다. 부처님께서 진실로 고해 말씀하기를, "그대는 능히 집착하는 것이 있는가? 심행心行으로 얻지 못하는 것이 능집의 뜻으로 바로 그 자리가 곧 공空이다."라고 하셨으며, 또 말씀하기를, "그대가 집착하는 바가 있는가? 제법은 인연을 따라 생하며, 소집의 법으로 또한 다시 당체가 이 공이다." 라고 했다. 이와 같이 개시한 것은 바로 중생의 집착하는 견見을 가지고 근본 위를 좇아 전복시키게 한 것이다.

08 '인연으로 생하는 것(緣生)'과 '가히 얻지 못하는 것(不可得)'은 다 공에 즉한 뜻을 밝힌 것이다. 망념이 범부를 이루는 연유다. 장차 생사를 깨달아 성인의 과위를 증득하고자 하면 반드시 염을 끊어야 한다. 일체법은 다만 인연으로 생한 것이고 본래 공임을 마땅히 알아야 한다. 이미 인연에 따라 생하므로 임시의 상이 없는 것은 아니다. 그러므로 법과 비법을 다 응당히 취하지 말아야 한다. 일체법이 비록 절대로 진실은 아니나 사상事相은 엄연하다. 수행인이 빨리 응당히 깨달아 공과 유에 집착하지 않고 상을 여의고 염을 여의는 것이 이것이다. 인연을 따라 변하지 않고 인연을 따른다.

09 만약 염念을 여의지 못하면 '고요함(寂)'도 또한 능하지 못하는데 '비춤(照)'을 어찌 논하리오. 그러므로 학인의 행문은 반드시 공과 유에 집착하지 말아야 한다. 관문觀門에는 하나로 끝까지 공해야 한다. 이 이치를 불가불 알아야

할 것이다.

10 공부를 함에는 마땅히 염念을 여의는 것을 핵심으로 삼아야 한다. 염불은 즉 이 염을 여의는 것으로 일체 망념을 여의어야 하고, 일체 삼계 윤회의 염을 여의어야 하며 왕생하여 부처님을 친견하기에 이르기까지 자연히 원만하게 여의어야 한다.

11 진심眞心은 다만 진공眞空뿐만 아니라 또 참으로 있는(眞有) 것이다. 진공은 이름을 여의고 상相이 끊어진 까닭이다. 참으로 있는 것은(眞有) 항상 불변하는 까닭이다. (공과 유가 일여하다.)

12 일체의 인연으로 생하는 법은 그렇지 아니하여 본래 물건이 없고 다만 임시의 상만 나타난다. 이것이 진공가유眞空假有이다. (공과 유가 상대하는 고로 동시라고 말했다.)

13 혹은 말하기를, "마음 밖에 법이 없고, 마음이 생한즉 갖가지 법이 생한다."고 한다. 이 마음은 망심을 가리켜 말한 것이다. 그런즉 불보살은 이미 망념이 없어 능히 갖가지 경계의 상을 나타내나 무엇으로 말미암아 이루어진 것인지 알지 못한다.

14 불보살은 실로 염이 없다. 갖가지 경계의 상이 나타나는데 미혹에 머물러 생을 윤택하게 하는 것도 또한 실로 마음으로 말미암아 나타난다. 이는 즉 인지因地에 대비원을 발하여 인연을 따라 중생을 제도함을 말미암은 것이다. 그러므로 과를 증득한 후에 비록 염을 일으키지 않으나 옛날 자비 발원(悲願)의 훈습의 힘을 빌어서 곧 능히 근기를 따라 인연에 감응하여 모든 경계의 상을 나타낸다. 서방정토 또한 미타彌陀 인지因地에서의 대비원력의 힘으로 나타난 바이다.

15 우리들이 인을 닦을 때에는 반드시 자비의 원을 구족하고 깊이 제법연생의 뜻을 관하며 훈습하는 종자를 이루어 능히 대선정 중에 인연을 따라 시현하게

하였다.

16 '불지견佛知見을 여는' 하나의 큰 단락은 실로 전체 경의 최고로 중요한 부분
이다. 앞과 뒤에서 설한 바는 불지견을 열지 않음이 없다. 믿는다는 것은 이
를 믿는 것이다. 이해한다는 것은 이를 이해한다는 것이다. 닦는다는 것은
이를 닦는 것이고 증득한다는 것은 이를 증득하는 것이다. 신해행증信解行證
을 합해야 바야흐로 '개開' 자를 가지고 공부를 지어 마칠 수 있다. 신信은 처
음 열었고 해解 · 행行 · 증證은 구경에 열었다.

제19 법계통화분法界通化分

須菩提. 於意云何. 若有人滿三千大千世界七寶. 以用布施. 是人以是
因緣. 得福多不.

如是. 世尊. 此人以是因緣. 得福甚多.

須菩提. 若福德有實. 如來不說得福德多. 以福德無故.如來說得福
德多.

"수보리야! 그대의 뜻은 어떠한가? 만약 어떤 사람이 삼천대천세계에 칠보를
가득 채워 보시한다면, 이 사람이 이 인연으로써 얻는 복이 많다고 하겠는가?"

"그렇습니다. 세존이시여! 이 사람이 이 인연으로써 얻는 복이 매우 많습니
다."

"수보리야! 만약 복덕이 실다움이 있다고 한다면 여래는 복덕을 얻음이 많다
고 말하지 않을 것이거니와, 복덕이 없는 까닭으로 여래가 복덕이 많다고 설하
노라."

138.⁴ 복덕을 밝힘. 복덕의 인연을 밝힘

須菩提. 於意云何. 若有人滿三千大千世界七寶. 以用布施. 是人以是
因緣. 得福多不. 如是. 世尊. 此人以是因緣. 得福甚多.

"수보리야! 그대의 뜻은 어떠한가? 만약 어떤 사람이 삼천대천세계에 칠보를
가득 채워 보시한다면, 이 사람이 이 인연으로써 얻는 복이 많다고 하겠는가?"
"그렇습니다. 세존이시여! 이 사람이 이 인연으로써 얻는 복이 매우 많습니다."

01   이는 인연으로 생하는 뜻을 총체적으로 밝힌 것이다. 보시 인연을 좇아 복덕
을 설함에 이르는데 보시는 인因이고 복덕은 과果이다. 인연으로 생한 바의 복
은 인과가 다함이 없다. 보시 등은 불문佛門의 대사大事로 오히려 인연으로 생
함을 여의지 않고 인과를 여의지 않는다. 즉 나머지 일체법을 가히 알 수 있다.

02   전반부 중에서 장로가 답한 말에는 "아닙니다(不也)."라고 말한 것이 많았다.
후반부에서 오직 불지견을 여는 중에는 "그렇습니다(如是)."라고 답한 것이 최
대로 많다. 제법일여는 일체가 다 옳다는 뜻임을 표시한 것이다. 이에 상은
녹아 성性으로 돌아간다는 것을 밝힌 것이다.

139. 인연이 모인즉 생함을 밝힘

須菩提. 若福德有實. 如來不說得福德多. 以福德無故. 如來說得福
德多.

---

4   앞의 번호와 같은 이유는 ① 원서에 그대로 있고, ② 본문 중에 절을 표시한 것이 원서를 그대로 따랐기 때문이고,
③ 금강경 원문의 강의에 따라 번호를 매겼기 때문이다. 번호가 두 번 겹치는 것은 경 본문에 들어가기 전의 보충설
명이다.

"수보리야! 만약 복덕이 실다움이 있다고 한다면 여래는 복덕을 얻음이 많다고 말하지 않을 것이거니와, 복덕이 없는 까닭으로 여래가 복덕이 많다고 설하노라."

01 인因은 '복덕'이 되고 이 인연으로 법이 생한다. 일체중생이 다만 능히 보시 육바라밀로 깊이 인연을 심은즉 인연이 모여 복덕이 곧 생한다.

02 표면적으로는 복덕을 설하나 실은 보시를 설한다. 만약 보시의 인을 닦지 않았다면 어떻게 복덕의 과가 오겠는가? 그러므로 "여래가 복덕을 얻음이 많다고 설하지 않았다(如來不說得福德多)." 바른 인의 복덕은 당체가 즉 공이고 실다움이 없어 인연으로 생한 법이다. 따라서 과(果)를 얻고자 하는 자는 다만 그 인(因)을 닦아야 한다. 만약 부지런히 보시를 행하면 곧 복덕이 저절로 이른다. 그러므로 "여래가 복덕을 얻음이 많다고 설했다(如來說得福德多)."

03 법과 법이 인연으로 생한 바가 아님이 없다. 복덕 보시도 또한 이 인연으로 생한 것이다. 복덕의 인연은 보시가 된다. 보시의 인연은 발심이 이것이다. 보시하고자 하면 상에 집착하지 말아야 하고 반드시 먼저 복덕의 상에 집착하지 말아야 한다. 보시함에 상에 집착하지 말아야 하는 것은 탐욕으로 복덕을 구하면 크게 잘못되지 않음이 없는 까닭이다. 그 얻는 바는 삼계를 벗어나지 않고 끝내 고의 원인이 된다. 그러므로 진여의 뜻에 의지하여 복덕을 얻음이 많다고 설하지 않는 것이다.

04 일체법이 공임을 관하면 복덕이라는 염도 없다. 다만 중생을 이익 되게 하기 위하여 상을 여의고 세 가지 보시를 닦아야 한다. 즉 이것이 복덕을 쌍으로 닦아 자비와 지혜를 구족하고 반드시 불가사의 불가칭량 무변공덕을 얻는 것이다. 그러므로 진여의 뜻에 의지하여 복덕을 얻음이 많다고 설한다.

05 불경에 설한 바 인과因果의 도리는 철저하고 원만하다. 그 깊고 미묘함이 지극하다. 광대하고 원만하며 묘하다. 세간과 출세간법을 능히 벗어나지 아니

한 후에 비로소 인과가 가히 두려운 것임을 알 수 있고 비로소 불법이 모든 사람들이 꼭 필요로 하는 바임을 알 수 있다.

06 참되게 세간법을 분명히 알고자 하면 반드시 먼저 능히 불교의 이치에 밝아야 한다. 그런 뒤에 비로소 상을 여의고 염念을 여의는 관계가 중대함을 알 수 있다. 결단코 경시하지 말고 결단코 감히 두려워하지 말아야 한다. 이에 능히 대심을 발하고, 대행을 닦아 대과를 증득해야 한다.

07 종합하면 부처님이 설한 인과는 능히 사람으로 하여금 세간의 선인, 현인, 성인, 내지 보살을 이루고 부처를 이루는데 그 광대하고 원묘함이 지극하다.

須菩提. 於意云何. 佛可以具足色身見不.

不也. 世尊. 如來不應以色身見. 何以故. 如來說具足色身. 即非具足

色身. 是名具足色身.

須菩提. 於意云何. 如來可以具足諸相見不.

不也. 世尊. 如來不應以具足諸相見. 何以故. 如來說諸相具足. 即非

具足. 是名諸相具足.

"수보리야! 그대의 뜻은 어떠한가? 부처를 가히 구족색신으로 볼 수 있겠느
냐?"

"아닙니다. 세존이시여! 여래를 응당 구족색신으로는 볼 수 없습니다. 왜 그
런가 하면 여래께서 구족색신이라 말씀하신 것은 구족색신이 아니라 구족색신
이라고 이름했을 뿐입니다."

"수보리야! 그대의 뜻은 어떠한가? 여래를 가히 구족한 모든 상으로 볼 수 있
겠느냐?"

"아닙니다. 세존이시여! 여래를 응당 구족한 모든 상으로 볼 수 없습니다. 왜
냐하면 여래께서 모든 상이 구족됐다고 말씀하신 뜻은 곧 구족이 아니라 모든
상이 구족됐다고 이름할 뿐입니다."

140. 보신을 밝힘. 색신은 성이 아님을 밝힘

須菩提. 於意云何. 佛可以具足色身見不. 不也. 世尊. 如來不應以色
身見. 何以故. 如來說具足色身. 即非具足色身. 是名具足色身.

"수보리야! 그대의 뜻은 어떠한가? 부처를 가히 구족색신으로 볼 수 있겠느냐?"
"아닙니다. 세존이시여! 여래를 응당 구족색신으로는 볼 수 없습니다. 왜 그런
가 하면 여래께서 구족색신이라 말씀하신 것은 구족색신이 아니라 구족색신이
라고 이름했을 뿐입니다."

01 '구족具足'은 원만의 뜻이다. 공행원만功行圓滿 만덕장엄萬德莊嚴의 보신을 가리
킨 것이다. '색신色身'이 이름이 구족이 된다는 것은 바로 그 제상구족諸相具足
으로 인한 것이다. 그러므로 색신은 장엄하는 바가 되고 제상은 능히 장엄함
이 된다. 나누어 그것을 설한 것은 뜻이 능能도 있고 소所도 있어서 바로 이
인연으로 생한 법임을 나타내는 데 있다.

02 '불야不也'는 활구이다. 또한 가능하고 또한 불가능함을 말한다. 법신 · 보신
은 같지도 않고 다르지도 않다. 만약 다르지 않은 성性으로 회귀하면 곧 볼
수 있다. 만약 같지 않은 상에 집착하면 곧 볼 수 없다. 앞에서는 '불야不也'
라고 말하고, 뒤에서는 '불응不應'이라고 말했다. 뜻에 이른바 가능하고 불가
능한 것을 다만 불응이라고 나타냈을 뿐이다.

03 '하이고何以故' 이하는 '불응'의 뜻을 밝힌 것이다. 반드시 깊이 인연으로 생한
도리를 이해하고 양변에 집착하지 아니한 후에 성性과 상相이 원융하여 다르
지 아니한즉 상을 보면 곧 성性을 볼 것이다. 그 보는 바의 것은 상도 없고 상
이 아님도 없다. 또한 즉 여실공如實空, 여실불공如實不空의 온전한 성性이다.

04 마음에 취하는 바가 있으면 그로 말미암아 그 염念을 움직인다. 하나도 취착

함이 없고자 하면 오직 염을 여의어야 한다. 염을 여의는 것이 불가능하면 즉 오직 아미타 부처님의 명호를 집지하여 일심으로 칭명염불하여 일체 잡념을 여의어야 한다. 아미타 부처님의 명호는 능히 진실한 응보의 땅으로 이끌어 인도해 들어가게 한다.

05 부처님께서 설한 모든 법은 인연으로 생한다는 종지는 사람으로 하여금 곧 가假이고 곧 공空이며, 곧 공이고 곧 가인 도리를 체득해 알게 한 것이다. 일체 법이 본래 가히 집착할 것이 없고 또한 집착할 필요도 없음을 알아 염을 여의 라는 것이다.

06 무념無念의 인을 닦는 자는 반드시 무념의 과果를 획득하게 된다. 인연으로 생하는 법을 벗어나지 않는다. 무념은 이른바 부처님의 지혜이고 진여를 말 한다.

07 세간법·출세간법은 인연으로 생하지 아니함이 없고 즉 인과 아님이 없다. 지 혜가 없는 자는 악인惡因으로써 악과惡果를 초래하고, 선인善因으로써 선과善 果를 초래하고, 소인小因으로써 소과小果를 초래하고, 유루의 인(有漏因)으로써 유루의 과(有漏果)를 초래한다. 만약 불지견을 연다면 곧 능히 수승한 인으로 써 수승한 과를 초래한다. 무념진여無念眞如의 과를 증득하는 것을 말한다.

08 이 경을 강의하기 어려운 것은 앞과 뒤가 다르지 않기 때문이다. 앞의 강의하 기 어려운 것은 요의가 다분히 뒤의 글에 있기 때문이다. 강의할 때에 왕왕 그 르치는 것은 다만 휘장 안의 밝은 등불의 그림자만 취해서는 말하고자 하는 바를 드러낼 수 없기 때문이다. 뒤의 강의하기 어려운 것은 이치가 깊고 경계 가 미세하기 때문이다. 말로 쉽게 형용하기 어렵고, 또 곳곳에 응당히 이름을 여의고 상을 끊는 데 도달하기를 요한다. 비록 가히 하고자 하는 바의 말을 펼치나 도리어 한 글자도 해석해서 설하지 않아 사람의 깨달음의 문을 막아 버리기도 한다. 이 경을 널리 펴고자 하는 사람은 응당히 알아야 할 것이다.

141. 상호는 성이 아님을 밝힘

須菩提. 於意云何. 如來可以具足諸相見不. 不也. 世尊. 如來不應以
具足諸相見. 何以故. 如來說諸相具足. 即非具足. 是名諸相具足.

"수보리야! 그대의 뜻은 어떠한가? 여래를 가히 구족한 모든 상으로 볼 수 있겠
느냐?" "아닙니다. 세존이시여! 여래를 응당 구족한 모든 상으로 볼 수 없습니
다. 왜냐하면 여래께서 모든 상이 구족됐다고 말씀하신 뜻은 곧 구족이 아니라
모든 상이 구족됐다고 이름할 뿐입니다."

01 경의 초두에서부터 여기에 이르러 신상身相을 들어 문답한 것이 이미 세 차례
이다. 매 차례에서 밝힌 뜻은 같지 않아 일층에 일층을 더 기해 들어가겠다.
첫째, 처음 물음에(19절) "가히 신상으로 여래를 보는가?"라고 했다. 이것은
일체 신상을 가리킨 것이지 오로지 부처님의 신상만을 가리킨 것은 아니다.
여래는 자성自性을 가리킨다.
둘째, (69절) "가히 32상으로 여래를 보는가?" 하고 물은 것은 오로지 부처님
의 응신應身을 가리킨 것이다.
셋째, 이번(140·141절)에 "색신을 구족하고 제상을 구족한다."고 한 것은 부
처님의 보신報身을 잡은 것이다.

02 앞에서 말하기를, '신상身相은 곧 이 신상이 아니라'고 했다. 상이 다 허망인
까닭에 응당히 머물지 말라는 것을 나타내었다. 또 즉비即非, 시명是名을 아울
러 설했다. 성性을 잡은즉 그르고 상相을 잡은즉 옳아서 양변에 머무르지 말
아야 한다는 것을 나타내었다. 이 구절에서 또 즉비, 시명을 쌍으로 든 것은
인연으로 생한 법은 공과 유가 동시인 뜻을 나타낸 것이다.

03 머무르지 말라고 했는데, 상 위에서 곧 그 상이 아님을 보면 머무르지 않는

것이며 곧 능히 견성한다. 상을 무너뜨린 이후에 보라고 말한 것은 아니다. 신상이 이와 같고 제상도 다 그러하다.

04 명언상名言相을 여의는 것은 응당히 성性은 명언名言이 미칠 바가 아님을 아는 것이다. 무명자無名字, 무언설無言說, 무상無相을 말하는 것이 아니다. 다만 명언의 임시로 된 상에 마음이 취착하지 않으면 곧 여래를 본다.

05 '부처님(佛)'과 '구족색신具足色身'을 함께 설한 것은 인과가 헛되지 않음을 밝힌 것이다. '여래如來'와 '구족제상具足諸相'을 함께 설한 것은 성상性相이 일여함을 밝힌 것이다.

06 '시명是名'이라 말한 것은 가히 다른 것에 집착하지 않게 한 것이다. '즉비'라고 말한 것은 가히 같은 데에 집착하지 않게 한 것이다. 같고 다른 데 집착하지 않으면 원만한 견見이 된다. 견이 원만한즉 또한 바름을 알 수 있다. 바른즉 견이 또한 원만함을 알 수 있다. 만약 일체법이 인연으로 생한 것 아님이 없음을 안다면 일체법이 같지도 않고 다르지도 않음을 본다. 다르지 않음을 본다면 같지 않음이 방해롭지 않은 까닭에 본래 일여로 제법이 인연으로 생한 것이다. 같지 않은 것이 다르지 않은 것에 장애되지 않는 까닭에 비록 제법이나 다 일여一如이다.

07 부처님이 설한 인연으로 생한다는 중요한 뜻은 세간법·출세간법은 일체가 다 공空이나 오직 인과는 공하지 않음을 알게 한 것이다. 인과가 가히 두려운 까닭이다. 선인善因을 심으면 반드시 선과를 얻는다.

08 일체법은 공空에 즉하고 가假에 즉했다. 곧 가에 즉한 연고로 인에는 반드시 과果가 있고, 인因이 수승하면 과가 반드시 수승한 까닭이다. 곧 공인 까닭으로 인과因果가 비록 수승하나 또한 일 없는 바를 행하는 까닭이다. 이를 일러 깊이 인과를 밝혔다고 말한다.

09 부처님이 설한 일체법은 인연으로 생한다는 것은 뜻이 본래 불생不生임을 밝히

는 데 있다. 이렇듯 하루 중에 세법世法 또한 인연을 따라 짓는다. 출세법은 바로 연緣을 따라 일어난다. 도리어 하나의 눈으로 일체법은 본래 불생하는 곳을 향하여 엿보아 그것을 바라보아야 한다. ('간看'은 즉 깨달음의 뜻이고, 비춤의 뜻이고 분명히 알고 명백하다는 것이다.) 또한 스스로 능히 보지 못한다. 다만 세간법·출세간법은 인연을 따를 때가 바로 이와 같이 보는 때이다. 바로 볼 때가 이와 같이 인연을 따를 때이다. 가히 저 일개 영리한 사람임을 허락하는 것이다. 안으로 삼제三際의 마음은 얻을 수 없고 밖으로 일체법은 본래 생함이 없다. 참으로 하나가 해결되면 나머지도 해결되는 것으로 천하가 태평하다.

10 본사께서는 우리들로 하여금 이러한 직선으로 나아가는 법문을 베끼게 가르쳤기에 우리는 그 자리에서 담당하여 앞으로 나아가기를 노력하는 것이 중요하다. 보현보살이 대중을 경계하는 게송에 이르기를, "날은 이미 지나고 목숨 또한 따라 줄어드는 것이 마치 적은 물속의 물고기와 같은데 무슨 즐거움이 있겠는가?"라고 했다. 만약 변함없이 진흙에 빠져 물을 묻히면서 비록 날마다 간경하고 법을 들어 적은 이치의 길을 깨닫더라도 무슨 이익 되는 곳이 있겠는가? 저 소지장所知障이 생하는 것을 방비하고자 하면 번뇌장煩惱障을 따라 다시 무너뜨려야 한다.

142. 법보시를 잡아 체가 공함을 밝힘.
가히 설할 법이 없음을 밝힘.
듣는 자의 성품이 공함을 밝힘.
가히 얻을 법이 없음을 밝힘

01 복덕의 수승한 과보 후에 이어서 법보시를 하나의 큰 단락으로 설한 것은 바

로 일체법이 다 인연으로 생한 것임을 나타낸 것이다. 인연으로 생한 것은 무궁하고 인과가 다함이 없다는 뜻을 나타내 보이고자 한 것이다.

02 보시하는 자, 보시를 받는 자, 보시하는 바 물건의 세 방면의 인연을 잡으면 이미 천차만별로 그것을 설해 다함이 없다. 더군다나 세 방면을 만일 일시 일처에 모으지 못하면 이 하나의 법보시의 일을 발생할 수 없다. 모으는 것 또한 인연이 아니면 불가능하다. 이로 말미암아 가히 일체사一切事는 인연으로 생한 것 아님이 없음을 알 수 있다.

03 과果가 다시 인因을 이루고 인 또한 과를 이룬다. 과와 인, 인과 과는 이전부터 천차만별로 영원히 다함이 없다. 가히 세간·출세간의 가지가지의 일의 모양을 보면 이른바 제법이라는 것은 다시 다른 물건이 없다. 다만 끊어짐이 없는 인과와 과인果因으로 중생의 기억에 변화되어 환幻으로 나타날 따름이다. 그 뜻을 깊이 관찰하면 앞의 인의 과이다. 과는 뒤 과果의 인因이다. 이미 고정된 것이 없어 곧 실로 있는 것은 아니어서 찰나 사이에 다 옛 자취를 이룰 뿐이다. 그러나 간절한 분별은 견고히 집착하는 것으로 어찌 어리석음이 아니겠는가?

04 일체법은 인과 인, 과와 과로 차제로 변천하여 사람의 눈과 마음을 현혹시키는 것에 불과하다. 능히 찰나도 머무르지 말아야 하니 실제로 있다는 데 집착하여 스스로 묶여서 자재를 얻지 못한다. 그 어리석음이 비할 데 없는 것은 진실로 말을 기다릴 필요가 없다.

05 법은 비록 실다운 것이 아니나 도리어 비롯함이 없는 때로부터 인연을 만나므로 일어난다. 인과因果, 과인果因이 찰나 상속하여 일찍이 단절하지 않았다. 줄곧 공에 집착하여 인연을 따르는 이치를 알지 못했다. 수승한 인연에 맡겨서 수승한 과를 얻어야 한다. 본래 인연으로 생기지 않는 성性을 증득하여 일체 인연으로 생한 법 밖을 초월하여 얽히고 묶인 고苦를 풀어 자재의 즐

거움을 얻어야 할 것이다.

06 잘 배운 사람은 인연으로 생하는 이치로써 근기를 따르고 인연에 감응하여 가지가지의 법을 보여서 중생의 고苦를 뽑아 중생에게 즐거움을 준다. 능히 하지 못하는 자는 반드시 타락한다. 왜 그런가? 악취공惡取空인 까닭이다.

07 이승인二乘人은 다만 공에 치우쳐 비록 능히 인연으로 생한 것을 뛰어넘으나 능히 인연으로 생한 것을 이용하지는 못한다. 즉 공에 빠지고 고요한 것에 막혀서 자기의 힘으로 해내는 사람이 되지 못한다. 세존께서 그것을 꾸짖어 말씀하시기를, "불에 타 싹을 틔울 수 없는 종자로 무無의 구덩이에 떨어지게 된다."고 하셨다. 이 두 종류의 공에 집착하는 병은 비록 괴로움과 즐거움이 같지 않으며 오르고 내림이 아주 다르다. 그러나 지혜가 없는 것은 즉 같다.

08 부처님께서 이 대단의 글을 설한 것은 뜻이 사람으로 하여금 인연으로 생한 이치와 일을 통찰하여 유에 집착하고 공에 집착하는 병을 면하게 하는 데 있다.

09 유有에 집착하지 않으면 곧 인아人我가 공하다. 공에 집착하지 않으면 법아法我가 공하다. 아我와 법法이 쌍으로 공하면 곧 삼공三空반야의 바른 지혜를 명백히 이해하게 된다. 곧 공과 유 동시의 반야 이체를 증득한다. 그러므로 말하기를, "만약 보살이 아·법이 없음을 통달한 자는 여래가 이를 이름하여 참으로 보살이라 한다."고 했다.

10 보시하는 자, 보시를 받는 자, 보시하는 물건은 다 인연으로 생한 빕으로 즉 다 당체가 공이다. 그러므로 이름하여 '삼륜체공三輪體空'이라고 했다.

須菩提. 汝勿謂如來作是念. 我當有所說法. 莫作是念. 何以故. 若人
言如來有所說法. 即爲謗佛. 不能解我所說故. 須菩提. 說法者. 無法
可說. 是名說法.
爾時慧命須菩提白佛言. 世尊. 頗有衆生. 於未來世. 聞說是法. 生信
心不.
佛言. 須菩提. 彼非衆生. 非不衆生. 何以故. 須菩提. 衆生衆生者. 如
來說非衆生. 是名衆生.

"수보리야, 너는 여래가 이런 생각을 하되 '내가 마땅히 설한 법이 있다'고 말
하지 말라. 이런 생각을 하지 말지니라. 왜 그런가 하면 만약 사람이 말하길 '여
래가 설한 법이 있다'고 하면 이는 곧 부처님을 비방하는 것이 된다. 능히 내가
설한 바를 이해하지 못한 까닭이다. 수보리야, 설법이란 것은 가히 설할 법 없
는데 설법이라고 이름할 뿐이니라."

그때에 혜명수보리가 부처님께 사뢰었다. "세존이시여, 자못 어떤 중생이 미
래세에 이 법을 설하심을 듣고 믿는 마음을 내겠습니까?"

부처님께서 말씀하셨다. "수보리야, 저들은 중생이 아니며 중생 아님도 아니
니라. 왜 그런가 하면 수보리야, 중생 중생은 여래가 설하시기를 중생이 아니고
그 이름이 중생이라고 하셨느니라."

142.[5] 법 가히 설할 법이 없음을 밝힘.
근기에 대하여 곧 설함. 법은 무념임을 보여 설함

須菩提. 汝勿謂如來作是念. 我當有所說法. 莫作是念.

"수보리야, 너는 여래가 이런 생각을 하되 '내가 마땅히 설한 법이 있다'고 말하지 말라. 이런 생각을 하지 말지니라."

01 이 다음의 몇 구절은 정면으로 여래 설법의 뜻을 밝힌 것으로 뼛속까지 보살은 응당히 어떻게 염念을 여의어야 하는가를 가르친 것이다. 이른바 말은 이에 있고 뜻은 저에 있는 것이다.

02 이 생각을 짓지 말라는 것은 허물이 어디에 있는가? '작념아당作念我當' 네 자에 있다.

143. 염이 있으면 곧 집착임을 해석함

何以故. 若人言如來有所說法. 即爲謗佛. 不能解我所說故.

"왜 그런가 하면 만약 사람이 말하길 '여래가 설한 법이 있다'고 하면 이는 곧 부처님을 비방하는 것이 된다. 능히 내가 설한 바를 이해하지 못한 까닭이다."

01 '설한 바 법이 있다(有所說法)'는 것은 심중에 설한 바 있는 법을 두었기에 내가 마땅히 이렇게 할 것이라는 염念을 짓는 뜻을 말한다. 한번 이 말을 설하면

---

5 앞의 주4의 경우와 같다.

그 죄가 매우 크다. '즉 부처님을 비방하는 것이 되기(即爲謗佛)' 때문이다. 여래의 공적한 성품 중에 어찌 다시 염이 있겠는가? 무릇 내가 마땅히 어떻게 할 것이라는 염을 짓는 것은 이 망상으로 아我에 집착하는 범부이다. 여래를 범부와 같이 보는 것이다. 비방이 아니고 무엇인가?

02 법신은 염念도 없고 설함도 없다. 보신과 화신은 설함이 있으나 실로 무념無念이다. 경문에 특별히 '여래'를 들어 말한 것은 뜻이 이를 나타내는 데 있다.

03 부처님의 설법은 기연에 대하지 아니함이 없다. 법 또한 이 인연으로 생했고 인연으로 생한 것은 체體가 공한 연고로 법은 본래 무법無法이다. 설한즉 설함이 없는 것이다.

04 부처님은 어떻게 염을 일으키지 않고 인연을 따라 법을 설했는가? 앞에서 이른바 인因을 닦을 때에 자비와 원願의 훈습의 힘이 이것이다. 이 이치는 『금광명경金光明經』에 설하는 것이 최고로 상세하다. 경에 이르기를, "부처님은 염이 없다. 내가 지금 십이분교十二分教를 연설하는 것은 중생을 이익 되게 하기 위함이다."라고 했다. 또 이르기를, "그러나 옛날의 자비 선근善根의 힘으로 말미암아 저 중생의 근성根性과 어떤 목적을 향하여 나아가려는 마음(意樂)과 번뇌와 업에 붙잡히지 않는 지혜(勝解)를 따라 분별을 일으키지 않고 움직임에 맡겨 구제하고 바른 뜻을 열어 보이어 이롭게 하고 기쁘게 하는 것이 미래제가 다하도록 다함이 없다."고 했다.

05 분별을 일으키지 않고 자연히 제도함에 합치되는 것으로 이른바 움직임에 맡기는 것이 이것이다. 무슨 연고로 능히 이와 같은가? 옛날 인지因地에 있을 때에 자비와 원을 구족하고 깊이 인연으로 생함을 관하고 훈습하여 종자를 이루는 힘이 그렇게 하게 한 것이다.

06 경에 말하기를, "법이 여여如如한 데 의지하고 여여의 지혜에 의지하여 능히 자타를 이익 되게 하는 일을 하고 자재하게 성취한다. 법이 여여한 데 의지하

고, 여여의 지혜에 의지하여, 종종의 불법과 내지 성문법을 설한다."고 했다. '법이 여여하다'는 데의 법은 법성을 말하고 여如는 진여를 말한다. 뒤의 여如자는 일여一如이다. 법성진여法性眞如가 일여하다고 설하는데 이는 근본지根本智의 다른 이름이다. '여여如如의 지혜'에서 여如는 이 일여一如이다. 뒤의 여如자는 진여를 말한다. 지智는 근본지根本智를 말한다. 즉 진여근본지의 일여一如이다. 즉 후득지後得智의 다른 이름이다. 근본지는 진眞을 비추고 후득지는 속俗을 비춘다.

07 수경水鏡은 티끌이 없어야 빛을 발한다. 이 빛에 의지한 까닭에 능히 상相을 나타낸다. 불성도 또한 그러하여 무념공적하기에 지혜의 빛이 원만하고 두루하다. 이 지혜의 빛에 의지한 까닭에 공적무념한 가운데 갖가지 일을 자재하게 성취한다. 가히 자재하게 성취되면 바로 무념공적으로 말미암아 지혜의 빛이 나타남을 본다.

08 지금 '여래가 이 생각을 짓기를 내가 마땅히 법을 설한다'고 말하면 곧 범부와 같은데 어찌 여래이겠는가? 이미 공적하지 않고 또 어찌 능히 설법에 자재하겠는가? 바로 이른바 윤회의 견見으로 원각圓覺의 바다를 측량하면 옳을 것이 없다.

09 제불보살의 설법은 빈 골짜기에 소리를 전하는 것과 같아서 응하여 감응함이 있는 것이니 애초에 마음에 담아두고 생각함이 없는 것이다. 크게 치면 크게 울리고 작게 치면 작게 울리는 것은 바로 그 몸이 자연히 그러한 것과 같다. 부처님의 설법은 이와 같고 이와 같다.

144. 본래 가히 설할 수 없음

須菩提. 說法者. 無法可說. 是名說法.

"수보리야, 설법이란 것은 가히 설할 법이 없는데 설법이라고 이름할 뿐이니라."

01 '무법가설無法可說'이란 뜻은 본래 설할 것이 없음을 나타낸 것이다. 어떻게 '본래 설할 것'이 없는가? 본래 법이 없는 까닭이다. 이미 본래 법이 없는데 어찌 설할 수 있겠는가?

02 법은 인연으로 생한 것이고, 설하는 것도 또한 인연으로 생한 것이며, 법을 설하는 자도 또한 인연으로 생한 것이다. 이미 인연으로 생했다고 말하면 법이 없는 것도 아니고, 설이 없는 것도 아니며, 법을 설하는 것이 없는 것도 아니다. 그러나 인연으로 생한 것은 성性이 없고 당체가 공이다. 그러므로 비록 엄연히 법을 설하는 자가 있으나 다시 요달해 얻을 수 없다. 그 설은 즉 설이 없다는 것을 말한다.

03 인연으로 생한 뜻을 분명하게 알면 법은 본래 법이 없음을 아는 까닭에 설은 곧 설이 없는 것이다. 즉 법을 설하는 자 또한 곧 공이고 곧 가假이며 곧 가이고 곧 공이다. 결단코 망령되게 말과 염念을 지으면 죄가 부처님을 비방하는 것과 같은 데 이른다. 바로 가히 설할 법이 없음으로 인하여 설법 및 설법자의 가명假名이 있다.

04 설법이란 것은 가히 설할 법이 없으므로 법을 배우는 자도 당연히 집착할 법이 없어야 한다. 이미 법을 설함에 무념無念이므로 법을 배우는 자도 곧 마땅히 모든 법은 인연으로 생하여 체가 공하고 일여로 회귀함을 관조해야 한다. 관하는 힘이 점점 깊어지면 분별 집착은 곧 점점 엷어진다. 아견我見은 곧 점점 제거되고 염 또한 점점 여의게 된다. 이른바 무아법無我法을 통달한 자는

이와 같고 이와 같다는 것이다.

145. 듣는 자의 성품이 공함을 밝힘

01 이 일단의 경문(145~147절)은 구마라집鳩摩羅什 대사의 번역본에는 없다. 이에 후인이 위역魏譯에 의거하여 더해 넣었다. 구마라집은 뜻이 있어 생략하고 달리 능과 소를 쌍으로 잊는 뜻을 나타내었다. 그러나 이 일단의 경문은 경의 뜻을 더욱 원만하게 함이 있으므로 강미농 거사의 교정본에 의거하였다.

02 앞에서 설법이란 것은 가히 설할 법이 없다고 말한 것은 설법이란 것이 공임을 밝힌 것이다. 다음에 '가히 얻을 법이 없다고 말하는 것은 설한 바가 공임을 밝힌 것이다. 공을 닦아 지극한 곳에 이르고자 하면 응당히 능能과 소所를 다 비워야 바야흐로 성품의 빛이 홀로 빛나고 근진根塵을 멀리 벗어난다. 이 뜻은 즉 『반야심경』에 설한 '지혜도 없고 또한 얻음도 없음(無智亦無得)'이다.

03 청나라 달천達天 스님은 『신안소新眼疏』를 지어 경문을 신해행증信解行證 넷으로 나누었다. 경문에 분명히 이 뜻을 갖추고 있는 까닭이다.

저 믿음을 내는 글(生信文) 중에 장로長老가 묻기를, "자못 어떤 중생이 실다운 믿음을 내겠습니까?"라고 했다. 답해 말씀하시기를, "계를 지니고 복을 닦는 자가 있어 능히 신심을 내리라."고 했다. 말후에 결론지어 말씀하시기를, "부처님과 무상보리법은 다 이 경을 좇아 나왔느니라."라고 했다. 학인은 마땅히 이로 말미암아 들어가는 것을 보인 것이다. 믿음은 도에 드는 문이 되기 때문에 이 뜻을 결론지어 나타내었다.

이해를 여는 글(開解文)에서는 장로가 깊은 이치를 스스로 진술했다. 사람들에게 마땅히 이와 같이 깊이 이해해야 함을 보인 것이다. 말후에 결론지어 말씀하시기를, "마땅히 알라. 경의 뜻과 과보果報는 다 불가사의하다."라고 했다. 마땅히 아는 것은 마땅히 이해하는 것이다. 깊이 이해하는 뜻을 결론지었다.

닦아 나아가는 글(進修文) 가운데에서는 마음을 발해도 법이 없음을 밝혔다. 이어서 불지견佛知見을 열게 했다. 불견佛見은 즉 같고 다른 데 집착하지 않는 것이다. 불지佛知는 즉 삼제의 마음을 가히 얻을 수 없는 것이다. 일체법은 본래 생함이 없다. 말후에 결론지어 말씀하시기를, "아我도 없고, 인人도 없고, 중생도 없고, 수자도 없는 것으로써 일체 선법을 닦은즉 아뇩다라삼먁삼보리를 얻는다."고 했다. 학인은 응당히 안으로 마음과 밖의 경계를 통달하여 곧 유有이고 곧 공으로 같고 다름에 집착하지 않으면 아도 없고 법도 없어서 유일한 수행의 공이 된다는 것을 보인 것이다. 반드시 아도 없고 법도 없는 인因을 닦아야 바야흐로 평등법계의 과果를 증득할 수 있다.

증득을 이루는 글(成證文) 중에서는 일체법무아一切法無我로 인忍을 이룸을 명백히 밝혔다. 인忍을 이룬다는 것은 증득을 말한다. 나머지 설한 바는 다 이 평등법계제법공상平等法界諸法空相의 뜻이다. 즉 다 증득을 이룬다는 뜻이다.

04 강미농의『금강경 강의』에 단을 나눈 것은『신안소新眼疏』에 의지했다. 다만 '마음을 잡아 무주無住를 밝힘(約心明無住)'과, '경계를 잡아 무주를 밝힘(約境明無住)'의 양 대부로 나누는 것을 더했다. 전과 후 양반부兩半部의 뜻이 같지 않은 곳을 밝혀 일목요연하게 하였다.『화엄경』에 신해행증으로써 원융무애圓融無礙의 도에 드는 차제를 나타내 보였다. 그 경계는 바로 이 제법일여諸法一如이고 일체가 다 옳은 것이다.

05 이 경은 부처님의 종자를 끊지 않음을 설한 것이다. 그러므로 한 번『화엄경』의 신해행증에 의지하여 도에 들어가는 차제를 설했다. 듣는 자로 하여금 또한 이 원융한 차제에 의지하여 도에 들게 했다. 가사와 발우를 서로 전하고

법을 전하는 등불과 등불이 다함이 없다는 뜻을 보인 것이다.

06 『화엄경』에 말하기를, "믿음은 도의 근원이고 공덕의 어머니로 일체의 모든 선근을 길러낸다."고 했다. '신信' 자는 더욱 중요하여 시작을 이루고 마침을 이루는 것은 오직 하나의 신심뿐이다.

145.⁶ 듣는 자의 성품이 공함을 밝힘. 물음을 청함

爾時慧命須菩提白佛言. 世尊. 頗有衆生. 於未來世. 聞說是法. 生信心不.

그때에 혜명수보리가 부처님께 사뢰었다. "세존이시여, 자못 어떤 중생이 미래세에 이 법을 설하심을 듣고 믿는 마음을 내겠습니까?"

01 발심하여 수행함에 반드시 법에 의지해야 한다. 지금 이르기를 법이 없다고 하고 또 이르기를 법을 설하는 자 가히 설할 법이 없다고 했다. 그러나 이와 같은 종종의 설은 법이 아님이 없다. 말세중생이 그것을 듣고 의심할 것을 깊이 두려워한 것이다. 그러므로 물어 말하기를, "이 법을 설하심을 듣고 믿는 마음을 내겠습니까?(聞說是法, 生信心不)"라고 한 것이다.

02 앞에서 설한 바와 같이 다 법에 집착하지 말고 정미롭게 무아의 묘법을 닦을 줄 마땅히 알아야 할 것이다. 장로가 질문한 뜻은 바로 학인에게 응당히 이 묘법을 믿어 무아의 행을 닦으라고 지시한 것이다.

---

6 앞의 주4의 경우와 같다.

146. 집착을 보냄

佛言. 須菩提. 彼非衆生. 非不衆生.

부처님께서 말씀하셨다. "수보리야, 저들은 중생이 아니며 중생 아님도 아니니라."

01 '피彼' 자는 즉 법을 듣는 중생을 가리킨 것이다. '비중생非衆生'은 성性을 잡아 말한 것이다. '중생 아님이 없다(非不衆生)'는 것은 상相을 잡아 말한 것이다.

02 뜻으로 일체중생은 다 인연으로 생한 뜻을 말한 것이다.

147. 해석을 이룸

何以故. 須菩提. 衆生衆生者. 如來說非衆生. 是名衆生.

"왜 그런가 하면 수보리야, 중생 중생은 여래가 설하시기를 중생이 아니고 그 이름이 중생이라고 하셨느니라."

01 '중생'이라고 거듭 말한 것은 앞의 '중생이 아니고 중생 아님도 아닌' 설을 이은 것이다. 본래 불성을 갖추어 중생이 아니다. 그러므로 중생이 아니라고 말한 것이다. 다만 명상名相을 잡은즉 중생이다. 그러므로 중생 아님도 아니라고 했다.

02 장로는 중생이 이 깊은 법에 능히 믿음을 내지 못한 자가 중생을 오인함으로 말미암아 중생으로 삼을까 염려한 것이다. 걱정하는 마음을 면치 못한 것이다. 상相에 나아가 관하면 비록 중생이 아니나 그 성性은 즉 위와 같은 제불로 본래 중생이 아님을 마땅히 알아야 한다.

03 이미 불성을 갖추었는데 어찌 능히 부처님의 바른 지혜를 열지 못하겠는가! 즉 이 법을 듣는 자가 어찌 능히 믿는 자가 없겠는가! 그러므로 중생이 아니고 중생 아님도 아니라는 이 한마디 말은 곧 이런 말 하지 말라는 뜻을 함유하고 있다.

04 이 오온五蘊 무리의 법으로 관하면 다만 인연 취합으로 말미암은 것이지 생은 환생幻生이 아니라 본래 무생無生이다. 만약 이 뜻을 알고 즉 법에 의지하여 발심 수행하는 자라면 어찌 가히 집착할 법이 있겠는가!

제22 무법가득분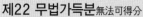無法可得分

須菩提白佛言. 世尊. 佛得阿耨多羅三藐三菩提. 爲無所得耶.
如是如是. 須菩提. 我於阿耨多羅三藐三菩提. 乃至無有少法可得. 是
名阿耨多羅三藐三菩提.

수보리가 부처님께 사뢰었다. "세존이시여! 부처님께서 아뇩다라삼먁삼보리
를 얻은 것은 얻은 바 없는 것이 아닙니까?"

"이와 같고 이와 같다. 수보리야! 내가 아뇩다라삼먁삼보리에 어떤 작은 법
도 가히 얻을 것이 없기 때문이다. 이 이름이 아뇩다라삼먁삼보리일 뿐이니라."

148. 법 가히 얻을 것이 없음을 밝힘. 깨달음을 진술함

須菩提白佛言. 世尊. 佛得阿耨多羅三藐三菩提. 爲無所得耶.

수보리가 부처님께 사뢰었다. "세존이시여! 부처님께서 아뇩다라삼먁삼보리를
얻은 것은 얻은 바 없는 것이 아닙니까?"

01 부처님께서 신상身相을 구족함을 나타낸 것은 원래 법을 설하여 중생을 제도
하기 위해서이다. 부처님이 설한 바는 원래 그 얻은 바를 설했는데 이른바 '여
어如語'이다. 지금 인연으로 생하지 아니함이 없고 당체가 공임을 알 수 있다.
얻은즉 얻지 않음이고 부처는 즉 부처가 아니어서 조금도 마음에 걸리지 않
은 공적한 성품으로 필경에는 체體를 나타내 보인다.

02 장로가 깨달음을 진술한 것은 바로 학인은 응당히 이와 같이 끝까지 궁구하
여 조금도 법에 집착함을 두지 않게 지시한 것이다. 그런 후에 아我가 공해서
성性이 나타나 시각始覺이 본각本覺과 합해져 대각大覺을 이룬다. 비록 이와
같은 깨달음을 얻었더라도 마땅히 눈 밝은 사람에게 증명해 주기를 청해야
한다.

149. 인가하고 해석함

如是如是. 須菩提. 我於阿耨多羅三藐三菩提. 乃至無有少法可得. 是
名阿耨多羅三藐三菩提.

"이와 같고 이와 같다. 수보리야! 내가 아뇩다라삼먁삼보리에 어떤 작은 법도
가히 얻을 것이 없기 때문이다. 이 이름이 아뇩다라삼먁삼보리일 뿐이니라."

01 일체의 일은 상대되지 아니함이 없고, 상대됨이 있으면 능能과 소所가 있으며, 능과 소가 있으면 곧 분별이 있고, 분별이 있으면 곧 집착함이 있다. 조금의 분별이라도 있으면 곧 이 제6식으로 이른바 아상이 이것이다. 조금의 집착이라도 있으면 곧 이 제7식으로 이른바 아견我見이 이것이다.

02 심행心行을 얻기 어렵다 설하고 제법은 인연으로 생한다고 설했다. 인연으로 생한 것은 체가 공하고 이름하여 무실無實임을 알게 한 것이다. 반드시 한 걸음 한 걸음 공을 관하고 층층히 보내고 제거해야 한다. 소변所邊의 법을 통절하게 보내야 하는 까닭이고 바로 능변能邊의 아我를 통절하게 보내야 하는 까닭이다.

03 공부를 하는 법은 능을 보내면 마땅히 소를 보내야 하고 소를 보내면 곧 능을 보내야 한다. 능과 소를 보내면 분별을 보내고 집착을 보내야 한다. 분별을 보내 다하면 곧 육식六識을 굴려야 한다. 집착을 보내 다하면 칠식七識을 굴린다. 이 두 식을 이미 굴리고 즉 아我와 법法을 쌍으로 비우면 다 일여一如해진다.

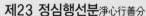
제23 정심행선분淨心行善分

復次. 須菩提. 是法平等. 無有高下. 是名阿耨多羅三藐三菩提. 以無
我無人無衆生無壽者. 修一切善法. 則得阿耨多羅三藐三菩提. 須菩
提. 所言善法者. 如來說非善法. 是名善法.

"다시 수보리야! 이 법은 평등하여 고하가 없어 이를 이름하여 아뇩다라삼먁
삼보리라고 하느니라. 아도 없고, 인도 없고, 중생도 없고, 수자도 없는 것으로
써 일체의 선법을 닦으면 곧 아뇩다라삼먁삼보리를 얻을 것이니라. 수보리야!
말하는 바 선법은 여래가 선법이 아니라고 설하니, 이 이름이 선법일 뿐이니라."

150. 결론을 보임. 바로 성체를 보임

復次. 須菩提. 是法平等. 無有高下. 是名阿耨多羅三藐三菩提.

"다시 수보리야! 이 법은 평등하여 고하가 없어 이를 이름하여 아뇩다라삼먁삼
보리라고 하느니라."

01 '이 법은 평등하여 위와 아래가 없다(是法平等, 無有高下)'는 두 구절은 바로 무
   상보리를 나타낸 것이다. '법法' 자는 일체법을 가리킨다. 이는 바로 보리는
   작은 법도 없는 까닭이 그러함을 밝힌 것이다. 조공肇公·지자智者 대사가 다
   이르기를, "사람에게는 귀천이 없고 법에는 좋고 나쁨이 없어 툭 틔어 평등하
   여 보리의 뜻이다."라고 했다. 뜻으로는 무릇 좋고 나쁨, 귀천, 불평등의 관
   념을 완전히 없애 하나로 공해진즉 평등할 것이라고 말한 것이다. 이것이 곧
   보리의 뜻이다.

02 여래가 얻은 바는 무상보리이다. 이 중에 실다움도 없고 헛됨도 없다. 일체법
   이 다 불법이고 높고 낮음이 없다. 법성法性이 이미 평등일여인데 어떻게 가히
   얻음이 있겠는가? 그러므로 '실다움이 없다(無實)'고 말했다. 바로 마땅히 작
   은 법도 가히 얻을 것이 없을 때에 평등일여平等一如의 법성은 원만히 나타난
   다. 그러므로 '헛됨이 없다(無虛)'고 말했다.

03 바로 법을 분별하지 않고 법에 집착하지 않고 또 법이 없다는 견見을 두지 않
   음으로 인하여 이름이 무상정등각無上正等覺이다. 작은 법도 있지 않음이 또한
   분명하다. 법성은 본래 이와 같다. 부처님은 오직 이 본래의 성性을 나타냈을
   뿐으로 조금도 얻음이 없음이 분명하다.

04 제법여의諸法如義를 설명해 밝힌 것에 다시 가히 얻을 수 없는 뜻으로 능히 집
   착하는 마음을 비웠다. 또 인연으로 생한다는 뜻으로써 소집所執의 마음을

비웠다. 능과 소가 다 공한즉 평등성체가 드디어 나타난다.

05 이른바 무상보리법이란 것은 다른 것이 아니다. 제법일여의 평등성이 이것이다. 보살이 이 이치를 통달하여 분별 집착을 다 보내면 아我가 없다. 이른바 일체 법성法性은 본래 높고 낮음이 없다는 것이다. 눈앞의 사물은 이와 같지 않음이 없다.

06 부처님이 말한 평등은 분별을 제거하고 집착을 제거하는 것이다. 다른 이의 높고 높음 낮고 낮음에 맡겨 평등에 태연하다. 대개 그 마음이 이미 평平하고 마음이 이미 등等한즉 사상事相 위에 비록 높고 낮음이 있으나 또한 스스로 높고 높으며 낮고 낮아 각각 그 분을 좇아 서로 요란하지 않다. 즉 일체 평등이다. 이것이 평등의 바른 뜻이다. 그러므로 평등의 바람을 그리워하는 자는 마땅히 스스로 마음의 시작을 평평하게 해야 하고 마음의 시작을 가지런하게 해야 한다.

151. 수행의 공을 바로 보임

以無我無人無衆生無壽者. 修一切善法. 則得阿耨多羅三藐三菩提.
"아도 없고, 인도 없고, 중생도 없고, 수자도 없는 것으로써 일체의 선법을 닦으면 곧 아뇩다라삼먁삼보리를 얻을 것이니라."

01 '시법평등무유고하是法平等無有高下' 여덟 글자는 바로 성체性體를 가지고 나타내어 대중들로 하여금 눈을 열어 분명하게 인식하게 한 것이다. 즉 다시 장차 이를 닦아 이 공부를 증득하도록 분명하게 가리켜 주고 대중들로 하여금 걸음을 들게 하여 바야흐로 능히 목적지에 도달할 수 있게 한 것이다.

02 고덕이 수행함에 반드시 먼저 본성을 깨달았다. 고인이 도를 증득함이 지금 사람에 비해 많은 것은 최고로 중요한 원인이 실로 여기에 있다.

03 무아無我로써 일체 선법善法을 닦아야 한다. 설령 어느 법일지라도 평등하고 평등함을 밝힌 것이다. 이 평등심으로써 일체법을 관하여 따라 응하여 닦아서 가히 높고 낮은 마음을 두지 말아야 한다. 선법은 즉 이 보시를 가리킨다. 보시는 육도만행六度萬行을 포섭한다.

04 분별 집착이 없는 마음으로써 일체 선법을 닦아야 한다. 즉 제법여의諸法如義에 합하여 법신의 인因을 이룬다. 복과 지혜를 쌍으로 장엄하여 보신의 인을 이룬다. 원만하게 일체를 닦아 방편지方便智를 얻어 응화신應化身의 인을 이룬다. 이미 이 성품에 딱 맞게 원만히 닦았기에 능히 성품의 덕이 원만히 밝은 삼신三身이 나타나 무상정등각을 이룬다. 그러므로 즉 '얻는다(得)'고 했다.

05 광대행廣大行을 행한다는 것은 먼저 경계의 인연위에서 일체법에 머무르지 말아야 한다. 뒤에는 즉 마음을 일으키고 생각을 움직일 때에 일체법에 머무르지 말아야 한다. 능히 집착하는 것은 가히 얻을 수 없는 망념妄念으로 진심眞心이 아님을 알게 하였다. 다시 제법은 인연으로 생하는 것을 설하여 일체법이 다 환으로 있어 끝내 가히 얻을 수 없음을 알게 하였다.

06 광대한 원을 발하면 곧 법을 취하지 않게 된다. 광대한 행을 행하면 비법을 취하지 않는 것이다. 법과 비법은 이미 다 취하지 말아야 한다. 즉 아·인·중생·수자 넷은 다 없는 것이다. 즉 법과 비법은 끝내 얻을 수 없다. 상주진심常住眞心으로 이른바 이 법은 평등하여 높고 낮음이 없는 것을 곧 분명하게 얻는다. 신심이 청정한즉 실상을 낸다는 것이 이것이다.

152. 능과 소가 없음을 결론지음

須菩提. 所言善法者. 如來說非善法. 是名善法.

"수보리야! 말하는 바 선법은 여래가 선법이 아니라고 설하니, 이 이름이 선법일 뿐이니라."

01 무아로써 일체 선법善法을 닦아야 한다. 이는 능히 닦는 측면을 잡아 보낸 것이다. 선善이 아니고 이름이 선이라는 것은 닦는 바(所修)의 측면을 잡아 보낸 것이다. 능能이 있고 소所가 있으면 곧 분별 집착이다. 아상我相, 아견我見이 이에 있다. 그러므로 마땅히 보내어 다 없애야 한다. 중요하게 분별 집착이 없는 마음을 써서 닦아 나아가면 곧 보리를 얻는다.

02 법은 즉 무법無法이므로 닦음 없이 닦는 것이다. 일체 선법을 닦을 때에 곧 선이 아니고 이름이 선임을 관조해야 한다. 만약 그 마음 중에 선법이 있다면 그것이 바로 아견임을 보게 한 것이다. 즉 무아로써 일체 선법을 닦는 것은 아니다.

03 이 구절의 경문은 경을 연 이래로 설한 모든 뜻을 결론지어 보인 것이다. 즉 경을 연 이래 설한 바의 모든 뜻은 무아로써 일체 선법을 닦아 평등의 성性을 증득하게 하지 않음이 없다. 이에 이르러 일일이 지적하여 명확하게 밝힌 것이다.

04 이 경 최초에 '대원을 발하고 대행을 행하는(發大願·行大行)' 두 단은 장章을 열어 뜻을 밝힌 것이다. 이후 간략히 그것을 헤아리면 결론지어 보인 것은 이미 다섯 차례이다. 전후에 저절로 얕고 깊은 차례가 있다.

첫 번째(30절)는 즉 이 '응당히 법을 취하지 말고 응당히 비법도 취하지 말라'는 것이다. 중생을 제도함에 상에 머물지 말고, 보시함에 상에 머물지 말라는 뜻을 결론지은 것이다.

두 번째(51절)는 '응당히 이와 같이 청정심을 내어야 한다'는 한 단락이다. 널리 육바라밀을 행함에 응당히 머무는 바 없는 것을 결론지었다. 공과 유에 집착하지 않게 하여 하여금 여실공如實空, 여실불공如實不空의 자성청정심을 현전하게 한 것이다.

세 번째(86절)는 '응당히 일체 상을 여의고 보리심을 발해야 한다'는 하나의 큰 단락이다. 상을 여의어야 바야흐로 보리심을 발한다는 것을 결론 맺었다. 다만 이변에 집착하지 않아야 할 뿐만 아니라 아울러 집착하지 않는 것 또한 응당히 집착하지 말아야 한다.

네 번째(120~123절)는 '제법이 여의하여 실다움도 없고 헛됨도 없어 일체가 다 평등하다'는 등의 하나의 큰 단락이다. 과위果位를 잡아 청정심을 증득한 자의 경계를 보임으로써 한 법에도 머무르지 않고, 법과 법이 다 진여이고, 무아임을 결론 맺은 것이다. 하나의 티끌도 세우지 않고 장차 미세한 분별 집착을 제거해 깨끗하게 하고 남음이 없게 하여 능히 부처님이 증득한 바를 증득하게 한 것이다.

다섯 번째(150~152절)인 여기에서는 일체 법성이 본래 평등하고 고하가 없음을 명백히 열어 보였다. 그러므로 낱낱의 법에 가히 집착하지 말아야 한다. 보리법도 이와 같고 일체 선법도 또한 이와 같다.

05 분별 집착이 없는 마음을 써서 높고 낮음이 없음을 닦아 평등하고 평등한 일체 선법으로 곧 법성에 계합하고, 곧 고요함과 비춤이 동시인 본래면목을 볼 것이다.

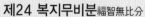

제24 복지무비분福智無比分

須菩提. 若三千大千世界中所有諸須彌山王. 如是等七寶聚. 有人持
用布施. 若人以此般若波羅蜜經. 乃至四句偈等. 受持. 爲他人說. 於
前福德. 百分不及一. 百千萬億分. 乃至算數譬喻所不能及.

"수보리야! 만약 삼천대천세계에 있는바 모든 수미산만큼 많은 칠보로 어떤
사람이 보시한다면, 만약 어떤 사람이 이 반야바라밀경으로 내지 사구게 등을
받아 지녀 타인을 위하여 설하면, 앞의 복덕은 이 복덕의 백 분의 일에도 미치지
못하고 백천만억 분 내지 셀 수 없을 만큼의 비유로도 능히 미칠 바가 못 되느
니라."

153. 수승함을 나타내고 방편을 맺음. 비유를 이끌어 나타냄

須菩提. 若三千大千世界中所有諸須彌山王. 如是等七寶聚. 有人持用布施.

"수보리야! 만약 삼천대천세계에 있는바 모든 수미산만큼 많은 칠보로 어떤 사람이 보시한다면,"

01 일 대천大千 안에 십 만만萬萬의 수미산왕須彌山王이 있다. 칠보를 모아 많은 것이 이와 같다.

02 이에 비유를 이끌어 이 경을 받아 지니고 널리 설하는 복덕이 다시 큼을 나타내었다.

154. 바로 방편을 맺음

若人以此般若波羅蜜經. 乃至四句偈等. 受持. 爲他人說. 於前福德. 百分不及一. 百千萬億分. 乃至算數譬喩所不能及.

"만약 어떤 사람이 이 반야바라밀경으로 내지 사구게 등을 받아 지녀 타인을 위하여 설하면, 앞의 복덕은 이 복덕의 백 분의 일에도 미치지 못하고 백천만억 분 내지 셀 수 없을 만큼의 비유로도 능히 미칠 바가 못 되느니라."

01 '어전복덕於前福德'은 앞의 글에 '십 만만十萬萬 수미산왕須彌山王의 칠보로 보시한 것과 같다'는 것을 가리킨 것이다. 가히 크다고 말할 수 있다.

02 　그러나 그 복덕은 다 능히 이 경을 지니고 설하는 자의 복덕의 일부분에도 미치지 못한다는 것이다.

03 　'경'은 비록 문자명언文字名言이나 문자로 말미암아 관조觀照를 일으켜 상사각相似覺을 증득하고 분증각分證覺을 증득하고 구경에 무상보리를 이룬다. 어찌 일체의 상이 있는 복덕을 비교할 바이겠는가!

04 　뜻으로 경을 지니고 경을 설하여 능히 자타가 동시에 법신法身을 증득하게 함을 나타낸 것이다. 저 보신을 보면 마치 몸 밖의 재물과 같은데 어찌 족히 비교하겠는가?

05 　부처님이 보신報身 등을 나타냄은 원래 중생을 이익 되게 하여 그로 하여금 수용하게 한 것이다. 바로 물질로써 보시하여 그로 하여금 수용하게 하는 것과 같다. 그러므로 이것으로써 비유를 삼았다. 법신을 증득한 자는 아울러 보신의 상相에도 또한 머무르지 말아야 함을 나타낸 것이다.

金剛經 講義 節要

금강경 강의 절요 권5

155. 구경에 머무름 없음으로써 증득을 이룸. 평등법계를 밝힘. 제법의 공한 상을 밝힘

01 이 네 번째 큰 단원은 다 여래의 경계를 설한 것이다. 머무름 없음을 궁구하여 여기에 이른 것이 극極이다. 증득이라는 것은 이를 증득하는 것이다.

02 처음에 평등법계를 밝힌 것은 일체 법성法性은 본래 아我가 없음을 나타낸 것이다. 앞에 설한 '보살은 무아無我의 법을 통달해야 한다'는 뜻의 결론을 이룬 것이다.

03 다음에 제법공상諸法空相을 밝힌 것은 즉 불생불멸에 이르는 것으로 귀결한다. 상을 여의고 염을 여읨으로써 아집我執을 제거하게 한 까닭은 분별집착을 보내기 위함이 아님이 없다. 이른바 생멸심生滅心이다. 생멸심을 보내는 것은 불생불멸의 성체性體를 증득하기 위한 것이다.

제25 화무소화분化無所化分

須菩提. 於意云何. 汝等勿謂如來作是念. 我當度衆生. 須菩提. 莫作
是念. 何以故. 實無有衆生如來度者. 若有衆生如來度者. 如來則有我
人衆生壽者. 須菩提. 如來說有我者. 則非有我. 而凡夫之人. 以爲有
我. 須菩提. 凡夫者. 如來說則非凡夫.

"수보리야! 그대의 뜻은 어떠한가? 그대들은 여래가 생각하기를 '내가 마땅히
중생을 제도한다.'고 말하지 마라. 수보리야! 이 생각을 짓지 말지니, 왜냐하면
실로 어떤 중생도 여래가 제도한 자가 없기 때문이다. 만약 어떤 중생이라도 여
래가 제도했다면 여래는 곧 아상·인상·중생상·수자상이 있는 것이니라. 수보
리야! 여래가 '아'가 있다고 설하나 즉 '아'가 있는 것은 아니다. 그러나 범부들
은 '아'가 있는 것으로 삼는다. 수보리야! 범부는 여래가 설하기를 즉 범부가 아
니라고 하였다."

155.[7] 중생을 제도함을 잡아 성범聖凡이 없음을 밝힘. 제도하되 제도한다는 염이 없음을 밝힘. 표해 보임

須菩提. 於意云何. 汝等勿謂如來作是念. 我當度衆生. 須菩提. 莫作是念.

"수보리야! 그대의 뜻은 어떠한가? 그대들은 여래가 생각하기를 '내가 마땅히 중생을 제도한다.'고 말하지 마라. 수보리야! 이 생각을 짓지 말지니."

01 일진법계一眞法界는 평등하고 평등한데 어찌 범부와 성인의 다름이 있겠는가? 뜻으로는 법을 듣는 자로 하여금 마땅히 법과 법 위에서 평등한 이치를 알아 차려서 가히 법과 법 위에서 자성을 보게 하는 데 있다.

02 부처님이 마음을 일으키고 염念을 움직이지 않고 능히 근기를 따르고 인연에 응해 중생을 제도하는 것은 둘이 있다. 첫째, 지난날의 대비대원大悲大願 훈습으로 종자를 이루는 힘으로 인하여 능히 마음으로 느낌이 있으면 이에 응한다. 둘째, 두 지혜를 갖춤으로 인하여 삼신三身을 이룬다. 대원경大圓鏡이 광명을 두루 비추는 까닭에 능히 응하는 바가 그릇되지 않는 것과 같다.

03 '이 생각을 짓지 말라(莫作是念)'는 것은 널리 일체 사람에게 경계한 것으로 가히 윤회의 견해로 원각의 바다를 측량하지 말라는 것이다. 실로 학인으로 하여금 반드시 망념을 끊게 하는 것이다.

04 '법을 가히 설할 것 없고 중생을 가히 제도할 것이 없다'는 것은 성性을 잡아 설한 것이다. 비추면서 항상 고요한 것이다. '중생을 가히 제도할 것이 있고

---

7 앞의 주4의 경우와 같다.

법이 가히 설할 것이 있다'는 것은 상相을 잡아 설한 것으로 고요하면서 항상 비추는 것이다. 합해서 그것을 관하면 바로 성과 상의 원융함이고 고요함과 비춤이 동시라는 뜻이다. 마땅히 이와 같이 통달해야 한다.

05 불교를 배움에 반드시 불지견을 열어야 한다. 불지佛知는 즉 일체가 불가득임을 알며, 일체가 곧 공이고, 곧 가假임을 아는 것이다. 불견佛見은 즉 같고 다름에 집착하지 않는 것이다. 불법의 미묘한 이치를 통달하고자 하면 범부의 정情, 속인의 견見을 가지고 한 번 쓸어 그것을 비우지 않으면 반드시 능히 들어가지 못한다.

156. 해석을 이룸

何以故. 實無有衆生如來度者. 若有衆生如來度者. 如來則有我人衆生壽者.

"왜냐하면, 실로 어떤 중생도 여래가 제도한 자가 없다. 만약 어떤 중생이라도 여래가 제도했다면 여래는 곧 아상·인상·중생상·수자상이 있는 것이니라."

01 '실무實無'를 간략히 하면 이 두 자는 최고로 철저하다. 실로 염念을 지음이 없는 이치를 말한다.

02 '중생'이 중생이 되는 까닭은 염이 있기 때문이다. 중생이 제도함을 얻는 까닭은 염이 없기 때문이다. 중생을 제도한다고 이른 것은 오직 염을 여의게 할 따름이다. 만약 부처님이 중생을 제도했다는 염이 있으면 즉 스스로도 아직 제도하지 못했는데 어찌 능히 중생을 제도하겠는가?

03 부처님이 중생을 제도함도 중생에게 힘을 주어 돕는 증상연增上緣이 되는 데

불과하다. 중생이 자기의 대심大心을 발하고, 대행大行을 행하는 실로 주요한 원인이 된다. 비록 증상연이 있으나 중생도 또한 좇아 제도함이 없다. 이런 까닭으로 중생이 제도를 얻으나 실은 중생 스스로 제도할 따름이다.

04 진실로 일념이 있으면 사상四相이 구족된다. 여래는 바로 보리심을 발하여 이 사상四相을 제거하게 했다. 다만 여래변如來邊을 잡아 말하면 능도 없고, 소도 없고, 아我도 없는 뜻을 밝힌 것이다. 뜻은 학인으로 하여금 평등법계는 실로 아가 없다는 것을 분명하게 알게 하고자 한 것이다.

157. 본래 범성이 없음을 밝힘

須菩提. 如來說有我者. 則非有我. 而凡夫之人. 以爲有我. 須菩提. 凡夫者. 如來說則非凡夫.

"수보리야! 여래가 '아'가 있다고 설하나 즉 '아'가 있는 것은 아니다. 그러나 범부들은 '아'가 있는 것으로 삼는다. 수보리야! 범부는 여래가 설하기를 즉 범부가 아니라고 하였다."

01 이는 '능도所度도 없고 소도所度도 없는' 까닭이 그러함을 해석한 것이다.

02 일진법계一眞法界, 일체제불一切諸佛, 일체중생一切衆生은 동체同體의 성性의 다른 이름이다. 동체로 인한 까닭에 '일여一如'라고 말한다. 그러므로 평등하여 높고 낮음이 없다고 말한다. 비유하자면 금으로 만든 그릇은 여러 종류가 있어 이름과 모양이 각각 같지 않으나 금의 다른 이름이고 다른 모양이나 동체 일여인 것과 같다.

03 성인도 없고 범부도 없는 것은 본래 평등이다. 부처님이 '위로 불도를 가히 이

룰 것이 없고 아래로 중생을 가히 제도할 것이 없다'고 설한 까닭이다. 대개 '제도한다(度)'는 것은 즉 제도함이 없는 것이고 '이룬다(成)'는 것은 즉 이룸이 없는 것이다. 그런 까닭으로 또 설하기를, "평등진법계平等眞法界는 부처님이 중생을 제도하지 않는다."고 했다. 이것은 다 성체性體가 평등한 뜻을 잡아 설한 것이다.

04 마음을 발한 보살은 이 뜻을 통달했다. 응당히 능能도 없고, 소所도 없고, 법 法도 없고, 아我도 없는 마음으로써 일체 선법을 닦으면 능히 이와 같이 증득한다.

05 성인이 성인을 이루고, 범부가 범부를 이루는 것은 바로 하나의 무념無念, 하나의 유념有念으로 말미암은 까닭이다. 염을 일으키면 곧 높고 낮음이 있어 곧 평등하지 않은 까닭이다.

06 고덕이 말하기를, "다만 쏜살같이 바로 간다."고 했다. 절대로 이리저리 살핌이 없다는 뜻이다. 다만 도리를 분명히 알아 방향의 기준으로 삼으면 곧바로 직행해야 한다. 범부를 변화시키고자 하나 범부를 변화시키지 못하고, 성인을 이루고자 하나 성인을 이루지 못하는 것과 일체 생사 이해 등등은 대개 마음에 걸어 두지 말아야 한다. 이와 같으면 곧 도道로 더불어 상응하고, 성과 상으로 더불어 서로 응하여 속히 능히 성취된다. 그렇지 않은즉 반대로 능히 성취되지 못한다.

제26 법신비상분 法身非相分

須菩提. 於意云何. 可以三十二相觀如來不.

須菩提言. 如是如是. 以三十二相觀如來.

佛言. 須菩提. 若以三十二相觀如來者. 轉輪聖王則是如來.

須菩提白佛言. 世尊. 如我解佛所說義. 不應以三十二相觀如來.

爾時世尊而說偈言.

若以色見我　以音聲求我

是人行邪道　不能見如來

"수보리야! 그대의 생각은 어떠한가? 32상으로써 여래를 관할 수 있겠는가?"

수보리가 말하였다. "그러하고 그러합니다. 32상으로써 여래를 관할 수 있습니다."

부처님께서 말씀하셨다. "수보리야! 만약 32상으로 여래를 관한다면, 전륜성왕도 곧 여래일 것이니라."

수보리가 부처님께 사뢰었다. "세존이시여! 제가 부처님께서 설하신 뜻을 이해하건대 응당 32상으로 여래를 관할 수 없습니다."

이때에 세존께서 게송으로 말씀하셨다.

"만약 색상으로 나를 보거나, 음성으로 나를 구한다면, 이 사람은 사도를 행하는 것이어서, 여래를 볼 수 없느니라."

158. 성과 상을 잡아 같지도 다르지도 않음을 밝힘. 총히 진여의 뜻을 밝힘

須菩提. 於意云何. 可以三十二相觀如來不. 須菩提言. 如是如是. 以
三十二相觀如來.

"수보리야! 그대의 생각은 어떠한가? 32상으로써 여래를 관할 수 있겠는가?"
수보리가 말하였다. "그러하고 그러합니다. 32상으로써 여래를 관할 수 있습
니다."

01 질문의 뜻은 상이 있는 응신應身을 관하여 생각한즉 이것이 상이 없는 법신을
관하여 생각하는 것이 아닌가라고 한 것이다. 하나는 상이 있고 하나는 상
이 없다. 만약 집착하는 것이 가능하다고 하면 상을 취함을 면하지 못하여
상에 집착하는 허물이 있게 된다. 만약 집착하는 것이 불가능하다고 하면 상
을 멸하는 것을 면치 못하여 공에 떨어지는 허물이 있다. 시험 삼아 장로의
문답을 보면 가히 견지를 증장함이 적지 않을 것이다.

02 '여시如是'의 구는 실로 답하는 말이 아니라 이치를 설하는 것이다. '여如'는 제
법여의諸法如義이다. '시是'는 일체가 다 옳은 것이다. 뜻은 오직 진여인즉 다
옳고 진여가 아닌즉 다 옳지 않다고 밝힌 것이다. 이는 법과 법이 다 인연으
로 생한 것으로 인연으로 생한 상에 집착하지 않으면 일여의 성으로 회귀함
을 밝혔다. 즉 법과 법이 비록 다 인연으로 생한 것이나 법과 법이 다 이 불법
이다.

03 거듭 그것을 칭한 것은 사람으로 하여금 마땅히 거듭 '여如' 자를 보게 한 것
이다. 반드시 '여如'한 이후에 바야흐로 '시是'이다.

04 만약 성性과 상相이 일여임을 깨달으면 이미 상을 멸하지도 않고 또한 상에 집

착하지도 않는다. 즉 32상의 응신應身을 관한즉 이 여래법신如來法身을 관하는 것이다. 뜻으로는 이미 일여로 상을 관하면 곧 성을 관하는 것이라는 것을 나타낸 것이다.

159. 달리 정에 집착함을 보냄.
상을 취함을 보내어 같지 않음을 밝힘.
알음알이를 파하고 보냄을 보임

佛言. 須菩提. 若以三十二相觀如來者. 轉輪聖王則是如來. 須菩提白佛言. 世尊. 如我解佛所說義. 不應以三十二相觀如來.

부처님께서 말씀하셨다. "수보리야! 만약 32상으로 여래를 관한다면, 전륜성왕도 곧 여래일 것이니라." 수보리가 부처님께 사뢰었다. "세존이시여! 제가 부처님께서 설하신 뜻을 이해하건대 응당 32상으로 여래를 관할 수 없습니다."

01 부처님이 이렇게 말한 것은 바로 초발심으로 인하여 관觀을 닦는 자가 무명을 미세하게라도 파하지 못하면 바야흐로 업식業識 중에 있게 된다는 것이다. 만약 일여가 다 옳고 이 법은 평등하다는 설을 들으면 분량을 헤아리지 않고 갑자기 상相을 관하면서 즉 이 성性을 관하는 것이라고 말한다. 관하는 바의 것이 바로 이 식識이고 성性이 아님을 알지 못하는 것이다. 일체 학인은 이 가운데에서 세세하게 검증해야 한다.

02 모름지기 모든 상을 다 비우고 정식情識을 완전히 제거해야 바야흐로 성性과 상相이 일여라고 말할 수 있다. 혹시라도 미세한 분별 집착이 있으면 곧 업식인데 어떻게 상을 관하면서 성을 관한다고 하겠는가?

03 일여평등一如平等은 오직 제불만 바야흐로 능히 구경할 수 있다. 반드시 이미 실다움에 집착하지 않고 헛되다는 상도 또한 민절하여 바로 아래에서 일념도 생하지 않고 아울러 생하지 않는 것 또한 없어야 바야흐로 일여이고 다르지 않은 것이다. 바로 비록 일여평등이나 또한 일여평등이랄 것도 없어야 이에 참된 일여一如이고 참된 평등이 되는데 어찌 업식業識을 비우지 않은 자가 능히 망령되게 스스로 자부할 바이겠는가?

04 지금 이른 "32상으로써 여래를 관한다(以三十二相觀如來)."고 말하는 것은 분명히 능관能觀과 소관所觀이 있다. 곧 이 분별 집착은 업식이 완연한 것이다. 이에 이르기를 "그러하고 그러하다(如是如是)."고 말했다. 이미 여如가 아니고 조금도 하나의 옳음이 없음을 알지 못하는 것이 아니겠는가! 고금의 다소의 수행인이 거친 염을 점점 쉬어 곧 이미 삼매三昧를 증득했다고 말한다. 습기가 아직도 있는데 문득 이르기를 조금도 어디에 구애됨이 없이 자유자재로 마음을 운용하고 있다고 말한다. 이는 다 뒤섞이고 어긋나는 것으로써 원융을 삼아 드물게 타락하지 않는 자가 있다. 이는 수행의 문의 잘못된 길이므로 반드시 그것을 알아 잘못 떨어지는 것을 면해야 할 것이다.

05 '불응不應'은 의미상으로 절대 불가가 아님을 나타낸 것이다. 만약 그 정식情識을 이미 비운즉 상相이 있는 것이 상이 없는 것과 같은데 상이 없는 것이 어찌 상이 있는 것에 방해롭겠는가? 정식情識이 별로 없는 자는 응당히 뒤섞이거나 어긋나는 바가 아니다. 그러므로 '불응不應'이라고 말했다. 이 말은 바로 간절히 학인을 경계한 것이다.

06 부처님은 일여평등을 설하여 같고 다른 것에 다 가히 집착하지 않게 했다. 지금 상으로써 성을 관하면 분명히 같은 데 집착하는 것이다. 오히려 일여를 얻었다 말하겠는가?

07 '전륜성왕'은 십선十善으로써 세상을 교화한 인간 세상의 제일의 대복덕인이

다. 32상을 갖추었으나 유루복업有漏福業으로 말미암아 이루어졌다. 부처님의 무루법신無漏法身으로 말미암아 나타나는 것과는 같지 않다.

160. 게를 설하여 결론을 이룸

爾時世尊而說偈言.
若以色見我　以音聲求我　是人行邪道　不能見如來

이때에 세존께서 게송으로 말씀하셨다.
"만약 색상으로 나를 보거나, 음성으로 나를 구한다면, 이 사람은 사도를 행하는 것이어서, 여래를 볼 수 없느니라."

01 '이시爾時' 두 자는 학인으로 하여금 응당히 앞 단락의 글과 더불어 동시에 체득해 알게 한 것이다. 인하여 게偈 가운데 설한 바는 바로 깨뜨리는 바, 이해하는 바의 까닭이 그러한 연고이다.

02 '색色' 자는 일체 색상을 통틀어 가리킨다. 32상은 또한 안에 포섭되어 있다. 두 개의 '아我' 자는 여래를 가리켜 말한 것으로 즉 이 성性이다. '음성'은 설법을 안에 갖추고 있다. 바로 가히 앞에서의 일여평등一如平等의 모든 설을 취하여 문자, 음성 중을 향하여 구하는 데 집착하지 말라고 말하는 것이다.

03 '만약 색으로써 보거나(若以色見)' '음성으로써 구하는 것(以音聲求)'은 업식으로 일을 처리하여 육진六塵 경계의 상에 집착하지 않아야 하는 것이 분명하다. 그러므로 그것을 배척해 말하기를, "이 사람은 사도를 행하는 것이어서 능히 여래를 볼 수 없다(是人行邪道, 不能見如來)."고 했다. 즉 일여一如를 관하고자 하여 정식情識을 다 비우는 것이 불가하지 않은 것이다.

04 불경佛經 중에 매양 사람들로 하여금 부처님의 상호相好를 관하게 하는 것은 무엇인가? 이것은 방편임을 모름지기 알아야 한다. 그러므로 물든 것을 버리고 깨끗함을 관하게 하였다. 그런 까닭으로 『십육관경十六觀經』 중에 "최고로 중요한 것은 이 마음이 부처라는 것이다."라고 하는 몇 줄의 글이 있다. 일체 유심을 밝힌즉 비록 상호를 관하나 실다움에 집착하지 않을 줄 안다. 그 분별 집착의 정식情識을 보낸다.

05 염불하는 사람은 아미타 부처님이 현전하고 극락세계가 현전함을 보더라도 또한 가히 집착하지 말아야 한다.

06 위에서 상相을 보내는 것이 이미 극점에 이르렀다. 조금이라도 취하는 바가 있으면 이로 인해 곧 색상에 집착하는 것이다. 곧 밖을 향해 치달려 구하는 것이다. 곧 이 법집法執과 아집이다. 곧 공적의 성性으로 서로 어긋난다. 어찌 능히 여래를 보겠는가?

須菩提. 汝若作是念. 如來不以具足相故. 得阿耨多羅三藐三菩提. 須
菩提. 莫作是念. 如來不以具足相故. 得阿耨多羅三藐三菩提.
須菩提. 汝若作是念. 發阿耨多羅三藐三菩提者. 說諸法斷滅. 莫作是
念. 何以故. 發阿耨多羅三藐三菩提者. 於法不說斷滅相.

"수보리야! 그대는 '여래가 상을 원만하게 구족하였기에 아뇩다라삼먁삼보
리를 얻은 것은 아니다'라고 생각한다면 수보리야! 그대는 '여래가 상을 구족
한 까닭으로 아뇩다라삼먁삼보리를 얻은 것은 아니다' 하는 생각을 해서는 안
된다.

수보리야! 그대가 만약 이 생각을 짓되 '아뇩다라삼먁삼보리를 발한 사람은
모든 법이 단멸한다고 설한다'고 이렇게 생각하지 말지니, 왜 그런가? 아뇩다라
삼먁삼보리를 발한 사람은 모든 법에 단멸상을 설하지 않기 때문이다."

161. 멸상을 보내어 다름이 아님을 밝힘. 간절히 경계를 표시함

須菩提. 汝若作是念. 如來不以具足相故. 得阿耨多羅三藐三菩提. 須
菩提. 莫作是念. 如來不以具足相故. 得阿耨多羅三藐三菩提.

"수보리야! 그대는 '여래가 상을 원만하게 구족하였기에 아뇩다라삼먁삼보리
를 얻은 것은 아니다'라고 생각한다면 수보리야! 그대는 '여래가 상을 구족한
까닭으로 아뇩다라삼먁삼보리를 얻은 것은 아니다' 하는 생각을 해서는 안
된다."

01 이 단의 경문(161~162절)은 비단 후반부 중에 있어서만 아니라 지극히 중하
고 중하다. 즉 경을 연 이래로 설한 바 응당히 비법非法 · 비비법非非法을 취하
지 말라는 것과 '즉비即非 · 시명是名' 등의 뜻을 설한 것에 이르기까지 바로 이
곳에 이르러서 바야흐로 그 까닭이 그러함을 설명한다.

02 전반부는 처음 대심大心을 발한 자에 상대하여 설했다. 공과 유에 다 하여금
집착하지 않게 하여 중도에 합하게 했다. 무릇 '즉비, 시명'의 곳이라고 설한
것은 대부분 양변을 겸하여 고려한 것이다. 이미 유에도 집착하지 않는다면
또한 공에도 집착하지 말아야 한다. '시명'은 명상名相이 비록 임시이기는 하
나 일찍이 옳지 않다는 뜻을 함유하고 있다.

03 후반부는 이미 대심을 발하여 대행을 닦고 아울러 능히 일체 법상을 취하지
않는 자를 상대하여 설했다. 다만 그 보리의 상을 겨우 취착한즉 끝내 공적
한 데 묶일까 두려워한 것이다. 끝내 능히 성을 증득하지 못한다. 이 집착은
매우 미세하여 최고로 제거하기 어렵다. 그러므로 후반부에 설한 바는 다 유
변에 집착하는 자를 향하여 통절하게 보내게 한 것이다. 비록 '즉비, 시명'을

아울러 설했으나 법상이 비록 옳으나 끝내 가명임을 함유하고 있다. 공과 유에 집착하지 말아야 한다.

04 성은 일체법의 본체이고 상은 표면이다. 수행하여 성을 증득하고자 하는 자는 이미 응당히 상에 취착하지 말고 또한 응당히 상을 단멸하지도 말아야 한다. 이것이 일정한 이치이다.

05 '여래如來'라 말하고 '구족상具足相'이라 말하여 가히 성性은 비록 상相이 없으나 또한 상이 아님도 없음을 나타내었다. 하나의 구족상을 설하여 듣는 자가 구절 중에 복덕을 닦는 그림자가 있는 것을 이해하게 한 것이다. 이는 성을 증득하는 것으로 반드시 단멸상은 아니므로 장차 복덕을 닦아 널리 중생을 제도해야 한다.

06 무상정등정각은 성덕性德의 여래와 과덕果德의 부처님을 통칭하여 말한 것이다. 이 중에 그것을 든 것은 두 뜻을 나타내기 위한 것이다. 앞 구절에 구족상을 나타내 설한 것은 복덕을 닦는 두 뜻을 은연중 내포하고 있으므로 마땅히 성性과 과果 두 덕을 겸하여 함유함을 통칭한다. 또 과를 증득함을 빌려서 인因의 마음을 밝히고자 하였다.

07 앞에 이른바 무법無法이라는 것은 이 이변二邊에 집착하지 않으면 법과 더불어 비법이 다 없는 것을 말한다. 이와 같아야 바야흐로 보리를 발한다. 만약 다만 법 일면을 취하지 말아야 할 것만 알면 공에 떨어짐을 면치 못한다. 어찌 이 무상보리를 발하겠는가? 이 가운데에 '얻음'과 '발함'을 아울러 설한 까닭에 앞에 설한 것과 더불어 서로 어울려 운치를 이루는 요지이다.

08 관觀하면 응당히 상을 취하지 말아야 하고, 얻으면 응당히 상을 폐하지 말아야 한다. 관을 닦음에 중요한 것이 견성見性에 있는데 상을 관하여 어찌 견성하겠는가?

09 여如의 뜻은 비록 상을 폐하지 않더라도 또한 모름지기 상을 취하지 말아야

이름하여 '여如'라고 할 수 있다. 지금 한쪽 변에 집착하면 '여'라고 이름할 수 없다. 그러므로 배척하여 말하기를, "삿된 도를 행한다(行邪道)." "능히 보지 못한다(不能見)."고 했다.

10　이 단에 '관觀'이라 설하지 않고 '득得'이라 설한 것은 인因을 닦아 과果를 얻는 것을 잡아 설한 것이다. 또한 즉 성性과 상을 서로 얻음을 잡아 설한 것이다. 성과 상을 서로 얻지 못하면 과를 증득했다고 이름할 수 없다. 뜻은 만약 능히 상에 집착하지 않는데 상이 또한 어떻게 성性을 장애하겠는가? 그러므로 서로 얻는다고 했다. 성은 안이고 상은 밖이다. 안과 밖을 잡아 말하면 즉 같지 않다. 밖은 안의 밖이고 안은 밖의 안으로 합해서 그것을 말하면 성과 상은 다르지 않다.

11　만약 능히 깊고 간절하게 알면 스스로 능히 이미 상을 취하지 않고 또한 상이 아님도 취하지 않는다. 또 보시를 행함이 있고 또 능히 원융하다. 일과 일이 다 중도에 합하고 법과 법이 자성을 어기지 않는다.

12　앞에서 설한 '관'은 인因을 잡아 설한 것이다. 인因을 닦는 자는 가히 상을 취하지 말고 가히 유루의 복을 닦지 말아야 함을 밝힌 것이다. 여기에서 설한 '얻음(得)'은 과果를 잡아 설했다. 과를 증득함에 상을 폐하지 말고 인을 닦을 때도 또한 상을 폐하지 말아야 함을 밝힌 것이다. 또한 널리 복덕을 닦을 때도 부질없이 가히 취착하지 말아야 한다.

13　복을 닦고 지혜를 닦지 않으면 또한 능히 무상보리의 과果를 얻지 못한다. 이 구절에서는 복을 닦지 않고 보리의 염을 얻는다는 생각을 하지 말라고 간절히 경계하고 있다. 지혜를 닦고 복을 닦지 않아도 또한 능히 무상보리의 과果를 얻지 못한다. 앞의 게송 중에서 견성은 응당히 상을 취하지 말아야 하는 뜻을 밝혔고, 여기에서는 견성 또한 상을 폐하는 것이 아님을 밝혔다. 종합하여 그것을 관하면 이미 이理와 성性, 사事 그리고 닦음 및 성과 상이 같지도

않고 다르지도 않음, 보시를 행함, 원융의 인因과 인因, 과果와 과果를 가지고 세밀하고 지극하게 그것을 설했다.

14 상과 더불어 비상, 복과 더불어 복이 아닌 양변에 집착하지 말아야 정관正觀· 정념正念이 된다. 만약 다만 그 한쪽 변만 취한즉 정관·정념이 아니다.

15 32상은 응당 취하지 말아야 하므로 가히 구족상 또한 응당 취하지 말아야 함을 알 수 있다. 구족상을 응당 멸하지도 말아야 함으로 32상도 또한 응당 멸하지 말아야 함을 알 수 있다. 나누어 그것을 설한 것은 다만 같지도 않고 다르지도 않은 뜻이 곧바로 명백하기 때문이다.

16 구족상은 복과 지혜를 쌍으로 닦음으로 말미암은 것임을 마땅히 알아야 할 것이다. 복을 닦을 때에 곧 상에 집착하지 않으면 이것이 지혜이다. 이로 인하여 능히 구족상을 이루고 무상보리를 얻는다.

162. 바른 뜻을 결론지어 나타냄

須菩提. 汝若作是念. 發阿耨多羅三藐三菩提者. 說諸法斷滅. 莫作是念. 何以故. 發阿耨多羅三藐三菩提者. 於法不說斷滅相.

"수보리야! 그대가 만약 이 생각을 짓되 '아뇩다라삼먁삼보리를 발한 사람은 모든 법이 단멸한다고 설한다'고 이렇게 생각하지 말지니, 왜 그런가? 아뇩다라 삼먁삼보리를 발한 사람은 모든 법에 단멸상을 설하지 않기 때문이다."

01 이 구절은 바로 앞에서 '간절히 경계를 표시한' 일단의 경문의 까닭이 그러함을 설명하였다. 앞의 구는 너는 '이 생각을 짓지 말라'는 까닭이 그러함을 밝힌 것이다. '하이고何以故' 아래는 '이 생각을 짓지 말아야' 하는 까닭이 그러함

을 설한 것이다. 윗단의 바른 뜻은 이에 이르러 바야흐로 나타났다.

02 부처님이 설한 이에 상을 보내 멸해야 한다는 일단의 글은 바로 앞에 말한 법이 없이 보리심을 발한 진실한 뜻을 천명한 것이다. 응당히 마음을 집중시켜 이해해야 한다.

03 무릇 이치를 설하여 정밀하고 깊은 곳에 이르렀으니 간절히 모름지기 자세하게 분별해야 한다. 그렇지 않다면 반드시 털끝 만하던 것이 천 리나 차이가 나 달려 사도邪道에 들어가도 스스로 알지 못하여 위험이 극에 달할 것이다. 이것이 불교를 배움에 원만한 이해를 여는 중요함으로 선지식을 친근히 하는 것을 급선무로 삼는 것이 중요하다.

04 무상보리를 발한 자는 마땅히 중생을 제도하는 것이 본분으로 응당히 다하겠다는 책임감을 내어서 비록 다했더라도 또한 다하지 못했다는 것과 같은 생각을 내어야 한다. 어찌 모든 법을 단멸한다고 설하겠는가! 또 말하기를, "만약 보살이 이 말을 짓기를 '내가 응당히 무량 중생을 멸도할 것'이라 함은 즉 보살이라 이름하지 않는다."는 것은 또한 가히 하나도 내가 능히 책임을 다하겠다는 마음을 두지 않는 것이다. 어찌 모든 법을 단멸함을 설하겠는가!

05 부처님이 보리를 얻고 작은 법도 가히 얻음이 없다는 것은 비록 얻으나 얻은 바 있음을 두지 않고 또한 모든 법을 단멸하지도 않음을 설한 것이다.

06 법신을 증득하고 보리를 얻고자 하면 반드시 복과 지혜를 쌍으로 닦아야 한다. 능히 자비와 지혜를 구족하는 까닭이다. 평등법신平等法身, 제법여의諸法如義를 증득하고자 하면 모름지기 미친 마음을 다 쉬어 일념도 생하지 않은 이후에 가능하다.

07 중생을 멸도하여 다하나 상에 집착하지 말라고 한 것이지 한 중생도 제도하지 못하면 단멸상斷滅相이 된다고 설한 것은 아니다. 보시를 행할 때에 응당

히 상에 머물지 말아야 한다. 아울러 보시를 행하지 않는다고 단멸상을 이루는 것은 아니다.

08 응당히 이와 같이 항복받으라 하는 것은 집착과 단멸 양변을 다 항복받기를 요하는 것이 한 변을 항복받는 것은 아니다.

09 다만 응당히 가르친 바와 같이 머물라고 하는 것은 즉 이 양변을 항복받아 양변에 머물지 말라는 것이다. 이와 같이 하나도 머무는 바가 없어야 스스로 능히 머무는 바를 얻는 것이다. 또한 이 가르친 바와 같이 머무는 것이다. 만약 마음에 머무름이 있으면 곧 머무름이 아니다.

10 이 경에 무변공덕無邊功德이 있는 까닭으로 능히 신심을 어기지 않는다는 것은 곧 여래를 짊어지는 것이 되어 복을 증장하고 죄를 멸하여 마땅히 보리를 얻는다. 이 뜻은 매우 깊어 반드시 깊이 이해해야 한다.

11 만약 구경요의究竟了義에 의지하여 그것을 설하면 법·보·응 삼신三身이 다 항상함도 아니고 단멸도 아니다. 이 경에 '여래'라 말한 것은 '법신'을 가리켜 설한 것이다. '구족상'은 '보신'을 가리킨 것이다. '32상'은 응신應身을 가리킨 것이다. 삼신三身을 아울러 설하여 응당히 상을 취하지 말고 응당히 상을 멸하지 말라고 밝힌 것이다. 항상함이 아님을 인하여 응당히 취하지 말아야 한다. 그 단멸이 아님을 인하여 응당히 멸하지 말아야 한다.

12 경의 뜻을 보면 명백히 삼신은 항상함도 아니고 단멸도 아닌 뜻이 나타나 있다. 항상함도 아니고 단멸도 아닌 뜻이 분명하다. 같지도 않고 다르지도 않은 뜻은 가히 이로 인하여 다시 분명하다. 연후에 견見이 원만해지고 지知가 바르게 된다.

13 정定과 혜慧는 수행의 공功을 잡아 말하고 적조寂照는 성품에 갖춘 것을 잡아 말한 것이다. 반드시 이름을 여의고 상을 끊고 본래 고요함에 의지함으로써 선정을 닦고, 본래 비춤에 의지함으로써 지혜를 닦아야 한다. 정과 혜의 수행

의 공功은 원만 균등하여 곧 능히 적조동시寂照同時이고, 곧 법신을 증득한다. 보신과 응신 두 몸은 즉 다시 나타난다. 성이 비록 인연을 따라 상을 나타내나 초연하여 집착하지 않는다. 의례 집착하지 않고 본래 집착하지 않는다고 말한다.

14   제불과 제대보살은 일체중생을 이익 되게 하기 위한 까닭으로 항상 보신 및 응화신 생멸의 상을 나타내나 법신에 머물러 집착하지는 않는다. 상주법신에 나아가 머무르지 않는 것을 말하므로 '법신은 항상하지 않는다'고 말한 것이다. (열반에도 머무르지 않는다.) 비록 머무르지 않으나 항상 큰 선정 중에 있으므로 나타낸 바의 상은 비록 생멸이 치연하다고 하더라도 법신의 상주는 태연하다. 이른바 일체 상을 지나 상에 집착하지 않는 것은 실로 이로 말미암은 것이다. 그러므로 또 '법신은 단멸이 아니라'고 말했다. (생사에도 머무르지 않는다.) 이것이 정과 혜를 닦는 공이 원만한 경계이다.

15   삼신三身의 항상하지 않고 단멸하지 않는다는 이름은 다른 것이 아니다. 법신의 항상하지 않고 단멸하지 않는 것과 응신·보신의 항상하지 않고 단멸하지 않는 것의 까닭이 즉 같지 않다. 이는 또 같지도 않고 다르지도 않은 하나의 뜻이다. 그러므로 같음을 설함에 갖가지의 같음이 있고, 다른 것을 설함에 갖가지의 다름이 있다. 또 같은 가운데에 다름이 있고 다른 가운데에 같음이 있다. 집착하면 그르고 집착하지 않으면 옳다. 마땅히 이와 같이 보고 이와 같이 알아야 한다. 이와 같이 보는 것은 즉 원만히 보는 것이고 이와 같이 아는 것은 바르게 아는 것이다.

16   항상하지도 않고 단멸하지도 않은 뜻을 분명히 알면 같지도 않고 다르지도 않아 그 뜻이 철저해진다. 즉 제법일여는 이 법이 평등하다는 모든 뜻으로 또한 다 철저하다.

17   요점이 되는 수행의 공功은 오직 상을 취하지 않고 상을 멸하지 않으며 성性

으로써 중추를 삼는 데 있다. 비단 상에 머무르지 않고 성性에도 또한 머무르지 않을 뿐만 아니라 아울러 머무르지 않는 것에도 또한 머무르지 말아야 한다. 이 이치를 통달하여 염불함으로써 일심으로 하기만 하면 반드시 실다운 보응으로 적광정토寂光淨土에 태어날 것이다.

須菩提. 若菩薩以滿恒河沙等世界七寶布施. 若復有人. 知一切法無
我. 得成於忍. 此菩薩勝前菩薩所得功德. 須菩提. 以諸菩薩不受福
德故.

須菩提白佛言. 世尊. 云何菩薩不受福德.

須菩提. 菩薩所作福德. 不應貪著. 是故說不受福德.

"수보리야! 만약 보살이 항하의 모래 수와 같이 많은 세계에 칠보로 가득 채
워 보시한다면, 또 다시 어떤 보살이 일체의 법이 무아임을 알고 법인을 얻는다
면 이 보살은 앞의 보살에 비해 얻는바 공덕이 더 수승하니라. 수보리야! 모든
보살들은 복덕을 받지 않기 때문이다."

수보리가 부처님께 말씀드렸다. "세존이시여! 어떻게 보살이 복덕을 받지 않
습니까?"

"수보리야! 보살은 짓는 바 복덕에 응당히 탐착하지 않기 때문이다. 이런 까
닭으로 복덕을 받지 않는다고 하는 것이다."

163. 복덕을 받지 않는 것을 잡아 무아를 결론 냄. 무아를 결론 냄. 무아의 공이 수승함을 밝힘. 일을 이끌어 옴

須菩提. 若菩薩以滿恒河沙等世界七寶布施.

"수보리야! 만약 보살이 항하의 모래 수와 같이 많은 세계에 칠보로 가득 채워 보시한다면,"

01 일체법은 무아이다. 마치 성인도 없고 범부도 없으며, 같지도 않고 다르지도 않은 이치를 말하며 또한 법과 법이 다 그러함을 말하는 것과 같다.

02 더 위없는 과위를 얻은 자도 복 닦는 것을 그만두어서는 안 된다. 다만 모름지기 받지도 않고 집착하지도 말아야 한다. 또 가히 듣고서 복을 닦는 것을 폐하지 말아야 하며 또 탐착을 내지 말아야 한다.

03 이중에 보시 복덕을 빌려서 받지 않는 자는 무아無我의 인忍을 얻음을 나타내었다. 또 무아의 공功이 수승함을 빌려 앞글에 말한바 보살은 응당히 무아법의 뜻을 통달해야 함을 결론해 묶었다. 이 구절은 하나의 보시의 많은 복을 이끌어 와서 다음 글의 '받지 않는 것(不受)'에 대해 계획을 세우는 데 불과하다.

164. 수승함을 비교함

若復有人. 知一切法無我. 得成於忍. 此菩薩勝前菩薩所得功德.

"또 다시 어떤 보살이 일체의 법이 무아임을 알고 법인을 얻는다면 이 보살은 앞의 보살에 비해 얻는바 공덕이 더 수승하니라."

01 일체의 법이 무아라는 것은 일부 『백법명문론百法明門論』에 말하였다.

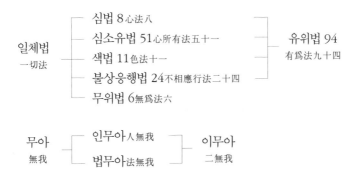

02 이 보살이 크게 보시 복덕을 지으나 받지 않아 그런 까닭으로 '법인을 이룬다
(得成於忍)'고 칭했다. 경의 뜻은 아울러 복덕을 중시하지 않는 것이 아니고 오
직 마땅히 받지 않고 집착하지 않는 것임을 알 수 있다. 또한 실로 법인을 이
룸을 중시하는 데로 모여든다.

03 일체법은 경境과 행行과 과果에서 벗어나지 않는다. 경境은 오온五蘊과 육근六
根과 육진六塵 등이 이것이다. 행行은 세 가지 복, 여섯 가지로 화합, 삼학, 육
바라밀(六度), 열 가지 원 등이 이것이다. 과果는 십주十住와 십행十行과 십회향
十回向과 십지十地에서 더 나아가 무상보리 등이 이것이다.

04 '무아無我'는 일체의 물들고 깨끗한 모든 법이 인연으로 생하여 체體가 공하
다. 그러므로 일체법 중에는 본래 아我가 없다. 이른바 아我라는 것은 즉 중
생이 무명으로 깨닫지 못하여 일체법 중에 망령되게 분별 집착의 견見을 내는
것이 이것임을 마땅히 알아야 할 것이다. 일체 법성法性은 본래 공적空寂한데
어찌 이 물건이 있겠는가? 그 본래 없음으로 인한 까닭에 마땅히 그것을 제거
해야 한다.

05 이 두 구 중 앞의 구는 '해解'이고 뒤의 구는 '행行'이다. 합하여 그것을 관하면
이에 이 보살은 해행解行을 성취했음을 밝힌 것이다. 또 다시 앞의 구의 '지知'

는 지혜이고 뒤의 구의 '인忍'은 선정이다. 그것을 합하면 곧 이 정定과 혜慧의
균등이다. 그 정과 혜의 균등으로 인하여 해행이 성취된다. 얻은바 공덕이 앞
의 보살보다 수승한 까닭이다.

06 '인忍' 자는 편안하여 옮겨가지 않는 것이다. 반드시 모름지기 공부를 성취하
면 '법인을 이루어야(得成於忍)' 바야흐로 진실한 통달이고 참으로 보살이다.

07 해解는 진실로 행行의 앞에 있음을 모름지기 알아야 할 것이다. 그러나 법답
게 실답게 행하여 확실한 경험이 있지 않으면 어찌 능히 깊이 이해하겠는가?
앞에서 이르기를, "행行은 해解로 말미암아 나오고 해는 행으로 인하여 이룬
다."는 두 말이 즉 통달의 참된 설명이다. 이와 같이 통달해야 법인을 이룬다.

165. 그 받지 않는 연유를 밝힘

須菩提. 以諸菩薩不受福德故.
"수보리야! 모든 보살들은 복덕을 받지 않기 때문이다."

01 이 구절은 바로 학인에게 공부하여 반드시 이와 같음을 성취하려면 바야흐
로 능히 무아여야 함을 열어 보인 것이다. 그러므로 모름지기 법인을 이루는
까닭이 그러함을 똑똑히 밝혔다.

02 무릇 이 보살이 그 복을 닦되 받지 않음으로 인하여 바야흐로 무아의 법인을
이룬다. 받지 않은 고로 지은바 복덕은 다 무루無漏의 공덕을 이룬다. 마음에
그 경계가 있으면 이름하여 '받는다(受)'고 말한다. 지금 '받지 않는다(不受)'고
말하는 것은 바로 그 마음이 공하여 경계가 없음을 밝힌 것이다.

166. 집착하지 않음을 밝힘. 그 뜻을 청하여 밝힘

須菩提白佛言. 世尊. 云何菩薩不受福德.

수보리가 부처님께 말씀드렸다. "세존이시여! 어떻게 보살이 복덕을 받지 않습니까?"

01 물은 뜻은 대중으로 하여금 철저하게 분명히 알아 다 능히 '받지 않는(不受)' 지위를 통달하게 하는 데 있다.

02 이 질문의 중요함을 알아서 마땅히 다음 구절에 개시하여 뜻을 더한 것을 체득해 알아야 한다.

167. 집착하지 않음을 해석해 밝힘

須菩提. 菩薩所作福德. 不應貪著. 是故說不受福德.

"수보리야! 보살은 짓는 바 복덕에 응당히 탐착하지 않기 때문이다. 이런 까닭으로 복덕을 받지 않는다고 하는 것이다."

01 처음 구에 '복덕을 짓는다(作福德)'고 말한 것은 비록 수용하지 않으나 응당히 지음을 알게 한 것이다. 받지 않는다고 말하는 것으로 인하여 오해하여 복 닦음을 느슨하게 하지 말아야 한다. 복덕을 지은즉 이 육바라밀을 닦아 대비심大悲心이 좇아 나온다는 것을 마땅히 알아야 할 것이다. 제불여래는 대비심으로써 체體를 삼는다. 중생으로 인하여 대비를 일으킨다. 대비로 인하여 보리심을 낸다. 어떻게 가히 느슨하게 하겠는가!

02 만약 복덕을 구하기 위하여 육바라밀을 닦으면 이 이름이 '탐착貪著'이다. 즉 이것은 자기를 이익 되게 하나 중생의 이익 되게 하지 않는다. 대비심이 아니면 무상보리가 아니다. 그러므로 '불응不應'이다.

03 복덕을 지어 공空에 집착하지 않는 것이 대비大悲이다. 탐착하지 않고 유有에 집착하지 않는 것이 대지大智이다. 자비와 지혜를 구족하여 공과 유에 집착하지 않는 이것이 이름이 중도이다. 즉 이 응당히 머무는 바가 없어야 보시를 행한다.

04 집착하지 않아 공功이 순일하면 곧 받아들이지 않음을 이룬다. 그러므로 받아들이지 않는 것 또한 일체를 받아들이지 않는 것이다. 평등법계平等法界는 본래 일체법무아이다. 이와 같이 알고 이와 같이 행해야 한다. 곧 널리 일체법을 닦아 일 없음을 행하라는 것이다. 오래오래 하여 공功이 순일하면 즉 마음이 허공과 같이 된다. 비록 일체법에 치연하게 그것을 행하여도 싫어하지 않고 싫증내지 않는다. 상相을 잊었는데 무엇이 있지 않다. 이를 일러 '받아들이지 않는다(不受)'고 한다. 일심청정一心淸淨은 하나의 티끌에도 물들지 않는 것이다. 자연히 이와 같은 것이지 강요는 아니다. 항상 이와 같아 우연은 아니다. 자비와 지혜의 구족이고 정定과 혜慧의 균등이다. 뭐라 이름붙이는 것이 좋을지 몰라 '득성어인得成於忍'이라고 이름한 것이다.

168. 제법공상을 밝혀 법이 생하지 않는 결론을 이룸

01 향후의 경문은 바로 이 낱낱이 근원으로 돌아가는 곳이다. 그러므로 그 함유한 뜻이 매우 넓고 매우 깊고 매우 세밀하다. 반드시 먼저 설명을 더해야 할 것이다.

02 앞에서 설한바 천 마디 말, 만 마디 말은 한마디 말로 그것을 포괄하면 '머무름 없음(無住)'이라고 말할 수 있다. 상에 머무르지 않고자 하면 반드시 그 마음에 취하지 말아야 함을 마땅히 알아야 할 것이다. 취하지 않는 것이 바로 아를 파하는 것이다. 일여평등의 일진법계를 증득하는 것이 된다. 즉 항상 머물러 움직임이 없는 법신으로 여래라 칭하는 것이 이것이다.

03 종합하면 전체 경에 설한 바의 뜻은 '불취어상 여여부동不取於相如如不動' 여덟 글자를 벗어나지 않는다. 이 '제법공상'이 하나의 큰 단락의 경의 뜻으로 전체 경의 지취旨趣를 융회하여 구경으로 철저히 그것을 설한 것이다. 이른바 낱낱이 근원으로 돌아가는 것이 이것이다. 그러므로 그 설한 바는 다시 원만하고 다시 묘하다.

04 전체 경에서 다 '무아無我'를 설했다. 이에 이르러 즉 무아도 원래 없음을 설했다. 무아도 오히려 없는즉 머무름 없음에도 또한 머무름이 없어야 하고 취하지 않음도 또한 취함이 없어야 한다. 하나도 또한 존재하지 않는데 어찌 둘이 있으며, 어찌 변이 있으며, 다시 중간이 있겠는가! 비록 쉴 사이 없이 만 가지가 있으나 유는 즉 이 무無이다. 왜 그런가? 본래 생하지 않는 까닭으로 이를 일러 '여여如如'라 하고 이를 일러 '부동不動'이라 하고 이를 일러 '불취不取'라고 하기 때문이다.

05 마음을 내어 취하지 않더라도 즉 취하는 것이다. 마음을 내어 움직이지 않더라도 그 마음은 벌써 움직인 것이다. 마음을 내어 여여하면 어떻게 여여함이 있겠는가? 마음을 내어 아我를 제거하면 아견我見, 아상我相은 엄연히 있다.

06 이 하나의 큰 단락에 설한 바는 바로 힘써 '상相을 취하지 말고 여여부동'함을 충분히 나타내어 구경처에 이르렀다. 즉 학인을 인도하여 깊은 반야를 관조觀照하게 한 곳이다. 또한 일체중생으로 하여금 대자재를 얻게 하는 곳이다. 만약 작은 반연상攀緣相, 명자상名字相에 집착하면 곧 깨달아 들어갈 곳이

없다.

07 수행인은 응당히 먼저 이체理體는 본래 상이 없음을 분명히 아는 까닭으로 응당히 상을 취하지 않는다. 시시 곳곳에 다 응당히 법이 본래 무상無相인 이체를 관조해야 한다. 이를 일러 '온전한 성性이 수행을 일으키고 온전한 수행은 성性에 있다'고 한 것이다.

08 요의경了義經 중에는 말과 말이 능히 도를 증득하게 하고, 구절구절이 가히 문에 들어가게 한다. 『아미타경』에서 그것을 말했다. 저 "명호名號를 집지執持하고 일심一心으로 잡란하지 않는다."는 두 말은 비록 전후가 있다고 설하지만 '집지' 구는 공부를 시작하는 곳이고 '일심' 구는 집지의 공효功效이다. 그러나 만약 일심으로 수행을 일으켜야 함을 체득해 알지 못하면 끝내 또한 공부를 지어 집지에 이르지 못한다. 그렇게 일심으로 잡란하지 않은데 어찌 가히 조금 공효功效를 지어 그것을 관하겠는가?

09 이 경은 구절구절에 도리를 설하고, 수행을 설하여 즉 일 구가 가히 전체 경을 관통하지 않음이 없다. 그러므로 일 구를 따라 잡으면 다 가히 이를 좇아 도를 깨닫는다.

10 만약 참으로 영리한 사람은 대승 불설이 법인法印임을 안다. 곧 가히 일 구를 따라 잡아 그것을 일과 일, 법과 법에 도장 찍는다. 그것을 바꾸어 말하면 곧 일과 일, 법과 법이 모두 이 법인 위를 향하여 그것을 이해해야 한다. 이와 같아야 바야흐로 공功을 쓸 줄 아는 사람이다. 즉 행주좌와에 이것을 여의지 않아야 쉽게 참된 수용을 얻는다.

須菩提. 若有人言. 如來若來若去若坐若臥. 是人不解我所說義. 何以
故. 如來者. 無所從來. 亦無所去. 故名如來.

"수보리야! 만약 어떤 사람이 '여래는 오기도 하고 가기도 하며, 앉기도 하고
눕기도 한다'고 말한다면 이 사람은 내가 설한바 뜻을 이해하지 못한 것이다.
왜냐하면 여래는 좇아온 바도 없고, 또한 가는 바도 없는 까닭에 이름을 여래
라 한다."

168.[8] 상을 민절하고 체에 들어감.
성스러운 이름을 잡아서 오고 감이 여의었음을 밝힘.
범부의 정을 물리침

須菩提. 若有人言. 如來若來若去若坐若臥. 是人不解我所說義.

"수보리야! 만약 어떤 사람이 '여래는 오기도 하고 가기도 하며, 앉기도 하고 눕기도 한다'고 말한다면 이 사람은 내가 설한바 뜻을 이해하지 못한 것이다."

01 '제법공상諸法空相'은 이 대승의 법인法印이다. '불래불거不來不去' 등 구도 법인法印 아님이 없다. 법인은 일체법을 다 이 뜻으로 인정하는 것을 말한다. 이는 오고 가는 등은 다 이에 상대되는 일임을 예로 든 것이다.

02 성체性體를 증득하고자 하면 반드시 일체 상대되는 것을 초월해야 한다. 허상을 비우고 제법의 상을 비운즉 상相을 민절하고 체體에 든다는 뜻이다.

03 만일 하나의 상에 집착하면 반드시 더욱 끌어당겨 더욱 많아져 만상이 어지럽게 일어나 영원히 청정을 얻지 못한다.

04 독경하고 법을 들음에 가히 문자상文字相에 집착하지 말아야 하고 가히 언설상에 집착하지 말아야 한다. 부처님이 설한 바 법은 사람으로 하여금 상을 여의고 성을 증득하게 하지 않는 것이 없다. 그러므로 언어 문자에 가히 집착하지 말아야 한다.

05 이 사람은 온전히 성性을 알지 못하여 명언名言에 집착한다. 이에 부처님이 설한 뜻을 조금도 알지 못한다. 그러므로 '내가 설한 바의 뜻을 이해하지 못한다'고 말하여 이 사람이 이해하지 못한 것을 꾸짖어 책망한 것은 바로 일체

---

8 앞의 주4의 경우와 같다.

사람이 상을 비워야 하는 뜻을 깊이 이해하게 하고자 한 것이다.

169. 바른 뜻을 해석함

何以故. 如來者. 無所從來. 亦無所去. 故名如來.

"왜냐하면 여래는 좇아온 바도 없고, 또한 가는 바도 없는 까닭에 이름을 여래라 한다."

01 '여래如來'는 즉 법신이다. 법신은 항상 머물러 움직임이 없다. 이른바 오고 감이 없다. 법신은 일체처에 두루 하여 또한 오고 갈 필요가 없다.

02 "좇아온 바가 없고 또한 가는 바도 없다(無所從來, 亦無所去)."고 했다. 필경에 오고 감이 없는 것을 이르는 것은 아니다. 이는 와도 또한 온 곳이 없고 가도 또한 간 곳이 없음을 설한 것이다. '무소無所'는 무처無處이다. 법신은 본래 일체처에 두루함을 형용한 것인데 어찌 다시 오는 곳이 있고 가는 곳이 있겠는가? 뜻은 즉 머무르나 머무르지 않는 것이고 머무르지 아니하되 머무르는 것으로 상을 여읜 극치이다. 오고 감과 오고 가지 않는 상을 다 여의었다.

03 진여眞如는 가히 보낼 것이 없는 것을 진眞이라 이름한다. 또한 가히 세울 것이 없는 것을 여如라고 이름한다. 실상實相은 비록 상이 없으나 또한 상이 아닌 것도 없는 것이다. 그런 까닭으로 결론지어 말하기를, "그러므로 이름이 여래다(故名如來)."라고 했다. 이름은 가명假名이다.

04 염불인念佛人은 모름지기 아미타 부처님이 와서 접인해도 애초에 일찍이 오지 않았다는 것을 알아야 한다. 서방에 가서 태어나도 또한 일찍이 가지 않았다. 비록 일찍이 오고 가지 않아도 또한 오는 것을 나타내고 가는 것을 나타

내는데 무엇이 방해하리오. 왜 그런가? 오지도 않고 가지도 않는 것은 이체理體이다. 옴도 있고 감도 있는 것은 사상事相이다. 이사理事는 둘이 아니고 성性과 상相은 원융하다. 본래 장애가 없다. 이러한 등의 사실의 진상은 지금 사람들이 말하는 공간 전변이 그러한 것과는 차원이 다르다. 어찌 거래가 있겠는가?

05 즉 오고 감은 오지도 않고 가지도 않는 위에서 체득해 아는 것이 중요하다. 오지도 않고 가지도 않는 것은 즉 오고 가는 것 위에서 만들어진 것이다. 이것이 염불하여 왕생을 구하는 비결이다. 이 비결을 얻으면 결정코 왕생하고 결정코 부처님을 친견할 것이다.

06 성性과 상相의 일여는 법계평등이다. 일체 상대되는 상은 이미 능히 절대의 성性을 여의고 달리 있는 것은 아니다. 절대의 성은 또한 일찍이 상대되는 상을 여의고 홀로 존재하지 못한다. 그렇기 때문에 마땅히 일상에서 일체의 상대되는 상 위에서 비록 인연을 따라 행하는 것이 방해롭지는 않으나 도리어 인연을 따라 전하지는 말아야 한다. 인연을 응당히 요달한 자는 근기를 얻기만 하면 더불어 뒤엉키지는 않는다. 인연을 응당히 맺은 자는 또한 맺음에 방해롭지 않으나 다만 반연하지 않아야 한다.

07 하루 종일 과히 이와 같이 정성스럽게 관조하고 빈틈없이 검증해야 한다. 마음에 선정을 잡아 얻으면 다리로 서는 것이 견고함을 얻는다. 스스로 상에 묶인 바가 되지 않아 상을 민절하고 체에 들어간다. 이것이 학인이 제일로 공부를 붙일 곳이다. 곧 진여에 수순한다. 곧 향상을 가리킨다.

08 과연 능히 이와 같으면 곧 저 만상이 어지럽게 오르는 데 맡겨 스스로 그 움직이는 바로 삼지 말아야 한다. 이상은 다 제법공상諸法空相을 좇아 수행의 방편을 일으킨 것이다. 인연이 있는 사람은 따라서 수행해 나가면 크게 수용이 있을 것이다.

제30 일합이상분—合理相分

須菩提. 若善男子. 善女人. 以三千大千世界碎爲微塵. 於意云何. 是
微塵衆. 寧爲多不.

甚多. 世尊. 何以故. 若是微塵衆實有者. 佛則不說是微塵衆. 所以者
何. 佛說微塵衆. 則非微塵衆. 是名微塵衆. 世尊. 如來所說三千大千
世界. 則非世界. 是名世界. 何以故. 若世界實有. 則是一合相. 如來說
一合相. 則非一合相. 是名一合相.

須菩提. 一合相者. 則是不可說. 但凡夫之人. 貪著其事.

"수보리야! 만약 선남자 선여인이 삼천대천세계를 부수어 미진으로 만든다고
하자, 그대는 어떻게 생각하는가? 이 미진이 어찌 많은 것이 되지 않겠느냐?"

"매우 많습니다. 세존이시여! 왜 그런가 하면 만약 이 많은 미진들이 실로 있
다고 하면 부처님은 즉 많은 미진이라고 설하지 않았을 것입니다. 그 이유가 무
엇인가 하면 부처님이 설한 미진중은 즉 미진중이 아니고 이름이 미진중일 뿐이
기 때문입니다. 세존이시여! 여래가 설한 바 삼천대천세계도 즉 세계가 아니고
이름이 세계일 뿐입니다. 왜냐하면 만약 세계가 실제로 있으면 일합상으로, 여
래가 설한 일합상은 즉 일합상이 아니고 이름이 일합상이기 때문입니다."

"수보리야! 일합상은 즉 가히 설할 수 없는데 다만 범부는 그 일에 탐착하는
것이니라."

170. 티끌 세계를 잡아 많고 적음을 여의었음을 밝힘. 미진이 많지 않음을 밝힘. 미진이 많은가를 물음

須菩提. 若善男子. 善女人. 以三千大千世界碎爲微塵. 於意云何. 是
微塵衆. 寧爲多不.

"수보리야! 만약 선남자 선여인이 삼천대천세계를 부수어 미진으로 만든다고
하자, 그대는 어떻게 생각하는가? 이 미진이 어찌 많은 것이 되지 않겠느냐?"

01 이것은 많은 인연이 모이고 흩어져 항상하지 않는다는 뜻을 밝힌 것이다. 글
가운데에 거듭 부수고 합한다는 '쇄합碎合' 두 자가 있다. 가히 부수고 가히
합함으로 인하여 족히 미진과 세계의 모양이 다 인연으로 생한 것이며 당체
가 즉 공임을 증득한다. 법성 가운데에 본래 이 물건이 없다. 그러므로 비록
단멸하지 않으나 가히 집착하지 말아야 한다.

02 세계와 미진의 대소는 비록 다르나 실다움이 없는 것은 즉 같음을 마땅히 알
아야 할 것이다. 세존은 이를 설하여 사람들로 세간 소유의 큰 것은 세계에
이르고, 작은 것은 미진에 이르기까지 허망 아님이 없고 당체가 즉 공임을 철
저하게 이해하게 하고자 한 것이다. 가히 집착하지 말고 탐하고 그리워할 필
요가 없다. 일체를 놓아 버리고 바야흐로 능히 실상과 상응해야 한다. 미혹
한 사람은 오랜 겁 가운데에 오직 혹惑 · 업業 · 고苦를 지을 뿐이다.

171. 많은즉 많음이 아님을 밝힘

甚多. 世尊. 何以故. 若是微塵衆實有者. 佛則不說是微塵衆.

"매우 많습니다. 세존이시여! 왜 그런가 하면 만약 이 많은 미진들이 실로 있다고 하면 부처님은 즉 많은 미진이라고 설하지 않았을 것입니다."

01 물은 뜻은 '중衆' 자에 역점을 두고 있다. 미진은 즉 집합의 환상으로 아울러 실로 있는 것은 아니다. 당체가 즉 공으로 끝내 가히 얻을 수 없다.

02 부처님 때에 외도는 매양 세간 사물을 가지고 여러 층으로 거듭 분석했다. 분석하여 가히 나눌 수 없는 데까지 이르렀다. 오히려 집착하여 실제로 있는 것으로 삼았다. 바로 지금의 화학자가 세계의 각 물건을 분석하여 분자, 원자, 전자라 하는 것과 같다. 여전히 집착하여 실제 있는 것으로 삼는다. 이승은 미진을 가히 분석하여 인허鄰虛로 삼음을 알 수 있는데 일체법이 다 공임을 알게 하였다. 그러나 대승에서 능히 체공관體空觀을 짓는 데는 미치지 못한다.

03 '중衆' 자의 뜻은 무릇 집합으로 말미암아 이루어진 것을 밝힌 것으로 곧 공空이고 가히 실다움에 집착하지 말아야 함을 알게 하는 것이다. 지금의 과학자가 말하는 물질형성의 장이다. ('장場'은 에너지 저항력을 능히 갖추고 있는 공간으로 그 가운데는 한 물건도 없다.) 또 일체 물질은 모두 파장의 현상이라고 말할 수 있다. 또 원래 미립자의 세계는 한 개의 반복해서 생성하고 소멸하는 세계라고 말할 수 있다. 이는 『반야심경』가운데에 "색이 즉 공이고, 공이 즉 색이다."라는 것과 뜻이 비슷하게 합한다. 그러므로 일체법은 진실로 가히 집착하지 말아야 한다.

172. 그 까닭을 해석함

所以者何. 佛說微塵衆. 則非微塵衆. 是名微塵衆.

"그 이유가 무엇인가 하면 부처님이 설한 미진중은 즉 미진중이 아니고 이름이
미진중일 뿐이기 때문입니다."

01 '즉비則非'는 일여一如의 법성을 잡아 본래 공空임을 밝힌 것이다. '시명是名'은
인연으로 생한 법상法相을 잡아 가명假名 아님이 없음을 밝힌 것이다.

02 '불설佛說'은 깨달음의 지혜로 꿰뚫어 비추면 법성은 본래 공이고 법상은 다
환임을 나타내 보인 것이다. 마땅히 그 있을 때가 곧 공할 때이다. 미진이 본
래 공함으로 인하여 곧 가히 유추하여 세계가 다 공임을 알 수 있다.

173. 세계가 같지 않음을 밝힘.
세계가 아니고 이 이름이 세계임을 밝힘

世尊. 如來所說三千大千世界. 則非世界. 是名世界.

"세존이시여! 여래가 설한 바 삼천대천세계도 즉 세계가 아니고 이름이 세계일
뿐입니다.

01 '삼천대천세계三千大千世界'는 이름이 응신應身 교화의 경계가 되고 이 경계는 일
체중생이 의지하는 바가 된다. 여래는 일체중생을 이익 되게 하기 위하여 인
연을 따라 나타나서 교화했을 뿐이지 이 경계에 집착하지는 않았다.

02 이와 같이 설한 것은 바로 중생에게 열어 보여 응당히 세계가 실다움이 아니

고 '이 이름(是名)'임을 집착하지 않게 한 것이다. 세계에 집착하지 않으면 일체에 집착하지 않는다. 이에 능히 본래 구족한 법신이 막힘에서 벗어나게 하였다.

174. 하나는 즉 하나가 아님을 해석함

何以故. 若世界實有. 則是一合相. 如來說一合相. 則非一合相. 是名一合相.

"왜냐하면 만약 세계가 실제로 있으면 일합상으로, 여래가 설한 일합상은 즉 일합상이 아니고 이름이 일합상이기 때문입니다."

01 '일합一合'은 합하여 하나가 되는 것을 말한다. 비록 세계를 부수어 미진으로 삼는다는 것을 들었으나 마땅히 아직 부수지 못했을 때에 그 합해져 있는 하나로 된 상은 분명히 있다. 장로는 이 집착을 막기 위한 까닭으로 철저하게 그것을 깨뜨렸다.

02 다만 가히 부수는 것 때문에 실로 있는 것이 아니라고 아는 것은 아니다. 즉 부수지 않았을 때에도 또한 실로 있는 것은 아니다. 즉비와 시명은 그 가명에 불과하고 본래 실다움은 없다는 것을 말한 것이다. 뜻으로 보면 모름지기 실로 있어야 바야흐로 일합상一合相임을 밝힌 것이다. 지금 일합상은 이미 일정함이 없다. 즉 세계의 당체가 다 공임이 분명하고 매우 분명하다.

175. 근본은 언설을 여의었음을 보임

須菩提. 一合相者. 則是不可說. 但凡夫之人. 貪著其事.

"수보리야! 일합상은 즉 가히 설할 수 없는데 다만 범부는 그 일에 탐착하는 것이니라."

01 '일합상一合相'은 하나는 정해지지 않은 하나이고, 합함도 정해지지 않은 합함이다. 그러므로 말하기를, "일합상은 즉 가히 설할 수 없다(一合相者, 則是不可說)."고 했다. 만약 설하기를 세계가 참으로 일합상이라고 하는데 어찌 미진도 또한 참으로 일합상이 아니겠는가? 그러나 세계는 세계가 아니고 미진이다. 미진은 미진이 아니고 본래 공한 것이다. 이로 말미암아 가히 세계의 일합상은 또한 다시 본래 공함을 알 수 있다. 어찌 하나가 즉 하나가 아니고 합함이 즉 합함이 아니겠는가?

02 청정성을 잡아서 말한즉 도무지 이 일이 없다. "범부는 그 일에 탐착한다(凡夫之人貪著其事)."고 했다. '기사其事'는 일반적으로 일체 사상事相을 가리킨 것이다. 범정凡情이라고 말한 것은 바른 앎이 아니다. 밖을 향해 치달려 구함으로 인한 까닭에 사상事相을 연연해서 집착을 낸다.

03 탐착하지 않고자 하면 모름지기 범정凡情을 깨끗이 해야 한다. 범정을 깨끗이 하고자 하면 바른 앎을 열어야 한다. 일합상은 명자名字, 언설言說을 여의었음을 마땅히 알아야 한다. 마땅히 가히 설하지 않는 곳에서 깨달아야 한다. '그 일에 탐착하는 것(貪著其事)'은 불가하다. 이와 같아야 바야흐로 능히 여래가 설한 바의 뜻을 이해하게 된다. 수순하여 계합해 들어갈 수 있다.

04 티끌세계도 이와 같고 색신도 또한 그러하다. 범부가 몸뚱이에 탐착하여 아我로 삼는 까닭은 이 오온五蘊이 임시로 화합된 것임을 알지 못함으로 말미암

은 것이다. 만약 오온을 제한 외에 색신色身이 없음을 알면 곧 탐착하지 않게 된다.

05 하나도 아니고 많지도 않다고 설한즉 이는 부증불감不增不減을 설한 것이다. 다른 불생불멸 등과 같은 구는 다 이 뜻과 같다. 종합하면 세계가 세계가 아니고 미진微塵이 미진이 아니라는 뜻은 곧 언뜻 세간에 있는바 크고 작음, 높고 낮음, 오고감, 하나와 많음, 총과 별, 증감, 어리석음과 뛰어남, 더럽고 깨끗한 등등의 상대하는 명상名相은 허환虛幻이 아님이 없어 당체가 공임을 밝힌 것이다.

06 만약 제법은 본래 공임을 밝히면 곧 성性으로 회귀하여 제법일여諸法一如이다. 이 법은 평등하다. 이는 제법공상諸法空相의 중요한 뜻이다. 이 뜻을 이해하면 곧 가히 일마다 이와 같은 관觀을 지을 수 있다. 관조觀照의 공功이 순일하면 곧 가히 무생인無生忍을 증득하여 상을 민절하고 체에 들어간다.

07 정보正報, 의보依報는 중생이 능히 잠깐도 여의지 못할 바인데도 불구하고 허환으로 실다움이 없다. 즉 일체 성쇠盛衰와 고락苦樂과 칭찬과 나무람과, 비방과 영예로움의 가지가지 상대되는 사상事相은 다시 허환으로 실다움이 아님을 가히 알 수 있다. 어찌 족히 연연하여 집착하겠는가?

08 기타의 같고 다름, 범부와 성인, 생과 멸, 때 묻고 깨끗함, 인人과 아我, 저것과 이것 등의 상은 이와 같지 아니함이 없다. 과연 능히 이와 같은 한 눈으로 결정코 본래 생하지 않는 마음의 근원 위를 엿보아 정해서 관조해 들어가야 한다. 곧 이것이 이른바 바로 향상을 가리키는 것이다. 즉 흉금을 그 자리에서 활짝 열면 번뇌가 그 자리에서 녹아 제거되고 전도몽상을 그 자리에서 멀리 여읜다. 이와 같이 공부하여야 바야흐로 바로 그 자리에서 알아차린다. 가히 공부를 잘하는 사람이라고 칭할 수 있다.

09 『원각경圓覺經』에 이르기를, "환幻인 줄 알면 곧 여의어 방편을 짓지 말아야 한

다. 환을 여의면 곧 깨달음이어서 또한 점차漸次도 없다. 일체 보살과 말세 중생들이 이에 의지하여 수행하여 이와 같이 능히 모든 환을 영원히 여의리라."고 했다. 이 단의 경문은 바로 이 경의 주해이다. 이것이 한번 초월하여 바로 들어가는 원돈圓頓의 중요한 문이 된다. 일체 법문에 방편이 없는 것이 이것이다.

10 부처님이 설한 한 구절의 법은 무량한 뜻을 포함하고 있다. 가히 가지가지의 해석을 지음으로 그것을 일러 원음圓音이라고 한다. 또 "원만한 사람이 설법하면 법도 원만하지 않음이 없다."고 설하는 까닭이다. "삿된 사람이 정법을 만나면 정법도 또한 삿됨을 이룬다."고 했다. 그런 까닭으로 대승경 중에 학인을 가르쳐 인도하여 선지식을 친근히 하는 것은 중요한 계획으로 바른 지견을 여는 근본이 된다.

제31 지견불생분知見不生分

須菩提. 若人言. 佛說我見人見衆生見壽者見. 須菩提. 於意云何. 是
人解我所說義不.

世尊. 是人不解如來所說義. 何以故. 世尊說我見人見衆生見壽者見.
即非我見人見衆生見壽者見. 是名我見人見衆生見壽者見.

須菩提. 發阿耨多羅三藐三菩提心者. 於一切法. 應如是知. 如是見.
如是信解. 不生法相. 須菩提. 所言法相者. 如來說即非法相. 是名
法相.

"수보리야! 만약 어떤 사람이 말하기를, '부처님께서 아견·인견·중생견·수
자견을 설했다'고 한다면 수보리야! 그대의 생각은 어떠한가? 그 사람은 내가
설한 바의 뜻을 이해하는 것인가?"

"세존이시여! 이 사람은 여래가 설한 바의 뜻을 이해하지 못한 것입니다. 왜냐
하면 세존께서 설한 아견·인견·중생견·수자견은 즉 아견·인견·중생견·수
자견이 아니고 이 이름이 아견·인견·중생견·수자견이기 때문입니다."

"수보리야! 아뇩다라삼먁삼보리심을 발한 자는 일체법을 응당히 이와 같이
알며, 이와 같이 보고, 이와 같이 믿고 이해하여 법상을 내지 말아야 한다. 수보
리야! 말한바 법상이라는 것은 여래가 설하기를 즉 법상이 아니고 이 이름이 법
상이라고 했다."

176. 아견을 잡아 여읨도 또한 여의었음을 밝힘. 문답으로 뜻을 밝힘

須菩提. 若人言. 佛說我見人見衆生見壽者見.須菩提. 於意云何. 是人解我所說義不. 世尊. 是人不解如來所說義.

"수보리야! 만약 어떤 사람이 말하기를, '부처님께서 아견·인견·중생견·수자견을 설했다'고 한다면 수보리야! 그대의 생각은 어떠한가? 그 사람은 내가 설한 바의 뜻을 이해하는 것인가?" "세존이시여! 이 사람은 여래가 설한 바의 뜻을 이해하지 못한 것입니다."

01 이 구절 경의 뜻은 지극히 깊다. 마땅히 알라. 경전을 연 이래로 누차 아我·인人 등 사상四相이 있어서는 안 된다고 말해 왔다. 범부가 부처님이 이와 같이 반복하여 펼쳐 설하는데도 드디어 집착하여 아견 등을 진실로 있는 것으로 삼을까 두려워하였다. 견見이 마음을 막으면 바로 아견인데 어찌 반대로 그 묶임을 더하겠는가?

02 이 경은 일체법에 거듭 즉비即非, 시명是名을 설하여 상은 성품이 공한 뜻이 있음을 밝혔다. 뜻은 사람들로 하여금 본래 공함을 관조하여 몰록 해탈하게 하는 데 있다. 근기가 뛰어난 자는 스스로 능히 하나를 듣고 열을 안다. 아견 등은 또한 다시 상에 성性이 공한 것이 있음을 깨달아 알아야 한다.

03 지금 "부처님께서 아견 등을 설했다(佛說我見等)."고 말했다. 그 상이 있다는 변에 치우쳐 집착하여 능히 아·인 등등의 견을 통달하지 못하면 또한 본래 공함도 가히 알지 못함이 된다. 그러므로 "여래가 설한 바의 뜻을 이해하지 못한다(不解如來所說義)."고 말한 것이다.

04 고덕이 스승에게 묶인 것을 풀어 주기를 청한 것이 있다. 스승이 말하기를,

"누가 너를 묶고 있는가?"라고 했다. 이 구절의 경문은 바로 이 뜻을 밝힌 것이다. 성품의 체는 공적하여 본래 묶임이 없다. 지금 하나의 아·인 등의 견이 마음에 가로놓여 있어 또 말하기를 "부처님이 또한 이와 같이 설했다."고 하는데 어찌 자승자박이 아니겠는가?

177. 그 까닭을 해석해 이룸

何以故. 世尊說我見人見衆生見壽者見. 即非我見人見衆生見壽者見.
是名我見人見衆生見壽者見.

"왜냐하면 세존께서 설한 아견·인견·중생견·수자견은 즉 아견·인견·중생견·수자견이 아니고 이 이름이 아견·인견·중생견·수자견이기 때문입니다."

01 '시명是名'은 이 상을 잡고 연기緣起를 잡아 설한 것이다. '즉비即非'는 성性을 잡고 성품이 공한 뜻을 잡아 설한 것이다. 아·인 등의 견見은 다 연기緣起의 환상이다. 이것이 부처님이 아견을 설한 진실한 뜻이다. 아견은 이 무명無明의 근본으로(지견知見에 지知를 세우면 이는 무명의 근본이다.) 범부를 이루는 연유가 되기 때문이다. 아견을 파한 지혜의 빛은 성인을 이루는 도로이다. 이 가운데 설한 바는 바로 수행의 공功을 정확히 보인 것이다.

02 부처님이 설한 일체법은 두 뜻을 벗어나지 않는다. 성性을 밝히고 수행을 밝히는 것이 이것이다. 또 일 구의 법 중에 성性을 설함에 반드시 겸하여 수행이 있고, 수행을 설함에 즉 성性을 포섭하고 있다. 만약 이와 같이 이해해 알지 못하면 그 불법은 끝내 문밖에 있는 것이다. 이성理性은 마땅히 차별 중에서 평등을 본다. 수행의 공은 마땅히 평등 중에 차별을 본다.

03 부처님이 개시한 것은 때때로 하나의 일을 잡아서 이치를 밝힌다. 그 이치는 실로 일체사를 관통한다. 만약 법을 듣는 자가 이와 같이 관통함을 알지 못하고 다만 차별만 보고 평등을 보지 못한다면 어찌 능히 그 이치를 관하여 성性을 이해하겠는가?

04 본경에 즉비, 시명을 설한 곳이 매우 많다. 듣는 자가 곧 마땅히 그 중의 도리는 원래 다름이 없다는 것을 깨달아야 한다. 즉비는 이체理體의 성性을 잡아 본래 공함을 밝힌 것이다. 시명은 인연으로 생한 상을 잡아 환으로 있음을 밝힌 것이다. 즉비, 시명을 아울러 설한 것은 다 성과 상의 같지도 않고 다르지도 않음을 밝힌 것이다. 법과 법이 다 그러하여 무슨 법을 막론하고 다 응당히 이 이치를 분명히 알아 양변에 집착하지 않고 평등의 성체性體로 녹아 돌아가는 것이 이것이다.

05 수행 공부를 가히 관문觀門(이관理觀), 행문行門(사수事修)으로 개괄한다. 미세하게 설하면 즉 법문이 무량하나 배우기를 서원하는 것이다.

06 이관理觀은 즉 부처님의 설에 의지하여 가히 일체의 이성理性을 관통함으로써 깊고 간절하게 확실히 인식함을 더하여 엄밀히 깨달아 비추는 것이다. 그렇게 쓰는 것이 행문이다. 이관은 반드시 사수事修를 겸해야 한다. 사수를 행함에 반드시 이관을 겸해야 한다. 하나가 빠지면 곧 족히 수행의 공功을 말할 수 없다.

07 사수事修는 보시·지계, 내지 간경·염불과 하나의 손을 들고, 하나의 머리를 숙이는 것 등으로 크고 작음과 정미롭고 거칠고를 막론하고 무릇 볼 수 있는 동작행위를 하는 것이 다 이것이다. 법을 닦음에는 모름지기 일에 나아가 일을 논해야 한다. 일에는 만 가지 천 가지 차별이 있어 법을 닦음도 또한 이로 인해 만 가지 천 가지 차별이 있다. 각기 도량에 예배할 때는 예배하는 법칙이 있고 염불할 때에는 염불하는 법칙이 있는 것과 같은데, 어찌 능히 일률적

이겠는가?

08 이관은 이미 사수에 통하는 고로 이관을 닦을 때에 다만 응당히 이성理性에 의지함이 중요할 뿐만 아니라 그 평등의 이치를 관해야 한다. 또 응당히 닦을 바 일의 종류에 의지하는 것이 중요하여 그 차별의 이치를 관해야 한다. 만약 다만 평등만 관하면 차별을 알지 못한다. 혹 다만 차별만 관할 줄 알면 평등을 알지 못한다. 즉 또한 맹목적으로 수행하는 것과 같다.

09 성을 마땅히 아는 것이 수修이다. 수행중의 이치가 사事이다. 이미 두 말뚝으로 간주하지 못하고 또 가히 섞어서 한 이야기로 만들지 못한다. 모름지기 같지 않은 가운데 다르지 않는 것과 다르지 않는 것 가운데 같지 않은 것을 확실히 인식해야 한다. 이에 능히 성性과 수행은 둘이 아니고 이理와 사事는 원융하다. 원융한 중에 보시를 행함이 있고, 보시를 행하는 중에 원융함이 있다. 바야흐로 참된 원융이 되고, 참으로 둘이 아님이 된다. 즉 닦음이 없으면 이루지 못한다.

10 수행의 공은 일상생활에서 작무 중에 모름지기 환법幻法에 의지해 비추어서 부지런히 닦아 게으르지 말아야 한다. 이른바 수월도량水月道場을 열어 건립하고 크게 꿈 가운데 불사佛事를 짓는 것이다. 오직 마음 가운데에 하나의 능수能修·소수所修를 두지 않을 따름이다.

11 일에 나아가 관觀을 지으면 곧 응당히 온전히 성性으로 있는 것도 다만 가명임을 관해야 한다. 마음 가운데에 진실로 한 줄의 아我, 한 줄의 견見도 두지 말아야 한다. 일에 그렇게 행하면 곧 응당히 환幻으로 있는 이름과 상을 멀리 여의고 본래 공한 심성을 깊이 비춘다. 이는 즉비, 시명의 뜻을 잡아 아견을 제거한 수행의 공功이다. 이를 알면 무명·번뇌 등 일체를 응당히 없애는 일의 그 수행의 공을 유추해 볼 수 있다.

12 세존은 본래 무아無我·무견無見의 마음의 근원을 바로 비추게 하였다. 즉 다

만 아견이 없을 뿐만 아니라 아의 견해가 없는 것까지도 또한 없는 것이다. 이에는 아견의 자취의 그림자가 완전히 없다. 곧 바로 통쾌한데 무엇이 이를 넘을 수 있겠는가? 지혜가 없는데 어찌 감히 스스로 능히 아견을 제거했다고 말하겠는가? 묘하고 또 중요하다.

13 '즉비'는 아견을 제거하는 절묘한 수행의 공功이다. 그러므로 즉 '아견이 아니다(即非我見)'라는 하나의 말은 아울러 다만 관을 짓게 할 뿐만 아니라 성이 공함을 관하게 한다. 정신을 진작하게 함이 결연하고 확고하여 있는 힘을 다하여 아견 등을 가지고 한쪽 발로 차 뒤집어 버리게 한다. 근본을 좇으면 자성 중에 이 아·인 등의 견見이 있음을 승인할 수 없다. '즉비' 두 글자는 마땅히 이와 같이 이해해야 한다.

14 자성은 진실의 체體이고 무명은 허망한 상相임을 분명히 알아야 한다. 하나는 참되고 하나는 허망이어서 비록 비롯함이 없이 와서 화합하여 하나가 된다. 실은 즉 밖으로는 합하고 안으로는 합하지 못하여 본래 서로 상응하지 않아 각각 서로 교섭함이 없다. 『원각경圓覺經』에 말하기를, "무명이란 실체가 있는 것이 아니다. 마치 꿈속에 있는 이가 꿈꿀 때 없지 않았던 것과 같다. 깨어나서는 얻을 바 없다는 것을 요달한다."고 했다. 불교를 배우는 사람은 먼저 모름지기 이를 믿어 도에 들어가는 데에 그 문을 얻어야 한다.

15 망심妄心이 일어나는 것은 즉 정념正念이 거친 것으로 말미암은 것이다. 정념을 분발시키면 망념이 곧 없어지는 것은 자연의 이치로 아울러 기특한 것은 아니다. 환인 줄 알면 곧 여의어야 하고 여의면 즉 환인 줄 아는 것은 두 일이 아니다. 이것이 망념을 제거하는 최고로 빠르고, 요점을 찌르는 방법이다. 때때로 이와 같이 깨달아 비추어 방일하지 말아야 한다. 아견이 무엇을 좇아 일어나겠는가?

16 환幻을 알아 깨달아 비추고자 하면 반드시 금계禁戒를 굳게 지킴으로써 물든

인연을 끊어야 한다. 대승을 많이 읽음으로써 불교의 이치를 밝혀야 한다. 이에 마음에 편안하고 고요함을 얻게 하여 속된 견해가 점점 감소되게 한 것이다. 능히 환인 줄 알고 능히 깨달아 비추어야 한다.

17 '이 이름이 아견이라는 등(是名我見等)'의 수행의 공功은 더욱 중요하고 더욱 묘하다. '이 이름이 아견'이라는 것에서 아견은 참된 성품이 변하여 나타나는 환상이다. 이른바 없애는 것이지 아울러 본성을 단멸하지는 않는다. 즉 다만 병만 제거하고 법을 제거하지 않는다는 것이다. 이것이 첫 번째이다.

18 '아견'은 인연으로 생하는 법이다. 마음이 만약 반연하면 아견은 곧 인연을 따라 일어난다. 만약 마음이 생기지 않으면 아견은 즉 좇아 생길 것이 없다. 이른바 환인 줄 알면 여의고, 여의면 곧 깨달음이라고 하는 것이다. 인연을 만나더라도 마음을 일으키지 않고, 염을 움직이지 않고, 분별하지 않고, 집착하지 않은즉 이것이 환을 여의면 즉 깨달음인 것이다. 이것이 두 번째이다.

19 이 두 뜻은 지극히 중요하고 지극히 중요하다. 아견을 제거하는 수행의 공功은 이보다 묘함이 없다. 만약 이에 의지하지 않으면 영원히 능히 제거하지 못할 것이다. 경에 말하기를, "일체의 생활에서 망념을 일으키지도 말고 모든 망심을 쉬어 멸하려는 생각도 하지 말지어다. 망상 경계에 머물러서 깨달음을 더하지 말고, 요달해 아는 것마저도 없고 진실도 가려내지 말지어다."라고 했다. 이 여덟 구절 중 처음 두 구가 주가 된다. 즉 일으키지 말라는 '불기不起' 두 자가 주가 된다. 아래의 여섯 구는 이에 전전하여 뜻을 해석해서 일으키지 말아야 하는 까닭이 그러함을 설명한 것이다. 반드시 이를 알아야 바야흐로 참으로 일으키지 않는 것이 된다.

20 염念이 일어나지 않을 때에 곧 신령스러운 광명이 홀로 빛나서 육근과 육진을 멀리 벗어난다. 종합하면 비춤도 있고 깨달음도 있으나 다 이름이 장애다.

이 경에 '이 이름이 아견이라는(是名我見)' 뜻이 또한 다시 이와 같다. 아견은 또한 인연으로 생한 것으로 가히 자성 중에는 본래 없다. 공부를 잘하는 자는 모름지기 하나도 결국에는 여읜다. 끊은즉 몰록 끊는다. 이것이 '이 이름이 아견이다'라는 수행의 공功이다.

21 『원각경』에 또 말하기를, "일체 제불은 본래 인지因地에서 다 원만히 비추는 청정한 깨달음의 상에 의지하여 영원히 무명을 끊고 바야흐로 불도를 이루었다."고 했다. 이 중의 수행의 공功은 바로 원만히 비추는 청정한 깨달음의 상이다. 그러므로 능히 무명아견無明我見은 한번 끊어 영원히 끊어야 한다. 어찌 묘하지 아니한가! 어찌 중요하지 아니한가! 이에 의지하여 수행을 일으키면 곧 수용을 얻는다. 만약 그렇지 않으면 청컨대 무량수청정평등각無量壽淸淨平等覺을 성실히 외우면 두 가지 묘가 함께 만족해질 것이다.

22 여기에서는 '아견을 여의고 또 여읨을 밝힌(我見明離亦離)' 일 대단을 잡아 불구부정不垢不淨의 뜻을 나타내 보인 것이다. 아견은 때 묻은 것이다. 아견을 여의면 깨끗하다. 청정자성의 깨끗함은 즉 더러움과 깨끗함이 다 없는 것이다. 그러므로 아견을 여읜 자는 여읜다는 것도 또한 응당히 여의어야 한다. 만약 하나의 능리能離와 소리所離를 둔다면 아견을 끝내 다 깨끗하게 하지 못한 것이다.

23 '제법공상諸法空相' 다음의 세 단에서 처음은 이 몸을 잡아 뜻을 밝혔다. 다음은 세계를 잡아 뜻을 밝혔다. 세 번째는 망심을 잡아 뜻을 밝혔다. 이 세 단을 합하면 바로 신심身心과 세계가 환화幻化가 아님이 없고, 일체공一切空의 상은 성性이 저절로 평등한 뜻임을 나타내 보인 것이다.

24 범부는 몸에 집착하여 아로 삼고, 세계에 집착하여 아소我所로 삼는다. 아 및 아소는 다 견見을 일으킨다. 그러므로 몸과 세계는 소집所執이고 견은 능집能執이다. 세 단 경의 뜻은 즉 능집과 소집의 상을 다 비운 것이 명백하다. 아울

러 능공能空과 소공所空의 생각까지도 다 비웠다. 이를 일러 '제법공상諸法空相'
이라고 한다. 즉 법상諸相이 생하지 않고 법상은 본래 없다는 뜻을 충분히 나
타내었다.

178. 생하지 않는 결론을 이룸. 바로 생하지 않음을 밝힘

須菩提. 發阿耨多羅三藐菩提心者. 於一切法. 應如是知. 如是見. 如
是信解. 不生法相.

"수보리야! 아뇩다라삼먁삼보리심을 발한 자는 일체법을 응당히 이와 같이 알
며, 이와 같이 보고, 이와 같이 믿고 이해하여 법상을 내지 말아야 한다."

01 경의 처음에 설한 바는 광대심廣大心을 발하고, 광대행廣大行을 행하며, 법과
비법非法의 상을 취하지 않으며, 내지 발심에도 머무르지 않고, 과果를 얻음에
도 머무르지 않고, 머무르지 않는데도 또한 머무르지 않게 했다. 그 알고, 보
고, 믿고, 이해함이 이와 같고 이와 같게 하지 않음이 없었다. 반드시 이와 같
이 알고, 보고, 믿고, 이해해야 바야흐로 무아無我와 무법無法을 통달한다. 그
러므로 말하기를, "응당히 이와 같이 알고, 보고, 믿고, 이해하고 법상을 내
지 말라(應如是知見信解, 不生法相)."라고 했다. 바로 보리심을 발하면 반드시 응
당히 이와 같아야 보리심이 됨을 나타내 보인 것이다.

02 '일체법一切法'은 세간과 출세간의 경계(境)·행行·과果를 통틀어 가리켜 말한
것이다. '여시如是' 두 글자는 즉 위에 설한바 갖가지의 뜻을 가리킨다. 인연
으로 생하여 성품이 공한 것을 벗어나지 않는다. 성품이 공하여 인연으로 생
하는 것을 장애하지 않으므로 평등의 법계를 이룬다. 인연으로 생하여도 성

품이 공한 것을 장애하지 않으므로 즉 제법은 공상空相이다. 이로 말미암아 그것을 관하면 '여시如是' 두 글자는 즉 제법일여諸法一如, 일체가 다 옳음을 나타낸 것이다.

03 '지知·견見·해解' 세 글자를 이어서 설했으나 즉 각각의 가리키는 뜻은 크게 구별이 있다. 가상嘉祥이 이르기를 "이 세제지世諦智를 알면 제일의제지第一義諦智를 본다."고 했다. 달천達天이 이르기를 "이 비량比量을 알면 현량現量을 본다."고 말했다. 지금 『무착론無著論』에 의거하여 이르기를, "지혜가 사마타奢摩他를 의지한 고로 안다. 비파사나毗鉢舍那를 의지한 고로 본다. 이 둘이 삼마지에 의지한 고로 아는 것이다."라고 했다. 이 뜻은 셋이 다 지혜임을 밝힌 것이다. 다만 의지하는 방편이 같지 않으므로 세 이름을 세웠다.

04 사마타奢摩他는 이곳 말로 지止이고 정定이다. 지혜는 정定을 좇아 생하는데 이름이 '지知'이다. 이를 관하면 이는 진제지眞諦智가 됨을 알 수 있다. 이는 본경에 삼제의 마음을 가히 얻을 수 없고 제법이 인연으로 생한 것은 즉 공인 것과 부처님의 정견을 여는 뜻으로 더불어 꼭 합한다. 안으로 증득한 변을 잡아 설했다.

05 비파사나毗鉢舍那는 이곳 말로 관觀이다. 관은 곧 혜慧이다. 지智는 혜慧를 좇아 나와서 이름이 '견見'이다. 이를 관한즉 견은 속제지俗諦智가 된다. 혜慧는 즉 차별의 사상事相을 훤히 보지 않음이 없다. 그러므로 '견見'이라고 말한다. 이는 본경에 오안五眼, 모래, 같고 다름에 집착하지 않음과 부처님의 원만한 견을 여는 뜻과 더불어 바로 같다. 밖으로 비추는 변을 잡아 설했다.

06 삼마지三摩地는 이곳 말로 등지等持이다. 정定과 혜慧가 균등함을 말한다. 그것을 이름하여 '해解'라고 말한다. 가히 해解는 정과 혜로 말미암아 나왔음을 볼 수 있다. 다시 말하면 지견知見은 두 개의 총체적인 이름이다. 이는 본경에 뜻을 깊이 이해한다는 말의 뜻으로 더불어 같다. 일여로 다 옳다는 이치가 계

합하여 끊어짐이 없음으로 인하여 정과 혜가 균등하다. 그러므로 능히 '법상을 내지 않는다(不生法相).'

07 '이와 같이 알라(如是知)'는 구절은 선정의 힘을 밝힌 것이다. '이와 같이 보라(如是見)'는 구는 지혜의 힘을 밝힌 것이다. '이와 같이 믿고 이해하라(如是信解)'는 구절은 정定과 혜慧의 균등한 힘을 밝힌 것이다. '신信' 자는 삼구를 관통한다. '법상을 내지 않는다(不生法相)'는 구는 위의 삼구를 생한 바의 효능으로 말미암은 것이다.

08 선정이 있고 지혜가 있어 일여에 계합한다. 가히 언설言說, 명자名字, 마음의 반연, 제상諸相의 일체를 다 여의어야 한다. 제상을 다 여의면 곧 근본의 바른 지혜를 이끌어 낸다. 지혜는 분별지分別智가 아니고 곧 일념一念도 생하지 않는 것이다. 일념도 생하지 않는 것을 이름하여 법상을 내지 않는 것이라고 한다.

09 지견신해知見信解는 '불생不生' 전의 방편이다. 방편을 닦아 만족하면 곧 본래 생하지 않음을 증득한다. 그 공행功行이 온전히 지견신해 위에 있다. 생하지 않는 것은 그 공의 효능이다. 본래 생하지 않는 위에서 힘써 얻어서는 안 된다. 생하지 않는 데 집착하면 곧 생이다.

179. 생하지 않음도 또한 없음

須菩提. 所言法相者. 如來說即非法相. 是名法相.
"수보리야! 말한바 법상이라는 것은 여래가 설하기를 즉 법상이 아니고 이 이름이 법상이라고 했다."

01 일체의 '법상法相'은 다 가명假名이다. 본래 즉비卽非이다. 생은 즉 생함이 없는 것이다. 이는 법상을 생하지 않아야 하는 까닭이 그러함을 밝힌 것이다. 이른바 '법상을 내지 않는다는 것(不生法相)'은 일체 법상은 본래 인연으로 생한 것이다. 인연으로 생한 법은 당체가 즉 공으로 본성이 없는 까닭이다. 이미 본래 성性이 없는즉 생하지 않음 또한 없다. 생이 곧 생이 없는 까닭이다. 이것이 참된 불생의 뜻이다.

02 모든 발심한 자는 마땅히 '일여一如로 다 옳다는 것(一如皆是)' 위에 있어서 알고, 보고, 믿고 이해해야 한다. 이것이 바로 '항복'이고, 이것이 즉 '머무름 없음'이다. 과연 능히 알고, 보고, 믿고, 이해함이 이와 같고 이와 같아야 한다. 즉 비록 법상이 치연하나 애초에 어찌 일찍이 생했겠는가? 본래 성性은 생하지 않는 까닭이다. 즉 항복받지 않으면서 항복받는 것이다. 머무름 없이 머무르는 것이고, 머무르나 머무름이 없는 것이다. 상相도 없고 상이 아님도 없는 진실한 성性을 증득해 들어가는 것이다.

03 이 구절의 경문은 법상에 즉해서 법상이 없고, 생生에 즉해 생이 없는 것을 밝힌 것이다. 이 뜻은 비단 생의 염念이 없을 뿐만 아니라 아울러 불생不生의 염도 또한 없음을 밝혔다. 바로 이것이 일념一念도 생하지 않는 것의 모습이 되고, 본래 생하지 않는 모습이 된다. 다음 글의 '상을 취하지 않고 여여부동如如不動'한 모습이다. 여여부동은 생이 무생無生이라는 것의 다른 이름이다.

04 이 구절 또한 바로 경 처음의 '응당히 이와 같이 머무르고, 응당히 이와 같이 항복받으라(應如是住, 應如是降伏).'라는 뜻을 결론지어 나타낸 것이다. 고로 과판科判하여 말하기를, '결론을 이루었다(結成)'고 말했다. 전체 경의 뜻이 이에 이르러 총괄하여 버릴 것이 없이 처음과 끝을 완성했다. (정종분 끝)

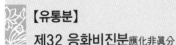

【유통분】
제32 응화비진분應化非眞分

須菩提. 若有人以滿無量阿僧祇世界七寶. 持用布施. 若有善男子. 善
女人. 發菩薩心者. 持於此經. 乃至四句偈等. 受持讀誦. 爲人演說. 其
福勝彼.

云何爲人演說. 不取於相. 如如不動. 何以故. 一切有爲法. 如夢幻泡
影. 如露亦如電. 應作如是觀

佛說是經已. 長老須菩提. 及諸比丘. 比丘尼. 優婆塞. 優婆夷. 一切世
間天人阿修羅. 聞佛所說. 皆大歡喜. 信受奉行.

"수보리야! 만약 어떤 사람이 무량한 아승기 세계에 칠보를 가득 채워 남에게
베푸는 보시를 하더라도 만약 어떤 선남자 선여인이 있어 보살심을 발한 자가
이 경을 지니고 내지 사구게 등을 받아 지니고 독송하여 다른 사람을 위하여 설
법하면 그 복이 저보다 더 수승할 것이다.

어떻게 다른 사람을 위하여 연설해야 하는가? 상을 취하지 말고 여여부동해
야 한다. 왜 그런가? 일체의 유위법은 꿈·환상·물거품·그림자와 같고, 이슬·
번갯불과 같다. 응당히 이와 같이 관해야 할 것이다."

부처님께서 이 경을 설해 마치자 장로 수보리와 비구·비구니·우바새·우바
이와 일체 세간의 천·인·아수라가 부처님이 설한 바를 듣고 다 크게 기뻐하였
으며, 믿고 받아서 받들어 행하였다.

180. 유통분. 유통하기를 보이고 권함.
유통의 이익을 보임. 재시를 이끌어 옴

須菩提. 若有人以滿無量阿僧祇世界七寶. 持用布施.

"수보리야! 만약 어떤 사람이 무량한 아승기 세계에 칠보를 가득 채워 남에게 베푸는 보시를 하더라도"

01 여기서 재보시를 이끌어 온 것은 다음 문장의 법보시의 복이 더욱 수승함을 나타내고자 한 까닭이다. 뜻은 보시는 같으나 그 복덕은 같지 않은 것은 보시를 행하는 자가 지닌 것이 같지 않기 때문임을 밝힌 것이다. 하나는 재보財寶를 지니고 하나는 법보法寶를 지녔다. 무량무수無量數 세계의 재보를 지니는 것은 한 권의 경 내지 사구게四句偈에 미치지 못한다.

02 재보시는 다만 사람의 목숨을 구제하고 법보시는 능히 사람의 지혜의 목숨을 구제하기 때문이다. 법보시는 사람을 구제하는 데 철저하다. 그렇다고 재보시를 가히 폐해야 한다고 말하는 것은 아니다.

03 만약 불법을 밝히면 곧 세간사는 꿈과 환상 아님이 없음을 알게 된다. 일체 유위법 중에 최고로 간파하기 어려운 것이 재보財寶이다. 그러므로 이를 인용하여 말한 것이다.

181. 법시를 밝힘

若有善男子. 善女人. 發菩薩心者. 持於此經. 乃至四句偈等. 受持讀誦. 爲人演說. 其福勝彼.

"만약 어떤 선남자 선여인이 있어 보살심을 발한 자가 이 경을 지니고 내지 사구게 등을 받아 지니고 독송하여 다른 사람을 위하여 설법하면 그 복이 저보다 더 수승할 것이다."

01　이른바 유통하는 자에게는 거듭 법 보시의 이익이 있다. 그러므로 '보살심을 발했다(發菩薩心)'고 말함으로써 유통의 뜻을 나타낸 것이다.

02　'사구게 등四句偈等'의 '등等'은 반 게송 혹 일 구와 같다. 경 가운데 항상 설하기를, "반 게송으로 가히 도를 증득할 수 있다."고 했다. 만약 다음 글에 설한바 "상相을 취하지 않고 여여부동(不取於相, 如如不動)"의 반 게송을 진실로 능히 믿고 받아서 받들어 실천 수행하면 바로 보배 장소로 달려 들어가게 된다. 하물며 전체 게송이고 하물며 전체의 경이겠는가?

03　'지어차경持於此經'의 '지持'는 지니고 취하는 것을 말하는 것이다. 다음 문장의 '수지受持'와는 뜻이 다르다. '수지受持' 구는 스스로를 이익 되게 하는 것이다. '연설演說' 구는 타인을 이익 되게 하는 것이다. 법과 같이 받아 지니면 곧 능히 무생無生을 깨달아 들어가 보시하나 상에 머물지 않으면 그 복이 곧 이미 저보다 수승하다. 하물며 다시 타인을 위하여 이 경을 설함으로써 상에 머물지 않고 법보시를 행하는 것이겠는가? 어찌 저 칠보로 보시하는 것이 능히 미칠 바이겠는가?

04　이 경을 널리 선양하면 곧 부처님의 종자를 이어 융성하게 하는 것이다. 중생이 이익을 얻는 것이 불가사의하다. 그 복이 저 재보시보다 수승한 것을 다시 무슨 말을 더 기다리겠는가? 경의 뜻은 거듭 위없는 법보를 유통하는 데 있으므로 다음 문장에서 오로지 '연설演說'을 잡아 말했다.

182. 유통의 법을 보임. 바로 본성을 가리킴

云何爲人演說. 不取於相. 如如不動.

"어떻게 다른 사람을 위하여 연설해야 하는가? 상을 취하지 말고 여여부동해야 한다."

01 '운하위인연설云何爲人演說'은 두 가지 뜻이 있다. 하나는 연설하는 사람은 응당히 어떻게 해야 하는가이다. 두 번째는 경의 뜻을 연설하는 데는 응당히 어떻게 해야 하는가를 물은 것이다. '상相을 취하지 말고 여여부동해야 한다(不取於相, 如如不動).'는 두 구절은 바로 둘을 응당히 준수해야 할 규칙으로 열어 보인 것이다.

02 설하는 자는 응당히 능설能說과 소설所說 그리고 설한 것을 듣는 자의 상에 다 취착하지 말아야 함을 말한 것이다. 이른바 생멸하지 않는 마음으로써 실상實相의 법을 설해야 한다는 것이 이것이다. 생멸하지 않는 마음은 즉 본성本性이다. 이른바 '여여부동如如不動'이 이것이다.

03 연설하는 사람은 응당히 삼륜三輪의 체가 공하고 성性에 칭합하여 바로 마음의 근원을 가리켜 설해야 한다. 이에 듣는 자로 문자반야文字般若에 즉해서 관조반야觀照般若를 일으켜 실상반야實相般若를 깨닫게 한 것이다. 그러므로 경에 설한 바는 다 성불의 법이다.

04 타인을 위하여 연설함에 만약 요점이 되는 방법을 얻지 못하면 할 수가 없다. 크지 아니하고 마땅함이 없는즉 흩으면 돌아갈 곳이 없다. 듣는 자가 법의 이익을 얻기 어렵다. 그러므로 경의 뜻의 요점이 되는 곳을 보였다. 즉 다음 두 구절의 하나의 게송이 이것이다. 가히 이 두 구절의 한 게송은 본경의 요지이다. 또한 즉 일체 불법의 요지이다. 천 가지 경과 만 가지 논 중에 설한 바는

성性과 수修와 이理와 사事이다. 이 두 구절의 한 게송은 그것을 다 포괄한다.

05 이와 같이 연설하려면 반드시 능히 이와 같이 받아 지녀야 한다. 이 두 구절은 전체 경의 귀결하는 말이고, 또한 전체 경의 발명發明하는 말임을 마땅히 알아야 할 것이다. 전체 경의 요점은 '불취어상不取於相, 여여부동如如不動' 이 여덟 자를 벗어나지 않는다. 배우는 자는 마땅히 이를 좇아 들어가야 한다. 앞뒤를 너무 재서 넘쳐서 돌아감이 없는 데 이르지는 말아야 한다.

06 이 두 구절은 다 수행의 공功을 설했다. 또한 효과를 설했다. 반드시 능히 취하지 않아야 바야흐로 능히 움직이지 않을 수 있다. 그러나 또한 반드시 능히 움직이지 않음을 관해야 능히 취하지 않을 수 있다. 이른바 서로 인과가 되는 것이다.

07 경 가운데 '상相'을 설한 곳은 매우 많고 매우 많다. 수를 세어 다하기 어렵다. 종합하면 무릇 한 법을 설하면 곧 그 상이 있다. 지금 그것을 개괄하여 말하기를 "무릇 있는바 상의 일체를 취하지 말아야 한다(凡所有相, 一切不取)." 고 했다. 하나의 '상' 자를 설하여 법과 비법을 다 그 안에 포섭하고 있음을 마땅히 알아야 한다.

08 무엇을 취하고를 막론하고 취한즉 마음이 움직인다. 취한즉 상相에 집착한다. 여여如如의 성性이 아니다. 『원각경』에 이르기를, "가지가지로 취하고 버리는 것은 다 이 윤회이다."라고 했다. 윤회는 생멸심이 이것이다. 만약에 능히 취하지 않으면 그 자리에서 곧 생멸심을 여읠 것이다.

09 '여여부동如如不動'은 불생불멸의 성性이다. '취하지 않는다(不取)'는 것은 머무름 없는 것의 참된 설명이다. '무주無住'라는 것은 움직임이 없는 것의 참된 설명이다. '여여如如'는 진여의 다른 이름이다. 진여는 본래 갖추고 있는 것을 가리켜 말한 것이고 여여는 증득을 가리켜 말한 것이다.

10 여여如如의 뜻은 능能과 소所를 쌍으로 잊은 것이다. 고요함과 비춤이 동시이

다. 상相도 없고 상 아님도 없는 것이다. 상과 상이 아님이 다 없는 것으로 인하여 불생불멸이고 여여부동이다.

11 『원각경圓覺經』에 이르기를, "일체의 모든 중생의 비롯함이 없는 환幻과 무명無明은 다 모든 여래의 원각심圓覺心을 좇아 건립되었다. 마치 허공의 꽃과 같아 허공에 의지해서 형상이 있나니, 허공 꽃이 만약 다시 사라질지라도 허공이란 본래 움직임이 없느니라."라고 했다. 이 원각심은 즉 부처님과 중생이 함께 갖춘 성체이다. 허공 꽃은 중생의 무명불각의 환으로 된 상에 비유한다. 허공 꽃이 만약 멸하면 무명이 멸한다는 비유이다. 허공이 움직이지 않는 것은 성도 본래 움직이지 않는다는 비유이다.

12 일상에 말한바 마음의 움직임은 무명無明이 움직이는 것뿐임을 마땅히 알아야 한다. 이로 말미암아 다시 가히 다만 능히 상을 취하지 않으면 여여부동의 본성이 바로 그 자리에 곧 나타나는 이치가 분명하다. 또 가히 취하고 버림은 바로 무명으로 말미암았고 무명은 본래 환상임을 알 수 있다. 그렇다면 상을 취하지 않으면 바로 그 자리에서 여여부동한 것이다. 이런 연고로 학인이 마땅히 취하지 않은(즉 머무름 없는) 위에서 아프게 공부를 내려야 한다. 바야흐로 진여에 계합하고 지혜가 이치로 더불어 명합해야 한다.

13 상相을 취하지 않는 것은 즉 상을 여의는 것임을 마땅히 알아야 할 것이다. 『원각경』에 말하기를 "일체의 보살과 말법시대의 중생은 응당 일체의 환화幻化인 허망 경계를 멀리 떠나야 하며, 멀리 떠나려는 마음을 굳게 붙들어 쥐어야 하는 까닭이다. 마음은 허깨비 같은 것이니 또한 다시 멀리 떠나야 한다. 멀리 떠났다는 생각도 허깨비이니 또한 다시 멀리 떠나며, 멀리 떠났다는 생각을 멀리 떠났다는 그 생각도 허깨비이니 또한 다시 멀리 떠나서, 떠날 바가 없음에 도달하면 모든 허깨비들이 제거되느니라."라고 했다. 이 단의 경의 뜻을 세세하게 궁구하면 가히 상을 여의는 공부는 온전히 '굳게 지니는 데(堅持)'

있음을 볼 수 있다. 굳게 지닌다는 것은 강제를 말한다. 이 층의 공부는 진실로 가히 작지 않다. 그렇지 않다면 비롯함이 없이 상을 취한 습기를 어찌 능히 제거하겠는가!

14 무명아견無明我見을 끊지 못하면 또한 최고로 족히 그 굳게 지님을 파괴한다. 그러나 즉 다시 무명아견을 여읜 위에서 공부를 짓지 않으면 불가하다. 어떻게 능히 여의어야 하는가? 『원각경』에 이르기를, "환幻인 줄 안즉 여의고 방편을 짓지 않는다."고 한 것이 이것이다. '지환知幻' 두 글자는 곧 이 무명을 여의는 최고로 묘한 방편이다. 달리 방편을 찾을 필요가 없다.

15 『능엄경』에 이르기를, "여래는 본래 인지因地에서 최초로 발심하여 먼저 곧은 마음 정념진여正念眞如로 비로소 능히 모든 환幻을 멀리 여의었다."고 했다. 정념은 즉 깨달아 비추는 것이다. 모름지기 지름길로 바로 진여본성을 깨달아 비추어야만 바야흐로 능히 환임을 알 수 있다. 이로 말미암아 가히 반드시 먼저 여여부동의 본성을 깨달아야 능히 상을 취하지 않음을 볼 수 있다. 다만 응당히 '취하지 않는(不取)' 위를 향하여 굳게 지녀야 할 뿐만 아니라 도리어 모름지기 '여여如如' 위를 향하여 깨달아 비추어야 한다.

16 『원각경』에 이르기를, "일체 보살 및 말세 중생은 먼저 비롯함이 없는 윤회의 근본을 끊어야 한다."고 말했다. 윤회의 근본은 즉 무명아견이다. 경에 이르기를, "일체 여래가 본래의 인지因地에서 일어나 다 뚜렷하게 비추는 청정한 깨달음의 상에 의지하여 영원히 무명을 끊어야 바야흐로 불도를 이룬다."고 했다. 뚜렷이 비추는 깨달음의 상은 곧 직심정념진여直心正念眞如이다. 중요한 공부는 온전히 뚜렷이 비춘다는 '원조圓照' 두 자에 있다.

17 무엇을 일러 '원조圓照'라 하는가? 앞생각이 이미 멸하고 뒤 생각이 생기지 않는 것이다. 바로 이러할 때에 일심一心은 맑고 고요하고 밝고 분명하다. 이를 일러 '비춘다(照)'고 말한다. '원圓'은 애쓰지도 않고, 애쓰지 않는 것도 아니

고, 가라앉지도 않고 뜨지도 않아, 황홀하게 밝은 달이 외롭게 둥근 것과 같은 것이다. 이때에 일념이 일어나지 않아 청정하여 비교할 것이 없으며 온몸이 청량한 것이 곧 본래면목이다. 힘써 모름지기 면밀하여 끊어짐이 없이 서로 이어지게 해서 오래오래 하면 곧 선정에 든다. 이와 같이 공부를 하면 곧 수순하여 달려 들어간다.

18 『원각경』에 말하기를, "여래의 인지因地에서 원각을 닦는 이가 일체법이 허공의 꽃인 줄 알면 곧 윤전이 없고 또 그 생사를 받을 몸과 마음도 없나니 수행으로 조작하여 없는 것이 아니라 본성이 없는 까닭이다."라고 했다. 이것은 자성이 본래 생함이 없어서 또한 멸하지 않는 것을 말한다. 그러므로 '본성이 없다(本性無)'고 말했다. 발심하면 곧 응당히 본래 생함이 없는 성性을 깨달아 비추는 까닭으로 '인지에서 원각을 닦는다(因地修圓覺)'고 했다. 이와 같이 수행하는 자는 저 일체 생멸의 환상은 다 이 허공 꽃이고 있는 것은 즉 있는 것이 아님을 아는 고로 환으로 된 경계에 굴리는 바가 되지 않는다. '환인 줄 알면 곧 여의어야 한다(知幻即離)'는 뜻과 같다.

19 앞에 인용한 경문을 관해 보면 마땅히 가히 지름길로 본래 생함이 없는 곳을 향하여 깨달아 비추는 것이 무명을 제거하는 묘법이 되는 것이 분명하다. 즉 염이 일어나지 아니한 때에 움직이지 않는 곳을 향하여 마음을 섭수하여 깨달아 비춤(마음을 관함, 觀心)으로써 취하지 않음을 이룬다. 인연을 만날 때에 굳게 지녀 취하지 않음으로써 움직이지 않음이 원만해진다. 여여한 성체로 들어감을 얻기를 바란다.

20 『능엄경』에 이르기를, "모든 수행하는 사람들이 최상의 깨달음을 얻지 못하고, 더 나아가 달리 성문이나 연각 및 마구니의 권속이 되는 것은 모두 이 두 가지 근본을 알지 못하고 어지럽게 닦아 익혀온 것이다. 무엇이 그 두 가지 근본인가? 첫째는 시작이 없는 옛날부터 태어나고 죽는 생사의 근본이니 즉

너와 지금의 여러 중생들의 대상에 끌려가는 마음으로 자성을 삼는 까닭이다. 둘째는 시작이 없는 옛날부터 깨달음이며 열반인 원래로 청정한 자체이니 지금 너의 식정識情의 원래로 밝은 성품이 가지가지 반연하는 마음을 내었거늘 반연은 유실할 바의 것이다. 모든 중생들이 이러한 본래로 밝은 진성을 유실했기 때문에 비록 종일토록 수행하면서도 스스로 깨닫지 못하고, 그릇 미혹의 세계에 들어가는 것이다."라고 했다. 이 중에 설한바 반연심攀緣心은 즉 이 불각不覺이 망령되이 움직이는 마음이다. 원래 청정한 체體이고 내지 반연은 유실할 바의 것이라는 것은 즉 여여부동의 본성이다.

21 경에 또 이르기를, "어찌하여 그대들은 지금도 움직이는 것으로써 자기의 몸을 삼고 움직이는 것으로써 경계를 삼아 처음부터 끝까지 찰나에 생멸하고, 진성眞性을 유실하고, 전도顚倒되어 살고 있느냐? 참마음(性心)의 진실함을 잃고, 밖의 사물을 오인하여 자기를 삼아 그 가운데 윤회하면서 스스로 유전을 취하고 있느냐?"라고 했다. 이 단은 설하는 것이 다시 명명백백하다. 즉 이 초발심 시에 곧 응당히 진眞과 망妄을 분명히 가리는 것이다. 바로 본래 부동처不動處를 향하여 깨달아 비추는 것이다. 이에 본래 밝음을 유실하여 그릇되게 모든 세계에 들어가 스스로 유전을 취하지 않게 된다.

22 깨달아 비추는 것 또한 모름지기 마음을 섭수해야 한다. 마음을 섭수하는 것 또한 무념無念이 아니다. 또한 필경에 상도 없고 취함도 없는 것이 아니다. 그러나 범부에게 공부를 시작할 곳이 없는 것은 아니다. 이른바 환幻으로써 환을 제거하는 법문일 뿐이다. 이로 인해 법이 비록 또한 환이나 진여에 수순한다. 다른 것으로 더불어 염念을 움직이고 상相을 취하는 것은 마음이 같지 않음으로 인한 까닭에 과果를 얻음도 곧 크게 같지 않다. 명호를 지니고 염불하는 것과 같아서 정토에 왕생하는 과를 얻는 것이 이것이다.

23 여여부동은 즉 생함이 없다는 뜻이다. 상相을 취하지 않는 것은 즉 머무르지

않는 뜻이다. 먼저 모름지기 본래 생하지 않음을 깨달아 비추어야(간파해야, 看破) 능히 머무름이 없게 된다(내려놓게 된다, 放下). 하나의 머무르는 바가 없는 데 이르러야 곧 생함이 없음을 증득한다. 번갈아 가며 공부해야 중요한 문이 된다. 또 이와 같은 공부는 철저하게 끝까지 관통한다. 처음 공부를 시작함을 좇아 더 나아가 주住·행行·향向·지地·등각等覺·묘각妙覺에 이르기까지 다 이를 벗어나지 않는다. 그러므로 말하기를, "일체 상을 여읜 것이 즉 이름이 제불이다(離一切相, 則名諸佛)."라고 한 것이다. 일체 제불은 이 경을 좇아 나왔다. 위없는 보리법은 다 이 경을 좇아 나왔다.

24 본경은 머무름 없음으로써 아我를 파하는 것이 오직 하나의 주요한 뜻이다. 전체의 경은 다 이를 설명하고 나타낸 것으로 무명無明을 파하고자 하면 바로 마땅히 상相을 취하지 말아야 하는 뜻을 나타내고 있다. 후반부에 제법일여諸法一如를 설하고, 일체가 다 옳다는 것 등을 설한즉 이 여여부동의 뜻을 설명해 나타낸 것이다. 뒤에 다시 인연으로 생한 성품이 공한 뜻을 펴서 발한 것은 바로 전체 경의 요지가 후반부에 있음을 지시한 것이다.

25 연설하는 자가 만약 후반부의 뜻을 통달하지 못하면 전반부도 곧 요령을 얻지 못한다. 수지受持하는 자가 만약 후반부의 설한 바를 좇아 관觀에 들 줄을 알지 못하면 또한 다시 요령을 얻지 못한다.

26 모든 법이 인연으로 생함을 관하면 제법공상諸法空相을 관하는 것이다. 상을 만약 비울 때에 어찌 다시 취함이 있겠는가? 즉 여여부동이다.

183. 법이 인연으로 생함을 관함

何以故. 一切有爲法. 如夢幻泡影. 如露亦如電. 應作如是觀

"왜 그런가? 일체의 유위법은 꿈·환상·물거품·그림자와 같고, 이슬·번갯불과 같다. 응당히 이와 같이 관해야 할 것이다."

01 '하이고何以故'는 상을 취하지 말아야 하는 까닭이 그러함을 물은 것이다. 까닭이 그러함에는 둘이 있다. 첫째, 무엇으로 인하여 취하지 않는가? 게송 앞의 삼구에 이미 충분히 답하여 해석하였다. 둘째, 어떻게 능히 취하지 않는가? 즉 모름지기 전체 게송에 바야흐로 족히 답하고 해석하여 거듭 제4구로 돌아가게 하였다.

02 범부가 범부가 되는 까닭은 다른 것이 없다. 일체 유위법有爲法을 오인하여 진실로 삼기 때문이다. 이로 말미암은 까닭으로 더욱 미혹하고 더욱 깊어져 기꺼이 머리를 돌리지 못하고 영원히 윤회하여 굴림을 입는다.

03 입문 초보는 먼저 모름지기 '일체의 유위법(一切有爲法)'은 꿈·환상·물거품·그림자와 같고, 이슬·번갯불과 같아 헛되고 거짓 아님이 없고 일체가 다 공이라는 것을 깊이 관해야 한다. 끝내 하나도 얻는 바가 없다. 얻는 것은 오직 고苦의 맛 한 가지일 뿐이다. 이른바 '아무리 많다 하여도 아무것도 가져가지 못하고 오직 업業이 있어 몸을 따른다(萬般將不去, 唯有業隨身)'는 것이 이것이다. 과연 능히 항상 '이와 같은 관을 지으면(作如是觀)' 다 공이라는 이치를 훤히 밝힐 수 있다. 다시는 속임을 당하지 말고 능히 마음을 확실하게 정해서 땅을 차고 일어나 성실하게 염불하여 일심으로 정토에 왕생하기를 구해야 할 것이다.

04 『원각경』에 말하기를, "윤회하는 마음으로 윤회의 견見을 내면 여래대적멸해如來大寂滅海에 들어감에 끝내 능히 이르지 못할 것이다."라고 했다. 세존께서 대자비로 사람들로 하여금 모든 법은 인연으로 생하는 것을 관觀하여 스스로 들어갈 곳이 있게 한 것이다. 애초에 반드시 억지로 망념妄念을 쉴 필요는

없다. 비록 쉬고자 하나 또한 얻지 못할 것이다. 다만 마땅히 조작이 있는 곳, 상대가 있는 것, 일체 유위법을 향해서 그 변화하여 항상함이 없는 것이 꿈·환상·물거품·그림자와 같고, 이슬·번갯불과 같은 한 종류를 관찰해야 한다. 이 마음으로 일체 제법을 훤히 밝히게 하는 것은 인연이 모일 때에 잠깐 환상이 나타나는 데 지나지 않는다. 실은 생한즉 생이 없는 것이다. 전혀 존재하지 않는다.

05 경계를 대하고 인연을 만남에 굴러 옮기는 바가 되지 말아야 한다. 응당히 일체 경계 반연 위에서 힘써 뜻을 지어 그것을 관찰해 깨달아야 한다. 비록 하나의 지극히 작은 일이나 혹은 지극히 마음에 수순하고 혹은 지극히 불순할 때에 다 꿈과 같고 허깨비 같은 등의 도리로써 그것을 비추어 보아야 한다. 행·주·좌·와에도 이것을 여의지 말아야 한다. 이와 같이 오래오래 하여 이 마음이 점점 텅 비는 것을 깨달아야 한다. 일체 경계의 상相에 점점 능히 그 가운데서 움직임이 없어야 한다. 간경看經할 때에 눈빛이 곧 빛나는 것을 느껴야 한다. 염불할 때에도 또한 확실하게 느껴야 한다.

06 여여부동은 성품의 체體가 원만히 나타남을 설한 것이다. 초주初住 이상은 나누어 나타남에 지나지 않는데, 이를 일러 분증각分證覺이라고 한다. 만약 신위信位 중의 사람이면 조금 그 비슷함을 얻는데, 이른바 상사각相似覺이다. 상사·분증을 막론하고 이에 이르러 원만하게 나타나는 것은 다 상을 취하지 않음으로 말미암아 온 것이다. '상相' 자와 '불취不取' 자는 그 뜻이 또한 다시 깊고 넓어 끝까지 관통한다. 상은 즉 공과 유, 쌍역雙亦과 쌍비雙非를 막론하고 다 안에 포섭되어 있다. 그 총상總相은 즉 아我·법法 이집二執이다.

07 일체에 집착하지 아니해야 이것이 취하지 않음이 된다. 즉 여읜 것도 또한 여의어서 여읠 바가 없음을 얻으면 모든 환을 제거한다. 이에 여여부동의 체성이 온전히 드러난다. 본성을 깨달아 비추어 본원本源 위에 있어 공부를 짓는

이것은 선정을 닦는 것이다. 일체법을 관하는 것은 경계와 인연 위에 있어 공부를 짓는 것으로 이는 지혜를 닦는 것이다.

08 '여시如是' 두 글자는 신실로 이 위 글의 꿈과 같고 허깨비 같다는 등의 설을 가리킨 것이다. 꿈과 같고 허깨비 같다는 것은 바로 제법의 상相이 본래 공한 것을 말함을 마땅히 알아야 할 것이다. 또한 즉 제법의 성性이 일여一如함을 말하는 것이다. 가히 '이와 같은(如是)' 한마디 말은 실로 '일여一如가 다 옳다(一如皆是)'는 의미를 함유하고 있음을 볼 수 있다. 일체법이 꿈과 같고 허깨비 같음을 관한즉 이에 '일여가 다 옳음'을 관하는 것이다.

09 『원각경』에 이르기를, "생사와 열반이 마치 어젯밤 꿈과 같다. 일어남도 소멸함도 없고 오고 감도 없다. 그 증득된 것은 얻음도 잃음도 없고, 취함도 버림도 없다. 증득한 자는 지음도 없고 멈춤도 없고, 머무름도 없고 멸함도 없다. 그 증득 가운데는 증득의 주체도 객체도 없다. 필경에 증득이 없으며 증득한 자도 없다. 일체법의 성품이 평등하여 무너지지 않느니라."라고 했다. 이 중에는 일체를 꿈과 허깨비와 같이 보아 그것이 없다고 했다. 바로 이른바 제법공상諸法空相이다. 상을 취하지 않는다는 뜻이다. '평등'은 즉 여여如如이다. '무너지지 않는 것'은 즉 부동不動이다.

10 무위無爲는 작위作爲하는 바가 없는 것이다. 만약 작위하는 바가 없는데 망妄을 어떻게 능히 제거하겠는가? 진眞을 어떻게 능히 증득하겠는가? 범부를 무엇을 좇아 변화시키겠는가! 성인은 무엇으로 이루겠는가! 그러므로 무위법은 모름지기 유위법을 좇아 나왔다. 따라서 '응당히 지어야 한다(應作)'고 말한 것이다. 분명한 것은 무위법으로써 목적을 삼아 유위법을 빌려서 지름길을 짓는데 만약 다만 무위를 오인하여 어리석게 유위를 버리면 이는 자멸하는 것이다.

11 유위법을 닦아 집착하지 않으면 곧 무위이다. 이를 제외하고 달리 이른바 무

위법은 없다. 유를 거닐어도 유에 머무르지 않고 공을 관해도 공에 머무르지 않는다. 비록 종일 육도만행六度萬行을 행하고 종일 경을 강의하고 설법하더라도 실로 종일 열반이다. 이로 말미암아 가히 법을 취하지 않고 마땅히 비법非法을 취하지 않음을 좇아 지어 가야 함을 알 수 있다. 즉비即非는 마땅히 시명是名을 좇아 지어 가야 한다. 집착하지 않음은 마땅히 단멸하지 않음을 좇아 지어 나가야 한다. 실다움이 없는 것은 마땅히 헛됨이 없음을 좇아 지어 나가야 한다.

12 더 나아가 성인도 없고 범부도 없는 데 이른즉 성인도 있고 범부도 있는 가운데를 좇아 보아야 한다. 이를 일러 생사生死에도 머무르지 않고 열반涅槃에도 머무르지 않는다고 한다. 머무름이 없는 뜻은 원만하다. 그 중추는 즉 법이 인연으로 생한 것은 꿈과 같고 허깨비 같음을 관하는 것이다. 다 공함을 요달한 까닭으로 머무름이 없는 것이다. 그러므로 학인의 최고로 중요한 방편은 '응당히 이와 같이 관을 짓는 것(應作如是觀)'이다.

13 유위를 폐하지 않고 무위에 장애되지 말아야 한다. 자연스럽게 그렇게 막음과 비춤이 동시이다. 일부의 매우 깊은 경전은 지극히 평범하고 담박하며 지극히 가까운 사구게 가운데로 귀결된다. 일체중생은 뛰어나고 둔하고를 막론하고 다 가히 수순해 들어간다. 이를 일러 '위없이 매우 깊고 미묘한 법은 백천만겁이 지나도록 만나기 어렵다(無上甚深微妙法, 百千萬劫難遭遇)고 했다.' 이를 일러 진실의眞實義라고 한다. 그러므로 이 사구게를 얻으면 전체 경을 손아귀에 쥐고 있을 뿐만 아니라 일체 불법도 손아귀에 있게 된다.

14 여섯 비유는 '꿈(夢)'의 비유로써 통괄된다. 나머지 비유는 나누어진 것이다. 사람들로 하여금 한 번 듣고 곧 인연으로 생한 법은 당체가 다 공임을 분명히 알게 했다. 꿈 가운데의 기쁨과 슬픔과 여의고 합함, 득실과 막히고 통함은 눈 깜짝할 사이에 공이 되어 끝내 얻는 바가 없다. 만약 티끌세상을 연연

하여 계교분별하고 집착하여 버리지 않으면 참으로 어리석은 사람들을 향하여 꿈을 설한 것이다. 이 게송은 바로 중생이 속히 깨닫기를 외치는 것일 따름이다.

15 불법이 꿈이라는 관을 짓는 자는 그로 하여금 부지런히 불사를 수행하여 끝내 가히 얻지 못하는 데로 돌아가게 한다. 능能과 소所를 쌍으로 잊고 지혜와 이치가 명합하기를 바란다. 생사에 머무르면 진실로 이는 꿈을 짓는 것이다. 열반에 머물러도 또한 이 꿈을 짓는 것이다. 반드시 하나도 머무는 바가 없어야 큰 깨달음이 된다.

16 만약 닦은 바 법에 머무르고, 설한 바의 법에 머무르고, 얻은 바의 법에 머무르면 다 꿈을 꾸는 것이다. 종합하면 일체 더럽고 깨끗한 법이 꿈과 같다고 관한다는 것은 뜻이 일체 유위법이 본래 가히 얻을 것 없다는 것을 통달하게 하는 데 있다. 일심이 청정한데 어찌 가히 얻을 것이 있겠는가? 만약 얻을 것이 있으면 곧 청정이 아니다. 꿈과 같다는 관을 짓는 것은 바로 아와 법 두 집착을 비추어 깨뜨리는 보배 거울이다.

17 사람으로 태어나 세상을 살아감에 일체의 만나는 것은 망식妄識, 업연業緣이 변하여 나타난 바 아님이 없음을 마땅히 알아야 한다. 세간은 즉 이 극장으로 순경계·역경계에 비록 몸을 받음이 역력하나 실은 다 환과 같은 것이다. 지혜로운 자는 마땅히 스스로 경책하여 눈을 돌리고서 곧 무대에서 내려오는데 어찌 가히 진실로 받아들이겠는가? 인과는 피하기 어렵고 인과는 가히 두려움을 마땅히 알아야 한다.

18 세계는 즉 일체중생의 성품의 바다 중에 무명풍無明風을 일으킴으로 말미암아 공업共業이 맺혀 이루어진 바이다. 색신은 즉 성품의 빛이 변화하여 나타난 바이다. 그러므로 그림자와 같다고 비유한 것이다. 이 세계, 이 몸은 이미 거품과 그림자와 더불어 동일하게 인연으로 생한 것이다. 가히 몸과 세계 또한 거

품과 더불어 그림자는 동일한 허망임을 볼 수 있다. 어찌 가히 미혹함을 진실로 삼겠는가!

19 『능엄경』에 이르기를, "깨달음 속의 미혹을 오인하여 어두워 공空이 된다. 어두운 것을 비운 가운데 어두움이 맺히어 색色이 되고, 색이 망상과 섞여서 생각(想)과 형상(相)을 지닌 몸이 된다."고 했다. 이 단의 경문은 허공, 세계, 색신은 온전히 중생의 어둡고 어수선하고 혼란스러운 망상으로 말미암아 변화되어 나타난 바임을 명백히 게시한 것이다. (일체법은 마음으로 생각하는 것을 좇아 생긴다.) 망상은 본래 진실이 아니다. 찰나에 생멸한다. 변하여 나타난 몸과 세계로 말미암은 것인데 어찌 진실이겠는가?

20 물 가운데의 거품은 지극히 경박하여 최고로 쉽게 멸한다. 『능엄경』에 또 이르기를, "허공이 대각大覺 가운데서 생기게 된 것이 마치 바다에서 물거품이 하나 일어나는 듯하고 미진微塵같이 수없는 유루 국토들이 모두 허공을 의지하여 생겼다. 물거품이 소멸하면 허공도 본래 없거늘 하물며 다시 삼유三有가 있겠는가?"라고 했다. 삼유는 삼계이다. 유루는 반드시 무너지는 것이 분명하다. 일체 학인들은 항상 마땅히 이 이치를 관해야 한다. 인식하는 바의 허공은 오히려 회매晦昧의 어둡고 복잡한 상이다. 오히려 또 매우 작아 거품과 같다. 하물며 세계이고, 하물며 이 몸이고, 하물며 언급할 만한 것이겠는가?

21 허망하게 있음을 나타내나 곰곰이 생각해 보면 실은 즉 없다. 마음으로 인因하여 업業을 짓고 업을 따라 나타난다. 장수와 요절과 좋고 나쁨의 인과因果에서 벗어나기 어렵다. 그러나 오온의 본래 몸은 이미 끝내 가히 얻을 수 없는데 어찌 하물며 임시로 화합한 환으로 된 몸이겠는가? 있는 듯하나 실은 없음을 가히 알 수 있다. 끝내 얻지 못한다는 것은 유가 즉 유가 아니기 때문이다.

22 식심識心은 '허깨비 같고', 세계는 '거품과 같고' 이 몸은 '그림자와 같다'. 몸과 마음과 세계가 오히려 또 허망하여 실다움이 아니다. 일체 유위법의 상相도 가히 알 수 있다. "이슬과 같고 번갯불 같다(如露如電)."고 한 것은 이른바 생명은 호흡지간에 있다는 것이다. 마땅히 박차를 가해 공부하여 머리에 붙은 불을 끄듯이 해야 한다.

23 이 여섯 가지 비유를 관하고 비록 제법 공상을 관하더라도 여여의 성性을 관하는 것과 같다. 성性과 상相은 본래 융통하는 까닭이다. 따라서 인연으로 생함을 관하면 가히 여여부동에 계합해 들어갈 수 있다. 그러므로 무위법의 성性은 유위법의 상相이 꿈과 같고 허깨비 같다는 것을 관하여 공부해 들어가야 한다. 곧 양변에 집착하지 않고 중도에 합해야 한다.

24 삼성三性 · 삼무성三無性은 법상종의 정묘하고 긴요한 뜻이 된다. 부처님이 설한 '법상法相'은 원래 이를 밝히기 위한 것이다. 만약 이 뜻을 알면 곧 연기의 성性이 공함을 다시 능히 꿰뚫어 안다. 닦아 지녀 관을 행하면 다시 쉽게 힘을 얻는다.

25 '변계집성遍計執性'은 널리 두루 계교하여 비교하고 집착하는 것을 말한다. 즉 성종性宗에서 항상 설하는 분별分別, 집착, 반연攀緣, 무명, 망심, 망상 등이다. 뜻은 비록 무명망상無明妄想이나 진심眞心이 변하여 나타난 것이라는 데 있다. 진실한 성性을 여의고 달리 있는 것은 아니다.

26 '의타기성依他起性'은 즉 성종性宗에 설한 바의 연기緣起, 연생緣生, 성기性起이다. 이는 바로 본성이 인연을 따라 나타나 일어나는 상相과 용用이다. 상과 용은 원래 성체性體를 여의지 않는다. 의依는 따르는 것이다. 타他는 인연을 가리켜한 말이다.

27 '원성실성圓成實性'의 원圓은 원만을 말한다. 성成은 본래 갖추고 있는 것을 말한다. 원성圓成 자는 체를 잡아 설했다. 그 본래 원만구족하여 조작한 법이

아님을 밝힌 것이다. 실實은 즉 진실이다. 이는 즉 성종性宗에서 항상 설하는 법계法界, 진여, 여여, 진심真心, 실상實相, 원각, 자성청정심 등이다. 그 이름이 무량하다. 성종 또한 이를 일러 진실성真實性이라고 했다.

28 삼무성三無性은 즉 '상무성相無性', '생무성生無性', '승의무성勝義無性'이다. '무無' 자는 아주 생기가 있다. '유비有非'의 뜻이고 '유공有空'의 뜻이다. 즉 가히 집 착하지 말아야 할 것이 이것이다.

29 허망한 상은 진실성이 아니다. 성性 중에 본래 상相이 있지 않아 응당히 상에 집착하지 말고 그것을 없애지도 말아야 성性이다. 이를 일러 '상무성相無性'이 라고 한다. 인연으로 생한 법은 본래 진성이 아니다. 성체性體는 인연으로 생 함이 없기 때문에 응당히 인연으로 생하는 데 집착하지 말고 그것을 없애지 도 말아야 성性이다. 이를 일러 '생무성生無性'이라고 한다. '승의무성勝義無性' 은 진여의 성性으로 일체법의 본체가 된다. 이름이 제일의第一義이고 또 이름이 승의勝義이다. 성性은 진실하여 중생이 본래 갖추고 있고 본래 원만하여 이른 바 원성실圓成實이다. 그러나 승의 또한 이 명자名字이다. 고로 '승의무성'이라 고 했다. 응당 아울러 승의의 가명 또한 집착하지 말고 그것을 없애야 진실 성真實性이다.

30 상相에 집착하지 않아야 바야흐로 진성真性이다. 인연으로 생한 데 집착하지 말아야 바야흐로 진성이다. 성에 또한 집착하지 말아야 바야흐로 진성이다. 바로 상은 이미 성을 여의어서 체가 없음을 나타낸 것이다. 성도 또한 상을 여의고 달리 존재하는 것은 아니다. 뜻이 더욱 원만하다. 부처님이 설한 삼성 三性, 삼무성三無性은 성과 상이 원융함을 나타내기 위한 까닭이다. 지혜로운 자는 삼성, 삼무성의 이치를 명확히 알아서 성과 상을 관통한다. 즉 능히 공 과 유에 집착하지 않고 중도에 합한다.

31 본경에 일체 유위법은 꿈과 같음을 관하게 했다. 이와 같은 관觀을 지음으로

인하여 곧 능히 삼성, 삼무성의 이치를 분명히 알 수 있다. 바꾸어 그것을 말하면 만약 삼성, 삼무성을 밝히면 바야흐로 능히 철저히 일체 유위법이 꿈과 같음을 명확히 안다는 것이다.

32 청정심 중 본래 상相을 여읜 것을 진실성이라고 말하는 것을 마땅히 알아야 할 것이다. (꿈이라는 상相도 없다.) 진성眞性이 인연을 따르는 까닭으로 신심身心과 세계 등 상을 나타내 일으킨다. 이를 일러 의타기성依他起性이라고 말한다. (꿈 가운데 경계의 상相이 나타난다.) 범부는 인연으로 생한 허환虛幻은 생하나 본래 무생無生임을 밝히지 못한 까닭이다. 드디어 계교 집착한 데 이르러 헛됨을 오인하여 실實로 삼는 이를 일러 변계집성遍計執性이라고 말한다. (상에 미혹하고 성에 매한 것이다.)

33 수행인은 가히 망심妄心 외에 달리 하나의 진심眞心에 집착하지 말아야 한다. 만약 이와 같으면 거듭 다시 성품에 어둡게 된다. 왜 그런가? 성性에 집착하지 않아야 진실성인 까닭이다. 요긴한 공부는 오직 변계집을 일으키지 않는 것이다. 즉 의타는 곧 이 원성실圓成實이다. 왜 그런가? 성性과 상相에 다 계교하여 집착하지 않고 비록 치연히 상을 나타내나 마음에는 진실로 상이 없는 것이다. 비록 생사에 들어감을 보이나 성性은 본래 생이 없다.

34 본경에 오직 하나의 주요한 뜻은 머무름 없음으로써 아我를 깨뜨리는 데 있다. 위에 설한 꿈과 같다는 뜻을 관하여 가히 꿈과 같다는 관을 지으면 끝까지 관철함을 알 수 있다. 즉 거친 것으로 말미암아 미세해지고 얕음을 말미암아 깊은 데 들어가고 초학을 좇아 구경에 이르는 것이다. 일체 수행의 문은 다 이 관을 벗어나지 않는다. 유를 관한즉 유가 아니어서 가히 유에 집착하지 말아야 한다. 유가 아니라고 관한즉 유라서 가히 공에 집착하지 말아야 한다.

35 공과 유 일체가 꿈과 같음을 관해야 한다. 과연 능히 일체 유위법은 유有 즉

유가 아닌데 어찌 일체 유위법이 유가 아니면서 유임이 방해하겠는가? 이를 일러 꿈속에서 크게 불사를 짓는다고 하는 것이다. 학인이 공부를 처음 시작함에 곧 원돈圓頓의 묘한 관을 지어서 실다움에도 집착하지 않고, 또한 헛된 것에도 집착하지 않고, 또 무無에도 집착하지 말아야 한다. 즉 본경에 설한바 아상我相도 없고, 법상法相도 없고, 또한 비법상非法相도 없어서 하나로 끝까지 공한 것이다. 유를 밟고 있으나 유에 머무르지 않고, 공을 행하나 공에 머무르지 않아 즉 여여부동이다. 곧 지관止觀을 쌍으로 운용하여 선정과 지혜가 균등하다. 고요하면서 항상 비추고 비추면서 항상 고요하다.

36 한 부의 『금강반야경』은 '머무름 없는(無住)' 묘한 뜻으로 온전히 '상相을 취하지 않는 여여부동' 위에 있다. '상을 취하지 않고 여여부동'에 통달해 이르고자 하면 온전히 '일체 유위법은 꿈·허깨비·거품·그림자 같고 이슬 같고 또한 번갯불같이 응당히 이와 같은 관을 짓는' 위에 있다. 일체 학인은 마땅히 이를 좇아 관하여 수순해 들어가야 한다. 이 관은 금강지혜로 응당히 이와 같이 받아 지니고, 이와 같이 연설해야 한다. 영원히 이를 유통하고 부처님의 종자인 위없는 대법大法을 이어 융성하게 해야 한다.

184. 바로 유통을 결론 내림

佛說是經已. 長老須菩提. 及諸比丘. 比丘尼. 優婆塞. 優婆夷. 一切世間天人阿修羅. 聞佛所說. 皆大歡喜. 信受奉行.

부처님께서 이 경을 설해 마치자 장로 수보리와 비구·비구니·우바새·우바이와 일체 세간의 천·인·아수라가 부처님이 설한 바를 듣고 다 크게 기뻐하였으며, 믿고 받아서 받들어 행하였다.

01 보살계를 받은 후에는 즉 우바새, 우바이 보살계라고 칭한다. 다 가히 경을 강의하고 설법함으로써 법사라는 칭호를 얻는다. 오직 사람들에게 전수하여 귀의하게 하는 계사는 될 수 없다. 자기가 구족계를 받지 않음으로 인한 까닭이다.

02 만약 재가 선지식을 향하여 경을 강의하고 법을 설해 주기를 청하여 그 제자가 되어 의지하여 스승으로 삼은즉 진실로 가능하지 아니함이 없다. 그 뜻과 원이 진실로 교화를 감당해야 한다. 선지식 또한 한 맛으로 단호히 거절하지 말아야 한다.

03 이 경은 대반야법회의 제9회에 있다. 바로 대승大乘을 발한 자·최상승最上乘을 발한 자를 위하여 설한 것이다. 가히 모임에 있는 자가 다 위없는 보리심을 발한 대보살임을 볼 수 있다. 이에 특별히 열거하지 않은 것이다.

04 "다 크게 환희했다(皆大歡喜)."는 것은 대법大法을 듣고 마음을 열어 뜻을 이해한 것이다. 환희가 되는 것이다. 또 "믿고 받아 받들어 행할 줄(信受奉行)" 알면 곧 여래의 중생 제도 사업事業을 짊어진 것이다. 마땅히 보리를 얻어 성불을 바랄 수 있는 것으로 예삿일이 아닌 까닭에 크게 환희한 것이다. 모인 법회 대중은 이와 같지 아니함이 없다. 그러므로 다 크게 환희했다고 한 것이다.

05 '신信'은 즉 신심을 어기지 않는 믿음이다. '수受'는 즉 깊이 뜻을 이해하는 해解이다. 그 어기지 않는 믿음이 있고 깊이 이해하고 받아들이는 까닭으로 '받들어 행하는(奉行)' 것이다. '봉奉'은 순종하여 받드는 것이다. 경 가운데 설한 바의 뜻을 따르는 것을 말한다. '행行'은 자리이타自利利他이다. 자기가 이미 순종하여 받들어 행하고 다시 널리 이 경을 펼쳐 다른 사람을 위하여 연설하여 일체중생으로 하여금 다 크게 환희하게 하지 않음이 없는 것을 말한다.

06 '여시신수봉행如是信受奉行', 이와 같이 믿고 받아 받들어 행하면 반드시 지혜

의 물이 길이 흘러 법맥을 영원히 통하게 한다. 진겁塵劫에 그것을 전하여도 막힘이 없고 만 가지 무리에게 그것을 보급해도 남음이 없다. 즉 법계에 두루 하고 미래가 다하도록 이 경이 있는 곳은 곧 부처님이 설법하는 곳이다.

07 결집자의 뜻은 일체중생이 가르침에 의지하여 받들어 행하여 부처님의 종자 가 영원히 끊어지지 않게 하는 데 있다.

08 우리들 금일 설하는 자, 듣는 자, 발기한 자, 보호해 지니는 자 또한 '다 크게 환희하고 믿고 받아 받들어 행하여(皆大歡喜, 信受奉行)'와 같이 이 원願을 갖추 지 않음이 없다. 이 원을 갖추고 있어야 참된 신수信受와 참된 봉행奉行이고 참 된 환희가 된다. 이것이 바로 우리들이 위로는 네 가지 은혜에 보답하고 아래 로는 삼악도의 고통을 구제하는 것이다.

09 오직 모든 선지식은 실다운 믿음을 좇아 깨끗한 믿음에 들어가서 유위有爲에 서 무위無爲를 증득하기를 원한다. 이 행원行願으로써 불토를 장엄하고 유정 有情을 교화 제도하여 마음의 정토로 돌아가 성실히 염불하고 즉 왕생往生을 얻어 성불에서 물러나지 않기를 바란다.

1995년 4월 28일 캘리포니아 쿠퍼티노에서
삼가 절요를 써서 마친다.
정공淨空이 쓰다.

바른 믿음과 이해,
수행을 통해
깨달음에 이르는 길

강미농의

금강경 강의

강미농 지음, 양관 옮김
1,116쪽(양장본) | 58,000원

단 한 글자도 놓치지 않는 꼼꼼한 설명
'불교 대백과'라 불러도 손색없을 만큼 풍부한 해설
주요 종파와 경전, 논서를 아우르는 깊이 있는 해석
신信·해解·행行·증證의 관점으로 내용 분류

『금강경』의 주요 판본들과 해설서 등을 비교 검토해 여러 유통본의 오류를 바로잡았으며, 소명 태자의 32분 과목을 따르지 않고, 화엄종의 달천 법사가 쓴『신안소』에 의지해 '신信·해解·행行·증證'으로 내용을 분류하였다. 『금강경』의 한 글자 한 글자를 집요하리만치 꼼꼼히 해석한다. 감히 '불교 대백과'라 불러도 손색이 없을 만큼 대승불교의 핵심 교리는 물론 주요 경전과 논서를 아우르며『금강경』의 참뜻을 밝힌다. 총 1,116쪽의 방대한 분량, 그 안에 담긴 깊이 있는 해석과 독보적인 논리가 기존의 해설서들을 훌쩍 뛰어넘는다.

총 5부로 구성된 이 책에서 2부와 3부에서는 경계의 측면에서 '머무름 없음(無住)'의 바른 뜻을 밝히며, 반야에 대한 바른 믿음과 이해의 중요성을 강조했다. 4부와 5부에서는 마음의 측면에서 '머무름 없음'의 이치를 밝히며, 이를 통해 바른 수행과 깨달음의 길을 제시했다.

반야의 바른 지혜로
번뇌를 깨뜨리는
금강경의 핵심 가르침

정공淨空 법사의

金剛經 講義 節要
금강경 강의 절요

초판 1쇄 발행_ 2018년 2월 22일

지은이_ 양관
펴낸이_ 오세룡
기획 · 편집_ 정선경 이연희 박성화 손미숙
취재 · 기획_ 최은영
디자인_ 고혜정 김효선 장혜정
홍보 마케팅_ 이주하
펴낸곳_ 담앤북스
　　　서울특별시 종로구 사직로8길 34 (내수동) 경희궁의 아침 3단지 926호
　　　대표전화 02)765-1251 전송 02)764-1251 전자우편 damnbooks@hanmail.net
　　　출판등록 제300-2011-115호

ISBN　979-11-6201-070-9　03220

정가　22,000원

9 791162 010709
ISBN 979-11-6201-070-9